中外女性领导力研究丛书

# 女校教育的领导力培养与效能探究

## 以韦尔斯利女子学院为例

蒋莱 著

中国传媒大学出版社
·北京·

# 总 序

吴启迪

本套丛书系教育部哲学社会科学研究重大攻关项目“高等教育大众化与媒介融合时代菁英女性培养与领导力提升研究”(项目号:15JZDW002)的成果。

20世纪90年代以来,国际社会呼吁性别议题和性别关切应该纳入社会发展主流,借此改变人类文明进程。1995年在北京举行的联合国第四届世界妇女大会上明确提出“社会性别主流化”的行动纲领。这一行动纲领具有长期的指导意义,是引领人类性别文明的“亚历山大灯塔”。“社会性别主流化”意味着:在社会实践或研究领域洞悉性别问题,作为原因、作为交织影响或作为结果;在法规政策制定和实施中确立性别支持框架,作为顶层设计、作为微观透视或作为合法性论证;在媒体呈现报道里规避性别污名化或复制性别歧视偏见,作为议程设置、作为新闻人价值立场或作为普遍的职业操守。社会性别主流化自然亟待全社会的努力,但是从吁求到行动,及至落地生根,都离不开菁英女性作为先行者的探索和开拓,作为“光源”的引导和辐射。菁英女性的培养和领导力提升,是性别平等事业新历史节点的关键所在。

高等教育大众化及至普及化时代,女性在各行各业的领导力呈现,成为性别平等的新表征。自2006年起,世界经济论坛每年发布《全球性别差距报告》,从经济机会、政治赋权、教育成就、健康和生存四个维度对全球不同国家的性别差距状况进行衡量。根据世界经济论坛最新发布的报告(2020),教育成就以及健康和生存两个子指数分别为96%和97%,基本实现了性别平等;经济机会、政治赋权两项指数分别为58%和25%,这说明女性经济参与与机会不充分,政治参与严重不足。历史地看,经济与政治指数仍然是历史进步和积极干预的结果,同时醒目的数据也让世人更直观地了解并审视"性别差距",严肃对待并改变造成性别差距的政策、环境和无形的惯习。

性别差距未被纳入视野,甚或性别平等尚未成为议题的漫长历史阶段,我们可以称之为领导力的性别缺失时代,不言自明,这时领导力等于男性领导力,概念内涵上领导力意味着单一性别即男性的领导本质和特征;这时无论是领导力的经验采撷还是理论探讨,都受制于单调而畸形的性别光谱。本套丛书既从理论上探索女性领导力的实质内涵和本质特征,发掘女性和领导力相遇的丰富思想空间,也关注菁英女性实践所焕发、闪烁的新领导力精神、新领导力文化,同时关切媒介环境变迁中女性活跃的生活世界、"她时代"的新气象和女性面临的新问题。此外还特别关注女性领导力生成机制和社会支持网络。研究表明,在侧重性别培养的教育机构中,性别赋权取得了更显著的成就,其思想火种也更可能随之传播出去,而女性继续教育亟待持续规划和系统政策支持。

性别问题在世界不同地方、不同领域呈现出各自的急迫和重点,有的在为性别机会均等努力,在漫长的学制中教育机会均等也呈现出差异图景;有的或重心落在性别平等在不同领域的差异上,如聚焦女性参政情况、学术领域的隐性性别歧视等;比较一致和普遍的关切是在整个职业生涯中女性发展有形的掣肘和无形的障碍,这方面的政策缺位格外突出。研究还关注国际组织的女性发展政策、欧洲女性参政的光谱,中国传媒领域菁英女性领导力、教育领域中女大学生的成长等问题。伴随新科技塑造的媒介环境,女性日常生活变迁和积极表现是世人瞩目的议题,因而也被纳入丛书研究的视野。

本套丛书围绕菁英女性培养和女性领导力提升展开,但是需要申明的是,性别意识不仅仅是女性教育或女性领导力培养需要特别关注的。隐含或隐藏的性别偏见、性别歧视对两性都造成了困扰和伤害，即使是在充满男性优势地位的世界里，真正的性别及其人格担当并没有建立起来。男性、男孩的教育也应该贯穿于整个学制中，而现实往往是既缺乏女性教育，又缺少男性教育。教育是要构造未来世界的，性别意识、性别议题应该首先与教育制度、教育文化相融合。基于性别的自我理解、同情理解、相互理解之愿景和实践，将引领我们走向新世界和新文明。

# 目 录

# 序　言

我对女性领导力的研究兴趣，肇始于2007年。那时我正在攻读由华东师范大学与中国浦东干部学院共建的领导教育学博士专业。三年后，在顺利完成学业的同时，我的博士论文《女性领导力研究》得以出版，成为国内第一部研究女性领导力的专著。[①] 回顾自己对“女性领导力”的研究热情，不仅由于专业领域的需要，也与当时国内外环境给女性领导人才带来的机遇和挑战有关。

国际上——在席卷西方世界的金融危机爆发的同时，美国选举出了历史上第一位黑人总统奥巴马。他成立了美国历任总统中任命少数族裔和女性官员比例最高的一届政府。他任命的女性大法官、女性美国证交会主席、女性美联储主席、女性部长等，为美国经济的重新崛起和奥巴马政府政治遗产的确立立下了赫赫战功。

——临危受命的首位女总理约翰娜·西于尔扎多蒂(冰岛语：Jóhanna Sigurðardóttir)带领濒临“国家破产”局面的北欧国家冰岛，在短短4年间将20亿美元的财政赤字消解干净，让失业率降至5%，冰岛由此成为欧洲第一个摆脱危机阴影站起来的国家。

——一再连任的女总理默克尔，领导德国先后渡过国际金融危机、欧债危机和难民危机的冲击，不仅无分寸之乱，还推动德国驶入了经济增长快车道，大幅提升了德国在国际事务中的影响力。

2008年北京奥运会成功举办，中国向国际社会展示了其经济发展的成绩，展现

① 蒋莱.女性领导力研究[M].上海:复旦大学出版社,2011.

出了其大国自信以及史无前例的开放心态；同时，中国也在政府主导下强势应对金融危机，而其中女性在危机之下表现出的担当和卓越尤为耀眼。

这一年，张兰执掌的俏江南在年底获得3亿元人民币投资，其企业估值超过30亿元，但是出于对未来的谨慎考虑，她坚决拒绝了对赌协议；俞渝不止一次拒绝了外资对当当网的收购，所以她不得不面对企业扩张带来的管理压力；李亦非在危机来临前两个月跳槽，从MTV转入对冲基金高雷GLG；今日资本总裁徐新有14年的投资经验，亲历过百富勤在1998年亚洲金融危机中的破产，她在2009年年初召集高层会议，最后得出结论是："我们可以再等等，肯定还会有便宜货。"一向有业界"铁娘子"之称的董明珠表现得更加强悍——格力电器在2008年实现了50%的利润增幅，在回复《中国企业家》的邮件时她说："就算金融危机不来，该死的企业还是要死的，这跟性别没有关系。"①

然而10年过去，当年的激情与热望似乎渐行渐凉。最接近总统宝座的女性候选人希拉里黯然落选，美国最高的玻璃天花板终究未被打破；对东亚文化女性领导力崛起有着重要意义的首位韩国女总统朴槿惠，被高票通过的弹劾案赶下台；凭借反全球化立场上台的英国女首相特蕾莎·梅，其领导的脱欧谈判过程艰难，管治才能备受争议；默克尔在七国集团中苦苦支撑。中国政坛的女性领导人一贯稀缺难得，刚刚落幕的第十九次党代会选举结果也并未出现任何积极迹象，"可预见的未来内，中国都不可能出现一位女性国家领导人"②。

| | 2008年 | 2017年 |
|---|---|---|
| 全球国家或自治领域的女性领导人③ | 22位(3位女王、4位女总督、7位女总统、8位女总理) | 29位(2位女王、4位女总督、13位女总统、10位女总理) |
| 中国政坛的女性领导者状况 | | |
| 中共中央政治局常委(共7位) | 无 | 无 |
| 中共中央政治局委员(共25位) | 1位(十七大上任) | 1位(十九大上任) |
| 中共中央委员 | 13位，6.4% | 10位，4.9% |
| 中共党代会代表 | 445名，20.1% | 551名，24.1% |

① 雷晓宇.危机时期的女性领导力[J].中国企业家，2009(4).

② CHENG L.Status of China's Women Leaders on the Eve of 19th Party Congress[EB/OL].(2017-03-30).http://www.Chinausfocus.com.

③ The data on women leaders [EB/OL]. (2018-01-23) [2019-05-12]. http://www.gender2womenleaders.com.

续表

| | 2008 年 | 2017 年 |
|---|---|---|
| 商业界女性领导者状况 | | |
| 世界五百强企业女 CEO① | 2.4% | 6.4% |
| 中国上市公司女董事长② | 未获得 | 172 位,5.37% |
| 中国女性创业者比例③ | 27.04% | 30% |
| 学术界女性领导者状况 | | |
| 全球大学女校长④ | 23% | 30% |
| 中国大学女校长 | 4.5%⑤ | 18.55(平均比例)⑥ |
| 中国性别平等指数在全球参评的 144 个国家中排名 | 第 56 名 | 第 100 名 |

资料来源:Cheng Li. Status of China's Women Leaders on the Eve of 19th Party Congress[EB/OL].(2017-03-30)[2019-05-11].http://www.Chinausfocus.com.

上表对过去 10 年政治、经济和学术领域的最高阶层女性领导状况做了简略归纳。从世界范围来看,女性领导力的发展态势虽不及预期般激进,面临的现实环境危机四伏,但还是处于缓慢的上升步道中;而中国社会的女性领导力坡道,在经济和学术领域明显呈上坡趋势,可看齐国际走势,但在最具核心意义并且对女性影响最大的政治领域的决策阶层却几无建树,甚至进入下坡通道,不得不说是令人遗憾的。结合同时期中国在全球性别差距排行榜上排名持续下跌的状况,女性整体地位与女性领导力之间共荣共衰的紧密关系不言而喻。这既符合领导力理论体系中女性领导力在男性中心主义架构下的附属地位,也再现了社会性别理论中性别不平等的格局对社会阶层和结构的冲击。

参考国际通行标准的评价体系,中国女性平均就业率高达 70%,高等教育入学

① MICHAEL S. Women CEO in fortune 500 companies, 1995-2017[D]. Pew Research Center.

② 数据源自《投资时报 · 2017 中国上市公司董事长全样本报告》。

③ 数据源自《中国女性创业报告(2017)》,《中国企业家》智库。

④ SAMSEL H. Most college students are female, but college presidents? not so much[N]. USA Today,2017-01-20.

⑤ 杨雪梅.一项针对 1,792 所高校校长的调查显示:中国大学校长,平均年龄 52 岁[N].人民日报,2008-08-24.

⑥ 刘伯红.大学女校长及女性领导者之发展现状:基于京津沪渝四地 272 所高校的调查[N].中国妇女报,2018-09-11.

率是男性的1.16倍。[①]而当今各行各业女性领导代表率与这般人力资源基础仍然存在着严重的不匹配现象，从而再次使女性领导力何以产生、如何成长、可否发扬、如何辐射的问题横亘在我们面前；其答案正是在时代转型和社会变迁背景下对女性领导力的"培养路径"与"效能考察"的系统性思考。时隔10年，终于开启我的第二本女性领导力研究专著。它起步于"高等教育大众化与媒介融合时代菁英女性培养与领导力提升研究"课题组（中国传媒大学、现代女性领导力研究院申报的2015年度教育部哲学社会科学研究重大课题攻关项目）的支持，点燃于我在韦尔斯利女子学院的访学经历，形成于我整合了教育学、历史学、领导学和社会性别学的学科交叉探索。希望这本书能从理论研究到实践层面为我国的女性领导力领域尽绵薄之力。

---

① World Econimic Forum. The global gender gap report[R]. Gereva: World Economic Forum, 2017.

# 第一章　为什么选择女子学院

在人类的历史长河中,绝大多数时期是完全的父权制社会形态,女性完全没有受教育的权利。直至18世纪,第一次女权主义运动浪潮催生了女性有权获得与男性接受同等教育的政治诉求。1792年,历史上出现了第一本主张女性权利的论著《女权辩》,此书旨在批判资产阶级的政治制度和社会制度,要求给予妇女同男人平等的受教育权、工作权和选举权。①

但是真正推动女性实现权利教育的力量,并非来自政治运动,而是经济形态变迁的结果。由于工业革命引发了社会化大生产经济模式,对劳动力知识技能的增长需求变得前所未有的迫切。因为培养人才需要教师,所以当时很多男性进入教育行业工作,但是教师的总量依然无法满足快速增长的社会需求。让女性接受教育继而从事教师职业这样一种社会变革应运而生,此举可以为社会培养更多受过教育的人才。渐渐地,大量的女性成为教师。事实证明,她们可以成为非常称职的老师,因为她们更了解孩子。②

女子学院最初就是为了培养女性教师而出现的。美国是最早开设女子高等教育的国家,在大多数教育机构里都是男性的时候,美国首先为年轻女性提供了接受高等

① WOLLSTONECRAFT M. A vindication of the rights of woman [M]. New Haven: Yale University Press, 2014.

② 更多信息见该教育网站:https://www.wellesley.edu/admission/playlist。

教育的机会。[①] 曼荷莲学院(Mount Holyoke College)是美国的第一所女子学院，[②]建立于19世纪30年代，此后，大量的女子学院开始涌现。之后的50年里，有七所学院成为当时最著名的女子学院，人们一般称之为“七姐妹学院”或“七姐妹”女子学院，分别是曼荷莲学院、史密斯学院(Smith College)、布林茅尔学院(Bryn Mawr College)、巴纳德学院(Barnard College，哥伦比亚大学的女校部分)、拉德克里夫学院(Radcliffe College，哈佛大学的女校部分)、瓦萨学院(Vassar College)和韦尔斯利学院(Wellesley College)。对于当时出生在富裕家庭、有上进心的优秀年轻女性来说，“七姐妹学院”就是最好的选择，因为这些学校的地位可以与著名的常春藤联盟学校相匹敌。在当时，常春藤联盟学校是完全不招收女性学生的，它们不让女性使用学校的设备，其图书馆也严禁女生进入。女性最初就是从女子学院开始，逐渐在学术领域获得一席之地，并且开始在美国社会发挥她们的影响力。举例来说，女性获得投票权在很大程度上是由女子学院的毕业生推动的。同时，最初开始进入像是医学、法律和新闻这些在传统上被认为是男性主宰的领域的女性，都是从女子学院毕业的。

自20世纪70年代以来，美国社会的经济、政治状况都发生了很大的变化。出于各种各样的考虑，曾经只接收男性学生的大学也陆续开始招收女学生，几乎所有的高等教育机构都向女性敞开了大门，一些女子学院也开始改为男女混校，但是七姐妹学院中的五所依然维持着只接收女性学生的传统。在女性拥有越来越多教育机会的情况下，她们不得不为自身的存在辩护。

史密斯学院便是上文提到的只接收女性学生的五所高校之一，该校今天依旧保持着每年招收大约2,500名女本科生的传统。在学院官网上一个题为《史密斯为什么是女子高校》的栏目下，校方傲娇地宣称“多年来我们愈加确信，对于许多女生来说，女子学院是最好的选择”。文后提出的诸多论据恰好跟许多对女子学院持积极观点的社会科学文献相呼应。20世纪70年代，曼荷莲女校校友伊丽莎白·蒂德鲍尔

① HARWARTH I，MALINE M，DEBRA E.Women's colleges in the United States：history，issues，and challenges[M]. Washington，D.C.：U.S. government printing office，1997.

② 美国也有女子大学“women's university”，但由于绝大多数女校是学院“college”，并坚持文理学院的传统；加之women's university也是由women's college发展演变而来，因此，本书将美国女子高等教育机构统称为美国女子学院。

研究指出,女子学院的毕业生往往比从男女混校毕业的女性更成功。[①]史密斯学院的网站也强调,校方重视在校学生的切身体验以及具体的制度因素如何影响学生获得成就。[②]

从史密斯学院官网介绍的信息来看,这种影响表现在几个方面:(1)在女校中,女生可以得到所有的关注和机会,因为女子学院避免了女生与男生之间的竞争:如在教师的时间、培养以及校园外的各种机会等方面;(2)教师和校友提供了杰出的榜样,因为女校通常拥有更多的女性教师和管理人员,这可以成为女生们的导师和榜样;(3)校园内所有领导人都是女性,这也再次强调了女子学院的环境优势——给女性提供机会;没有男性同行的竞争,女性占据了所有的校园领导职位,这可以为学生们提供应用于未来职业和研究生生活的宝贵经验;(4)女校鼓励女生进入非传统行业,扩大职业机会,追求自身的利益,而不需要在意性别刻板印象。“在这里,不存在女孩应该做什么和不应该做什么的成见,而对于女生能做什么有着无限的期望。史密斯是一个伟大的训练场,提供非传统的职业领域培训。在这里,任何专业道路选择都是合适的。”女子学院为女性提供了一个独特的、强大的环境,让她们探索她们的激情。[③]

类似的表述也出现在其他女子学院的宣传材料中。在本书的主角——“七姐妹”之中另一所著名女校——韦尔斯利女子学院的官网上,有一个题为“只有韦尔斯利”的网页,校方不仅在网页上介绍了其校友网络、全球社区、杰出的教师和课程,还着重强调了“姐妹”的概念。在韦尔斯利学院:[④]

---

① TIDBALL M E.Perspectives on academic women and affirmative action[J].Journal of higher education,1973,54(2):130-135.

② SMITH D G,WOLF L E,MORRISON D E.Paths to success:factors related to the impact of women's college[J].The journal of higher education,1995,66(3): 245-266.
LANGDON E A.Women's colleges then and now:access then,equity now[J].Peabody journal of education,2001,76(1): 5-30.
KINZIE J L,THMOAS A D,UMBACH P D,KUH G D,PALMER M M.Women students at coeducational and women's colleges:how do their experiences compare? [J].Journal of college student development,2007,48(2):145-165.

③ TIDBALL M E,SMITH D G,TIDBALL C S,WOLF-WENDEL L E.Taking women seriously:lessons and legacies for educating the majority[M].Phoenix, Arizona: Oryx Press,1999.
MILLER-BERNAL L.Separate by degree:women students' experiences in single-sex and coeducational colleges[M]. New York: Peter Lang,2000.

④ 原文见韦尔斯利学院官网:https://www.wellesley.edu/admission/why。

【姐妹情谊】一部分显示了校园中最勇敢、最有挑战性、最成功的人都是女性；一部分是关于与这些女生做朋友而感受到的简单、终生的快乐；最重要的是，这里有2,300个聪慧、非凡的女人，能与她们面前的世界共同感受她们在一起时创造出的力量。

(It's partly about the revelation that all the most courageous, most provocative, most accomplished people on campus are women. It's partly about the simple, lifelong joy of being friends with those women. It's mostly about 2,300 smart, singular women feeling the power of being 2,300 smart, singular women together, with the world before them.)

像韦尔斯利和史密斯这样在美国最为古老且知名的女子学院，即使不对招生的性别理由加以精心有据的说明，也不愁优质生源。实际上，虽然学校长期以来的威望、校友网络的慷慨捐赠和强大支持，才是更可能促使这些学院继续忠于其创建使命的根本原因，但是上文述及的各方面因素依旧非常重要，因为它们是由行政和教职人员每天传授给学生的。除了受榜样力量、领导机会和非传统事业途径的影响之外，女校毕业生获得异乎寻常成功的原因还可以解释为，女性成了学院共同体的一部分，在这个共同体中，女性受到了鼓励并被期待脱颖而出。

作为女性接受高等教育的起点，女子学院从美国发端，其影响很快遍及全世界。尽管经济形态和政治格局的现代化过程在不同国家发展步伐不一，但是各个国家的女性以接受高等教育为契机，逐渐从家庭领域走入社会领域，并在公共生活舞台上释放才智的这一过程却惊人的一致。许多国家都经历了先出现女子高校，再实现学院大规模地接受女学生的高等教育性别平等化的历程。厦门大学教育研究院的赵叶珠教授对女性高等教育的历史做了系统研究，她指出，女性高等教育产生的标志就是女子高校的出现。从女子高等教育产生的时间看，美国从1836年威斯利安女子学院的创建算起，或以1833年奥柏林学院正式招收女生算起，女性高等教育距今已有180多年的历史。欧洲的学院在1850年以前是拒收妇女的。有资料认为，瑞士苏黎世学院(University of Zurich)是欧洲第一所向妇女提供学院水平课程的学院，时间始于

1867 年；也有资料认为 1861 年创立的英国格顿学院(Girton College)是欧洲第一所女子高等教育机构；还有资料显示 1859 年圣彼得堡学院首次向女性开放，接受旁听生，基辅学院和哈尔克夫学院也开始允许女生旁听，当时有 100 多位女旁听生。尽管文献资料中对于欧洲第一所女子高等教育机构的确认并未达成一致意见，但可以肯定的是，欧洲女子高等教育机构在 19 世纪 60 年代左右建立，晚于美国 20—30 年。日本的女子高等教育始于 19 世纪 90 年代初，以 1890 年女子部从东京高等师范学校中分离出来独立为女子高等师范学校为起始，距今已有 130 余年的历史。中国女子高等教育的产生若以 1919 年北京女子高等师范学校的成立为标志，或从北大"开女禁"算起，距今亦有百年历史。从性别视角来看，与 1636 年美国第一所高等学院哈佛学院[①]建校相比，美国女子高等教育的产生晚了 200 年之久；日本女子高等教育机构的诞生比日本第一所具有近代学院性质、建于 1855 年的洋学所要晚 35 年；中国女子高等教育的诞生比 1862 年中国具有近代教育性质的京师同文馆的成立时间要晚近 60 年。[②]

20 世纪 60 年代，美国女子学院曾达到 300 多所，现在的女子学院仅剩 50 多所，而且仅存的女子学院中还有部分学院面临着关闭、合并和转化为混校教育机构的危险。日本女子教育从明治时期开始至今，经过不断发展完善，日趋成熟，现已在世界上居于领先地位，公立、私立、短期女子学院数量多、种类多。另外，许多日本的女子学院不仅设置了学院科目，还设置了研究生及博士科目，办学层次水平也相对较高。[③]我国的另一个东亚邻国韩国，也有着相当丰富的女子高等教育历史。韩国将早期提供初级教育的女子学堂发展为现代级别更高、综合实力更强的女子大学，在教育年限上延长了女性受教育的时间，在教学内容、学科建设、专业体系和教学课程上不断延伸广度与深度，并设置了硕士和博士教育。2012 年韩国全国 169 所大学中有 14 所女子大学，著名的梨花女子大学是建校最早(1886 年)和最大的私立综合女子大学。[④]

相形之下，中国当下的女子院校建设状况很是薄弱和尴尬。女子院校在新中国

① 1780 年改名为哈佛大学。

② 赵叶珠.美日中三国女子高等教育比较[M].厦门:厦门大学出版社,2007:50,185.

③ 姜宛彤.日本女子学院课程设置演变研究[D].长春:东北师范大学,2014.

④ 文春英,金恩净.韩国女子大学[M].北京:中国传媒大学出版社,2014:107-110.

成立以后经院校调整均合并到男女同校的院校，之后的几十年内我国高校系统中都不存在单一性别的女子学院。改革开放之后，从 1984 年开始，女子院校才重新在我国出现。目前真正的女子高校，包括独立女子学院、综合性学院的二级女子学院在内总共只有十余所，其中属于独立本科层次的女子学院只有中华女子学院一所，女子学院在社会上的地位和影响相当有限。[①]与之相应，无论是在高等教育学界，还是在女性和性别研究领域，我国对女子高等教育研究都少有关注，中文研究资料寥若晨星。经广泛搜索，目前国内并未有专门研究中国女子高等教育的成果的文献资料，出版于 2007 年的厦门大学教育研究院赵叶珠教授的《美日中三国女子高等教育比较研究》，已是本领域最早的专著。2014 年由中国传媒大学承担的教育部重大委托项目“完善中国现代大学制度视域中世界女子高等教育及大学女校长群体研究”课题，出版了一系列迄今所见最为系统和全面的研究成果，其中的《美国女子大学》《美国五姐妹女子学院院长》，都是国内对美国女子高等教育及其领导者韦尔斯利学院的开创性研究，启发了笔者对本著的创作。然而受制于国内研究资料的有限和研究基础的不足，现有的中文研究成果还处于介绍和引入的阶段，深入思考与探索性的工作尚未建立起来，其研究发现趋于表面化的解说，对女子高等教育成功精髓的考察及主题性和专业性的辨析，与国际学界有着相当大的差距。这种情况既符合研究者对陌生领域研究探索的规律，反映出国内学界在这方面的缺失，也激发了笔者对本研究的探索热情。

从教育规律的角度而言，女子高校的受教育水平未必会与男女混合的高等教育机构有根本性的差别。通过研究以韦尔斯利学院为代表的女子学院，我们可以从中发现女子院校有别于综合高校办学方式的微妙差异，对韦尔斯利开发女性领导力遥遥领先于综合大学的建树追根溯源，提炼其教育理念、管理和实施层面所涉及的因素，进而启发教育工作者和研究者探究如何更有效地为所有学生，不论男性还是女性，提供一个积极成长、积极成才、积极发展领导力的学习环境。此项研究不仅为女性领导力的培养和效能提供了参考借鉴，其更大的意义在于发掘规律性和领先性领导力的开发机制，为我国的大学培育新时代具备领导力内核的优秀人才。

在国内，此类研究基本没有开展起来，而且在为数有限的、围绕女子高等教育开展的研究成果中，也少有将接受过高等教育与女性成功、成才机会更大和能培养更多

① 杜祥培.中国女子学院的历史、现状和未来[J]. 当代教育论坛，2007(3).

女领导联系起来的案例;然而在国外,女子院校从面世之初就备受研究者的关注,随着时代的发展,女子学院在成长过程中被不断注入新的内容,直至今天仍然拥有广大的发展空间。因此,本书下文的文献工作主要建立在西方已有的成熟体系基础之上,以期为丰富和充实我国女子高等教育研究贡献力量。

# 第二章 单性别高等教育与女性成才

## 美国历史上女子教育的里程碑[①]

1821——艾玛·维勒德建立的托尔(Troy)女子高级中学是美国历史上首次向女性教授高中课程的中学。

1833——奥伯林学院在俄亥俄州建立,成为美国第一所男女同校学习的学院。

1837——玛丽·利恩建立曼荷莲女子神学院,这是第一所为女性提供学院指导课程的学校。

1850——犹他大学成为第一所接受女学生的州立学院。

1855——埃米拉学院被特许成立,成为美国的第一所女子学院。

1865——瓦萨学院成立,成为第一所拥有大笔捐助的女子学院,并且最早提供音乐和体育课程。

1872——康奈尔大学成为第一所接受女生的私立高校。

1875——韦尔斯利学院成立。

1882——艾丽丝·弗里曼成为韦尔斯利学院的校长。

1885——布林茅尔学院成为第一所提供研究生学位的女子学院。

1892——艾丽丝·弗里曼成为芝加哥大学女子学院校长。

---

① FLEMING A.Alice Freeman Palmer—pioneer college president[M].Routledge Books, Inc.New York:Prentice-Hall, Inc.,1970.

1894——拉德克里夫学院被特许成为哈佛大学的学院之一。

1900——14所大型私立大学和30所州立大学允许男女混校入学。

1902——西蒙斯学院在波士顿成立,成为第一所提供专业科目的女子学院。

1950——美国宣称全美有154所女子学院。

1968——瓦萨学院改为男女混校。

1968——耶鲁大学开始接受女生。

让我们将目光回到本书开篇提到的两所知名女校——史密斯学院和韦尔斯利学院。韦尔斯利学院2013年的荣誉毕业生特蕾莎·韦斯纳认为,学生选择这两所女子学院是因为,在这里,她们将有能力在学术上挑战自我,并实现个人水平的成长。女孩们被这些机构的赫赫名声吸引,并且被毕业后取得成功的大量校友的支持网络所鼓舞。再次以史密斯学院网站为例,学校宣称在这里,"老男孩网络"变成了"永恒的女性网络",女生们带着期待入校,怀着满足离开。如果男女混校能够采纳那些女子学院助力个人发展的优势策略,那么这些大学中的男女学生都将受益。

美国第一所女子学院成立于19世纪初,成立的目的是在大多数机构员工都是男性工作者的情况下,为年轻女性提供接受高等教育的机会。早期的女性教育机构在规模和范围上差别很大,有些如纽约的威尔斯神学院和马萨诸塞州的曼荷莲女子神学院(现在的威尔斯学院和曼荷莲学院)主要教育富有的新英格兰家庭中的女子,在当时为她们提供一个相当于高中和大学相结合的课程体系。早期,威尔斯有一个预科部门专门提供给学业准备未到大学程度的学生。神学院在第二年正式成为"大学"之后,这个机制仍然存在。相比之下,如瓦萨、韦尔斯利、史密斯等学院则在立校之初就制定了更严格的课程和更高的招生标准,这也使它们在早期就享有了更高的声望,并且迅速被邀请加入大学校友协会(Association of Collegiate Alumnae),成为协会24所院校之一。该协会成立于1881年,致力于鼓励年轻女性上大学并增加女性毕业深造的机会。[①]其他早期的女子学院,如今天仍在运作的班尼特学院和斯佩尔曼学院,都是为了服务黑人妇女而建立起来的。还有更多的是天主教机构创办的女子学院,

① MILLER-BERNAL L.Separate by degree:women students' experiences in single-sex and coeducational colleges[M]. New York: Peter Lang,2000.

她们还有教育修女的额外目的。①

最初的女子院校,在使命和服务对象上有不同程度的差异,但它们有着共同的对抗主题:在那个对女性的智力能力有着很大怀疑的时代,最先开始倡导妇女教育。②而最初的困难在某种意义上还与妇女选举和堕胎运动密切相关,它们“不仅仅增加了使女子大学变得独特的丰富传统,还在校友之间培养了非同一般的忠诚”③。美国女子院校的影响是漫长而丰富的,它们从一开始就以身处逆境为标志。虽然从历史的角度看,大部分女校安身立命的根本是为年轻女性提供高等教育,但它们也一直标榜自己是为了给女性提供学习和成长的独特环境。伊丽莎白·蒂德鲍尔等研究者最早提出了六个关键因素来反映这种环境的特性,分别为:为女性创造一个能够与男子大学匹敌的高等教育环境;使妇女有机会学习所有领域的知识,包括传统上由男性主导的领域;提供女性榜样;鼓励联合网络;为妇女之间的友谊创造空间;鼓励女性保有本性中的慷慨和仁慈。④

尽管女子学院模式取得了显著成功,但19世纪初至19世纪中叶的女权主义者,包括苏珊·安东尼(Susan Brownnell Anthony)和伊丽莎白·凯迪·斯坦顿(Elizabeth Cady Stanton),却还是将其视为教育不平等的临时解决方案。确实有一部分私立大学,尤其是1833年成立的奥柏林学院(Oberlin College),以及美国西部和中西部许多公共土地出让机构,是作为男女混校的综合高等教育机构而建立的。但大多数精英私立大学,包括常青藤中的哈佛大学、耶鲁大学、普林斯顿大学、达特茅斯大学、哥伦比亚大学和布朗大学,以及阿默斯特学院和威廉姆斯学院等较小的精英学院,直到20世纪60年代末和70年代初才开始接受女生入学与男生一同学习。并且,即使在那些初期就是综合类院校的学校中,如米德尔伯里学院,女性也经常处于

① HARWARTH I,MALINE M,DEBRA E,Eds.Women's colleges in the United States:history,issues, and challenges[M].Washington, D.C.: U.S. Government Printing Office,1997.

② MILLER-BERNAL L.Separate by degree:women students' experiences in single-sex and coeducational colleges[M]. New York: Peter Lang,2000.

③ LANGDON E A.Women's colleges then and now:access then,equity now[J].Peabody journal of education,2001,76(1):5-30.

④ TIDBALL M E,SMITH D G,TIDBALL C S,WOLF-WENDEL L E.Taking women seriously: lessons and legacies for educating the majority[M].Phoenix, Arizona: Oryx Press,1999.

不被她们的男性同辈接纳的不友善的环境之中。① 20 世纪 60 年代后期，许多私立学院转为综合院校，大部分与经济需求有关。对于普林斯顿大学等许多以前的全男性学校而言，其扩招的重点在于如何让女性入学以增加学生人数来抵消年度开支，而不是“知识、哲学或社会责任与关怀的上升”，和可能的对妇女的教育。②然而，不管原因如何，美国几乎所有余下的单一性别男性大学都在 20 世纪 70 年代初期转为综合性大学。

向女生普及的高等教育对女子大学发起了严峻的挑战。当女生越来越多地选择进入过去不向她们开放的综合性大学时，女子院校的入学人数大幅下降。1960 年有 233 所女子大学在运作，到 20 世纪 80 年代只有 116 所幸存，今天这个数字还在继续下降。那些在 20 世纪六七十年代危机中幸存下来的女校有以下两种选择：一是遵循综合教育的潮流，开始接纳男生；二是重申对高等教育的使命和贡献以强调平等，而不是仅仅为年轻女性的高等教育提供通道来表达她们的初心。③

当初的“七姐妹学院”中，瓦萨学院选择成为男女同校的学院；拉德克利夫学院与邻近的哈佛大学合并；而史密斯学院、韦尔斯利学院、曼荷莲学院、布林茅尔学院和巴纳德学院在整个转型期间一直保持着单一性，直到今天。后来“七姐妹学院”这个小组进行了对女子高等教育使命的重新思考，于 1969 年发起雪松峰会(Cedar Crest Conference)，并得到了 1972 年成立的女子学院联盟的支持。它们指出了单性别教育给予女性的持久益处，并在 20 世纪 70 年代开始进行越来越多的类似研究，尽管反复受到质疑，它们却一再证明了单性别高等教育对年轻女性的短期和长期好处。下文即为对此领域研究文献的回顾。

有关女子学院的文献主要集中在两个方面。一方面是可追溯到 20 世纪 70 年代的一批研究。评估女子学院校友毕业后取得成就的大部分研究都表明，女子学院毕业生更有可能在自己的领域中取得成功，而且更有可能获得更高等学位。另一方面，

---

① MILLER-BERNAL L.Separate by degree: women students' experiences in single-sex and coeducational colleges[M].New York: Peter Lang,2000.

② TIDBALL M E,SMITH D G,TIDBALL C S,WOLF-WENDEL L E.Taking women seriously: lessons and legacies for educating the majority[M].Phoenix, Arizona: Oryx Press,1999.

③ LANGDON E A. Women's colleges then and now: access then, equity now[J]. Peabody journal of education, 2001,76(1): 5-30.

最近的一些研究集中在学生在学期间的经历，尤其是大学生满意度、学术和课外活动的参与、认知和个人发展等。这部分研究在一定意义上提出了可能令女生受益的机制，使她们在未来的职业生涯中更有可能成功，其中包括教师指导、获得榜样、领导机会和支持非传统专业或职业道路。以下将分别解说这几个子观点的主要发现。

## 一、学生成就——关于“学士学位出身”的研究

在宣扬女子学院优越性的主导声音中，影响力最大的是1951年从曼荷莲学院毕业、之后又接受过综合院校教育的生理学家伊丽莎白·蒂德鲍尔。1973年，她发表了其系列研究的第一项成果，主张女校教育具有优势。蒂德鲍尔使用所谓“学士学位出身”的方法，收集编入《美国女性名人录》(*Who's Who of American Women*)上的名字，比较她们毕业于女子学院和综合性大学的比例各有多少。她也参考了在女子学院毕业的本科生中成为医学院的入学者和博士研究生的人所占的比例。通过评估医学院入学者、[①]自然科学博士学位获得者的学士学位出身等一系列研究，[②]她认为女子学院毕业生在各自领域取得突出成就的可能性是综合学校中同龄女生的2倍。她特别强调，女子学院比男女混合学校更有可能培养出进入非女性传统的、男性占主导地位领域的女性。她对于女子学院毕业生成功概率更高的主要解释是，女子学院的女教师、女性管理人员和同龄人为学生提供了大量的女性导师和榜样。另外，她还强调女子学院有一个“女性可以认真参与学术追求”的环境的重要性。[③]但是，因为她的方法只限于收集女子学院的毕业生在研究生阶段的成就，因而难以深入解释究竟是什么样的机制造成了这些女子学院的本科毕业生，与同龄人相比获得成功的概率要高得多。

许多其他研究人员对蒂德鲍尔开创的研究做出了回应。他们通过更新或建立略有差别的数据系统重复蒂德鲍尔的研究过程，或创建同样依赖诸如《美国女性名人

---

① TIDBALL M E, KISTIAKOWSKY V. Baccalaureate origins of American scientists and scholars [J]. Science, 1976, 193(4254): 646-652.

② TIDBALL M E. Baccalaureate origins of entrants into American medical schools[J]. The journal of higher education, 1985, 56(4): 385-402.

③ TIDBALL M E. Baccalaureate origins of recent natural science doctorates[J]. Journal of higher education, 1986, 57(6): 606-620.

录》等国家出版物的类似研究。这些研究中的许多发现印证了她的结论,尽管在某些情况下得出的数据比例较低。其中有一项研究再次使用了《美国女性名人录》,不过主要关注的是1940年到1979年之间毕业的女性;而之前蒂德鲍尔的样本来自1910年到1940年之间毕业的妇女。出于更新数据的目的,研究评估了20世纪六七十年代女子学院的变化如何影响毕业生。作者发现,在1940年至1949年的女子学院毕业生中,出现在《美国女性名人录》名单上的可能性大约是对照组的1.4倍;1950年至1969年是对照组的1.25倍。但是在之后的20年中,女子学院和综合大学之间的差异变得不那么明显了,特别是在20世纪60年代,比例已大致相当。然而进入20世纪70年代,这一趋势重新出现,尽管这种差异不再像前几十年那样具有统计意义。[①]

也有研究人员对蒂德鲍尔的工作提出了强烈的批评,认为"七姐妹学院"的威信、知名度、录取要求、学费等混合因素是影响学生特点和她们在未来取得什么成就的原因。奥茨和威廉姆森使用了《美国名人录》(WWA)而不是《美国女性名人录》的名单重复蒂德鲍尔的研究。他们发现《美国名人录》中大量的成功女性毕业于具有高度社会选择性的"七姐妹学院"。研究者认为,这可能是因为能够进入这些学院的学生历来出自中上阶层家庭,无论她们上了哪个学院,都有可能成功。[②]作为回应,蒂德鲍尔于1980年重建了她的研究,她认为使用《美国名人录》名单进行研究而产生不同的结果是因为数据中的女性代表人数较少。在后续研究中,她发现,即使考虑到"七姐妹学院"的情况,女子学院学生已进入"名册"的人数比例仍然是综合院校女生的2倍。[③]

不过,得以进入大学的学生拥有什么样的特点仍然是一个重要问题:学生进入大学时身上可能会有不同的特征,而这些特征不一定与机构的选择有关。她们本身可能更有抱负、更注重学术、更关心学校的声望,所有这些都有可能影响她们的学业成

---

① RICE J K, HEMMINGS A. Women's colleges and women achievers: an update[J]. Signs, 1988, 13(3): 546-559.

② OATES M J, WILLIAMSON S. Women's colleges and women achievers[J]. Signs, 1978, 3(4): 795-806.

③ TIDBALL M E. Women's colleges and women achievers revisited[J]. Signs, 1980, 5(3): 504-517.

就。[①]更近期的"学士学位出身"研究已经开始采用控制学生个别特点的方法，如控制学生的社会经济背景和入学态度特点。例如，斯托克尔和帕斯卡拉并未使用《美国女性名人录》名单，而是采用纵向研究方法，吸收了包括学前教育在内的个人特征、个人愿望和诸如社会经济地位、中学学校成绩与学业成绩等在内的学生背景特征。研究并未发现毕业自女子学院对学生的研究生学业、职业和经济成就有显著影响，但作者仍然认为女子学院对学生是有好处的，在这里她们能够以"增强自信、追求成功、在职业阶层内脱颖而出的方式实现社会化"[②]。

更多的研究仍然倾向于重申女子学院对女性成才的积极效应。丽莎·沃尔温德尔使用《美国名人录》、《美国非洲裔名人录》(*Who's Who Among Black Americans*)、《美国拉丁裔名人录》(*Who's Who Among Hispanic Americans*)，调查1965年毕业后在1975年至1991年间获得了博士学位的非洲裔美国人和拉丁裔妇女，发现女子学院和其他历史上曾专门服务于少数族裔的机构，如黑人学院，比其他机构培养出了更多的高成就女性。[③]另一项研究将社会经济地位和SAT分数作为控制变量，发现就读女子学院与高度的自尊、自我控制、婚姻幸福、教育以及与教育相关联的职业成就有积极关联。[④]瑞尔丹在随后的分析中进一步发现，哪怕仅在女子学院就读一年，这一年的学习也和毕业后取得的成就显著相关。作者认为，这是因为学校和课堂消除了性别歧视与偏见，女子学院的学生可以获得更多的社会资源。[⑤]其他关注研究生学业的研究也发现，女子学院的毕业生遭受到的性别歧视较少，自信心较高，毕业后也

---

① RICE J K, HEMMINGS A. Women's colleges and women achievers: an update[J]. Signs, 1988, 13(3): 546-559.

② STOECKER J L, PASCARELLA E T. Women's colleges and women's career attainments revisited[J]. The journal of higher education, 1991, 62(4): 394-406.

③ WOLF-WENDEL L E. Models of excellence: the baccalaureate origins of successful European American women, African American women, and latinas[J]. The journal of higher education, 1998, 69(2): 141-186.

④ RIORDAN C. Single and mixed-gender colleges for women: educational, attitudinal, and occupational outcomes[J]. The review of higher education, 1992, 15(3): 327-346.

⑤ RIORDAN C. The value of attending a women's college: education, occupation, and income benefits[J]. The journal of higher education, 1994, 65(4): 486-510.

有更多社会网络链接。[①] 女子学院毕业生认为她们的学习环境带来的影响比综合院校的更积极。[②]不过,最近的研究没有再发现像这类认为女子学院和男女同校的女校友表现出巨大差异的情况,说明随着美国社会性别平等进程的普遍推进,女子院校的优势可能会逐渐降低。

## 二、女子学院依旧出色:对大学环境的研究

尽管今天女子学院和综合院校毕业女生的学业成就和职业成就相对于过去只有微不足道的差异,但是最近的一系列研究把关注点放在女子学院学生的具体体验上后发现,事实上单性别高等教育可以继续令女生受益,这种积极影响表现在自信、参与感和个人抱负等方面。有研究发现,女生在女子学院更有可能完成学业,她们表现出很强的多元化倾向,关心社会变化,并且渴望获得领导和学术技能。[③]达瑞尔·史密斯发现,女子学院的学生在学术项目和与教师以及行政部门接触方面,对学校有更高的评价,她们认为学校在宽容观念和文化意识上也有较高的发展水平,因此她们也更有可能获得学位。[④]在随后的研究中,史密斯及其合作者发现,女子学院的学生在学术上更投入,更多地认同她们的大学关注公民参与和多元文化主义,学校更多地以学生为中心,这反过来又积极地影响了学生的学术及课外参与。女校学生对大学评价不甚积极的唯一方面是社交生活。[⑤]同样的,莱斯利·博纳尔发现,有更多的女教授成为女校学生的导师,后者也更有可能担任领导职位。[⑥]

米京·金的一系列研究支持并扩大了上述的许多研究结果。金和奥法拉发现,

---

① DUNCAN L E, WENTWORTH P A, OWEN-SMITH A, LAFAVOR T. Midlife educational, career, and family outcomes of women educated at two single-sex colleges[J]. Sex roles, 2002, 47(5): 237-247.

② HOFFNUNG M. Career and family outcomes for women graduates of single-sex versus coed colleges[J]. Sex Roles, 2011, 65(9): 680-692.

③ ASTIN A W. What matters in college: four critical years revisited (1st ed.)[M]. Jossey-Bass Publishers, 1993.

④ SMITH D G. Women's colleges and coed colleges: is there a difference for women? [J]. The journal of higher education, 1990, 61(2): 181-197.

⑤ SMITH D G, WOLF L E, MORRISON D E. Paths to success: factors related to the impact of women's college[J]. The journal of higher education, 1995, 66(3): 245-266.

⑥ MILLER-BERNAL L. Single-sex versus coeducational environments: a comparison of women students' experiences at four colleges[J]. American journal of education, 1993, 102(1): 23-54.

女子学院通过给学生提供更多的学生组织参与机会和领导职位，对学生的学业能力与相关的工作技能产生了诸多积极影响。[①] 在随后的研究中，金发现，女子学院的环境有着更为积极、利他的影响和社区导向，以支持女性研究和少数民族研究；在这里，学生的取向更为多元，对社会环境的影响更加强烈，这些原因可能部分解释了为什么女子学院产生的女性政治家和政策制定者不成比例地多于综合院校。[②]在第三项研究中，金还发现，女校学生更积极地参与校园示威、多元化观念项目和荣誉学术项目，而这三个行为的积极性与智力发展呈正相关。[③]吉莉安·金茨等研究者发布了相似的结果。他们发现，女校学生的学术参与度更高，学术挑战水平更高，从事高阶思维活动的频率更高，在协作学习和师生互动方面得分更高，无论是转学来的学生还是那些在女子学院完成四年学业的学生都是如此。此外，研究者还发现，女校的学生认为自己的学校比男女同校的大学更能够支持社会的多样性。

进一步的研究表明，单一性别高等教育对女生有额外的益处。瑟伯特曾指出，女子学院更擅长鼓励女性进入并且坚持在非传统的女性行业或是被男性主导的领域工作。[④]索尔尼克的发现加固了对前者的支持，那就是女子学院的女性更倾向于从女性主导的领域转向中性或男性主导的领域。[⑤]奥斯丁和肯特的研究也认为，女性大学的学生可能拥有更大的职业抱负。[⑥]还有多项研究发现，女子学院的学生有更多机会获得实践领导技能，[⑦]或被选举进入学生办公室。[⑧]近来还有一些迹象表明，女子学院的

---

① KIM M, ALVAREZ R. Women-only colleges: some unanticipated consequences[J]. The journal of higher education, 1995, 66(6): 641-668.

② KIM M. Institutional effectiveness of women-only colleges: cultivating students' desire to influence social conditions[J]. The journal of higher education, 2001, 72(3): 287-321.

③ KIM M. Cultivating intellectual development: comparing women-only colleges and coeducational colleges for educational effectiveness[J]. Research in higher education, 2002, 43(4): 447-481.

④ SEBRECHTS J S. Cultivating scientists at women's colleges[J]. Initiatives, 1992, 55(2): 45-51.

⑤ SOLNICK S J. Changes in women's majors from entrance to graduation at women's and coeducational colleges[J]. Industrial and labor relations review, 1995, 48(3): 505-514.

⑥ ASTIN H S, KENT L. Gender roles in transition: research and policy implications for higher education[J]. The journal of higher education, 1983, 54(3): 309-324.

⑦ WHITT E J. "I Can Be Anything"— Student leadership in three women's colleges[J]. Journal of college student development, 1994, 35(3): 198-207.

⑧ ASTIN A W. What matters in college: four critical years revisited (1st ed.)[M]. Jossey-Bass Publishers, 1993.

环境更容易接受非传统的性别身份和多样化的性取向，[①]但关于这个主题的文章却很少。总体而言，对学生在女子学院的经历进行研究可以发现，女性就读女子学院的优势是持续的，其中最重要的方面在于提高学术参与度、社交和学术自信心、领导能力以及多样性趋向。下一小节将继续讨论这些益处的潜在机制。

## 三、生成机制：为什么女校经历令女生受益？

研究表明，在中学和大学层面，男女生混校教育实际上对男生更有好处，单性别教育则对女生更有好处。[②] 这可能是因为校园男性的缺席可以让女性担任起传统上由男人占据的角色和职位。例如，肯拿大和普林格发现，男女混合课堂里的师生互动明显少于单性别的课堂。[③]霍尔和桑德勒认为，与男生相比，女生在课堂上受到的关注和鼓励少得像是身处“寒冷的气候”中。[④]另一种在男女同校教育中可能存在的不利机制是刻板印象对女性的威胁，比如在教室里或考试中，广泛存在的文化观念很有可能激起女性个人的焦虑感，造成负面压力。[⑤]在没有男性的情况下，女大学生有可能减轻某种行事的压力，并且能够在不需要顾及异性评价的情况下进行雄心勃勃或非女性化的学业活动。对此的理论表述是：校园中缺乏“浪漫文化”可以令年轻女性受益。[⑥]女子学院的环境减少了干扰和分心，让学生更关注学术。

另一个单性别机构对女性发展有积极重要影响的因素，很可能是女子学院在历

---

① MARINE S B. “Our college is changing”: women's college student affairs administrators and transgender students[J].Journal of homosexuality,2011,58(9):1165-1186.

② MILLER-ERNAL L.Separate by degree: women students' experiences in single-sex and coeducational colleges[M].New York: Peter Lang,2000.

③ CANADA K,PRINGLE R.The role of gender in college classroom interactions:a social context approach.[J].Sociology of education,1995,68(3):161-186.

④ HALL R M,SANDLER B R.The classroom climate:a chilly one for women? [M].Washington, D.C.: Association of American Colleges,1982.

⑤ ARONSON J,STEELE C M.Stereotype threat and the intellectual test performance of African Americans[J].Journal of personality and social psychology,1995,69(5):797-811.

⑥ MILLER-BERNAL L.College experiences and sex-role attitudes:does a women's college make a difference? [J].Youth & society,1989,20(4):363-387.

史上和当下都做到了“认真对待女生”这一极其简单的事情。[①]正如前文所述，大多数综合院校都是为了培养男生而成立的，女生往往在事后才被考虑到，而女子学院的创立则是以教育女性为明确目标的。正如蒂德鲍尔和她的同事所言，这一传统一直延续到今天，女子学院鼓励学生充分发挥潜能，参与各学科的学术交流，担任校园中所有重要职位，从而激发她们高远的志向，而不是被传统的性别角色所束缚。此外，女子学院强调杰出女校友的成功，让这些女校友成为在读学生的榜样。莱斯利·博纳尔呼应了这样的观点，认为女性在单性环境中被鼓励去填补传统上男性主导的角色，有助于她们发展认知、规范行为，并在毕业后帮助她们经营好自己的生活。[②]

单性别教育影响的另一个方面就是女子学院在传统上拥有更多的女教师和女管理人员，今天的女校仍然坚持这种模式。大多数女子院校雇用女性教师的比例达到50%以上，女性管理者的比例更高。不过近几十年来，女子院校和综合性大学在这方面的差距有所下降，许多男女同校大学中的两种性别教师的比例相当。“榜样”理论发源于蒂德鲍尔的研究，部分也来自蒂德鲍尔本人的经历，她把自己的成功归功于她在曼荷莲学院读书时的女导师。也有其他研究支持“榜样”理论。[③] 然而，问题仍然在于女学生的榜样是否必须是女性。[④]例如，莱斯利·博纳尔发现，女生认为男性和女性教师或其他职业的人都可以作为榜样，于是她提出，女子学院的优势或许不完全在于明显居多的女性榜样，而在于女生不必与男同学竞争教师或导师的指导帮助。[⑤]这一假设得到了一项最近的双盲研究的支持，研究者将署有男生或女生名字的相同简历随机发送给科学领域的教授，要求教授选择学生并成为其导师或为其提供研究助理的职位。无论男性还是女性教授，他们都更倾向于选择男性申请者去担任其导

---

① TIDBALL M E, SMITH D G, TIDBALL C S, WOLF-WENDEL L E. Taking women seriously: lessons and legacies for educating the majority[M]. Phoenix, Arizona: Oryx Press, 1999.

② MILLER-BERNAL L. Separate by degree: women students' experiences in single-sex and coeducational colleges[M]. New York: Peter Lang, 2000.

③ ERHART J K, SANDLER B R. Looking for more than a few good women in traditionally male fields. Project on the Status and Education of Women[M]. Washington, D.C.: Association of American Colleges, 1987.

④ OATES M J, WILLIAMSON S. Comment on Tidball's "Women's Colleges and Women's Achievers Revisited"[J]. Signs, 1980, 6(2): 342-345.

⑤ MILLER-BERNAL L. Separate by degree: women students' experiences in single-sex and coeducational colleges[M]. New York: Peter Lang, 2000.

师或作为自己的助理，并建议给男性更高的起薪，完全没有意识到那些虚构的简历除了性别，其他内容都一模一样。[①]女子院校则很可能不存在这种无意识偏见，因为所有学生都是女性，这意味着女性可能有更多的机会获得指导经验，发展职业抱负和培养毅力，尤其是在 STEM(科学、技术、工程和数学)这样女生代表性显著偏低的领域。

关于为什么女子学院的学生在以后的生活中会更加成功的一些更直接解释也在文献中被讨论过。首先，正如许多研究者所主张的，女子学院提供了一个简单的优势，即为学生提供更多的机会，让她们在校园担任领导职位和其他重要角色，这为她们提供了经验和信心，从而帮助她们在日后走上职业道路。[②] 其次，女子学院的其他潜在优势还包括在校园里和毕业后获得大型校友网络的支持，[③]其中的具体帮助非常重要，比如在大学期间获得职业生涯规划和实习机会，以及在毕业后获得工作机会、建议和指导，等等。女子学院还经常称耀她们的校友网络，这对学生有极大的吸引力。最后，可能是这些更直接的优势和上文讨论的研究观点，对女子学院的学生产生了复杂影响，从而解答了单性别高等教育与女性成才的关系。

---

① MOSS-RACUSIN C A, DOVIDIO J F, BRESCOLL V L, GRAHAM M J, HANDELSMAN J. Science faculty's subtle gender biases favor male students[J]. Proceedings of the national academy of sciences, 2012, 109(41): 16474-16479.

② ASTIN A W. What matters in college: four critical years revisited (1st ed.)[M]. Jossey-Bass Publishers, 1993.
WHITT E J. "I Can Be Anything"— Student leadership in three women's colleges[J]. Journal of college student development, 1994, 35(3): 198-207.
KIM M, ALVAREZ R. Women-only colleges: some unanticipated consequences[J]. The journal of higher education, 1995, 66(6): 641-668.

③ TIDBALL M E, SMITH D G, TIDBALL C S, WOLF-WENDEL L E. Taking women seriously: lessons and legacies for educating the majority[M]. Phoenix, Arizona: Oryx Press, 1999.

# 第三章 女子学院与女领导

希拉里·克林顿(Hillary Clinton)和马德琳·奥尔布赖特(Madeleine Albright)的共同之处不仅仅在于她们同为美国前国务卿,她们两人还都是韦尔斯利(一所位于马萨诸塞州的女子学院)的毕业生。[①]

"美国的女子教育机构为年轻女性提供了有效的服务,""七姐妹女子学院"之一、宾夕法尼亚州的布林茅尔学院国际倡议高级顾问苏珊·巴克·萨顿说,"它真的让你准备好自信地走向世界。从女子学院毕业的女性并不是在退缩,她们表现得恰恰相反。"位于孟加拉国吉大港的亚洲女子大学(Asian University for Women)的创始人卡迈勒·艾哈迈德(Kamal Ahmad)说,在美国的女子学院里,"一些重要的、有影响力的、无形的事情发生了。她们倾向于培养更多的领导者,在女子学院,与其他女性领导人的接触以及表达观点和展示抱负的空间确实会让学生与众不同"。

尽管受综合性大学向女生开放这一趋势影响,美国女子学院和女子大学的数量已经从 50 年前的 230 所减少到今天的 45 所,但女子学院这种面向女生的高等教育模式却从欧美向亚洲、非洲和中东等世界其他地区发展,在这些地方,女子院校的数量正在上升。由于当地高等教育资源可能原本就十分有限,女子院校发挥出的教育

① SUSAN LADIKA.Women's universities around the world develop global leaders[J].International educator, Jan+Feb,2017.

女性的重要作用有助于使她们的学生在全球各个角落成为领导者。

"很多家庭尤其是富裕家庭,往往选择把女儿送到女子学院,否则干脆不让女儿上大学,"艾哈迈德说。他是亚洲女子大学支持基金会的首席执行官,该基金会为亚洲女子大学提供资金。进入这所大学的年轻女性如果缺乏经济支持,可以通过获得奖学金以支付学费。

亚洲女子大学有来自亚洲和非洲 15 个国家的大约 500 名学生,教学语言为英语。"年轻姑娘们很可能是有生以来第一次听说她们可以成为领导者,"艾哈迈德说,"她们对改变自己的国家和改变世界抱有很大的期望。"这一愿景由一位 24 岁的柬埔寨女孩萨伦·可昂(Saren Keang)提出。她毕业于亚洲女子大学,获得了亚洲研究的学士学位。2016 年 1 月,她在美国马萨诸塞州沃尔瑟姆的布兰迪斯大学(Brandeis University)攻读硕士学位,并入选了"可持续国际发展和冲突解决方案"的双学位项目。她出生于贫困家庭,是四姐妹中的老三,父母都无意支持她继续学习,"他们认为女孩不需要像男孩那样去上大学是非常正常的"。但是在课堂上,可昂是最优秀的,尽管她不得不帮助她的母亲和姐妹们在家门口卖食物来养家。她从一个非政府组织那里了解到亚洲女子大学,这是一所以"赋予女性权力,让她们成为未来的领导者"为使命的女子大学,"这个目标就是对我说的。"可昂对性别和移民问题有着浓厚的兴趣。尽管英语水平有限,她还是通过了入学考试、录取面试,并获得了全额奖学金。"我能考上是因为他们看到了我的激情。"接着,她花了一年时间参加了一个名为"入门学习"的预备项目,通过其中的课程,学生们可以锻炼她们的英语能力、批判性思维能力、问题解决能力和领导能力,以便为美国式的文科教育做准备;学生还必须参加社区服务项目,并被鼓励参加课外活动。"亚洲女子大学开发了我的自信,"可昂说,"并且我已经准备好在布兰迪斯大学取得成功。"学校也鼓励她追求梦想——有朝一日成为联合国的首脑。"你真的需要拥有了不起的梦想!"她说,"向前的每一小步都来之不易。"

世界各地的女子院校,都有着培养学生的梦想,并帮助她们做好准备,令其具备成为领导者的关键影响力。"提升女性领导力是我们工作的全部,"苏珊·穆姆说。她是加拿大安大略省隆顿市布雷西亚大学的校长,这所学校是 1919 年由伦敦教区的乌苏拉宗教组织创立的,"我们是一所由女性为女性设计的大学,学校里 3/4 的教师都是女性。领导力的培养不仅仅要通过传授,还需要为学生提供随时随地的指导。”

## 一、在北美和欧洲的招生大战

正如我们在上一章研究回顾中所述,尽管女性高等教育机构在培养女性领导者方面发挥了重要作用,但当今时代,北美和西欧的女子学院存在并延续的必要性正在不断地遭到质疑。20世纪60年代,萨顿曾就读于“七姐妹”之一的布林茅尔学院,那是常青藤联盟学校还未接收女生的时代。她说,大多数女子学院提供严格的学术教育,学生不努力就不会成功。女性拥有这些学校的所有领导机会,比如俱乐部和学生会,这有助于她们磨炼自己的领导才能。女校还为学生提供了“一个受过高等教育、富有积极性和主动性的女性的网络”。克里斯汀·伦是密歇根州立大学(Michigan State University)研究高等教育、成人教育和终身学习的教授,她研究了世界各地的女子大学,提出北美和欧洲的女子院校有着“一个非常明确的女性领导力发展议程”这一共同主线,学校还会通过召集女权主义学者和社区推广活动等方式为校园外的女性服务。美国女子学院是在允许妇女参政之前成立的,并参与了争取妇女投票权、改善妇女和儿童劳动条件等政治、社会运动,她们对社会议题的关注到今天仍在继续,学校也在“参与解决美国的妇女问题”。

亦为“七姐妹”之一的曼荷莲学院内的麦卡洛克全球倡议中心(McCulloch Center for Global) 主任伊娃·帕奥斯(Eva Paus)表示,“我不认为女性已经达到了我们所希望的能与男性平等的地位。因为如今只有2%的高中生表示有兴趣入读女子学院”。佐治亚州的阿格尼斯·斯科特学院(Agnes Scott College)负责全球学习和领导力发展的副校长伊莱恩·梅利-李(Elaine Meyer-Lee)承认,出于对社交生活的顾虑,选择女子学院对女高中生来说可能是一个挑战。“大多数学生因为它是女子学院而没有选择它,然而一旦她们来到这里,这项所谓的劣势就完全转化为优势——在一个只为女生服务的学校里学习,”伊莱恩·梅利-李说。

此外,其他国家的年轻女性纷纷涌向美国女子学院。在布林茅尔学院,国际学生的比例在短短4年内从10%跃升至27%。萨顿认为,这个增长是“自发的”,而不是因为大学增加了国际招生。她认为,他国的女性来到女子学院是因为这里的学术水平高,也不排除某些国家的女性可能觉得在女校里更安全。许多学生来自亚洲或欧洲的国家。

帕奥斯表示,曼荷莲麦卡洛克全球倡议中心于 2004 年发起了一项倡议,旨在促成每个学生实现教育国际化,并增加招收国际学生的名额,学院因此在 2015 年获得了一项“全面国际化”奖项(NAFSA's 2015 Senator Paul Simon Award),国际学生的比例也从 12%上升到今天的 27%。

2015 年秋季发起尖峰计划(SUMMIT)的阿格尼斯·斯科特学院也有类似的情况,该校通过这个计划重塑了它的全球学习和领导力发展计划。这个计划是:每个新生都必须参加开设在海外的 8 天沉浸式体验,研究的议题包括古巴经济体系、克罗地亚的环境和摩洛哥的伊斯兰艺术,等等。尖峰计划为该校吸引来了更多的国际学生,现在国际学生已经占到学生总数的 13%左右。伊莱恩·梅利-李说,学院现在吸引了更多来自全球各地的学生,而不仅仅是美国南部的学生,因为学院的目标是“为全球社会准备有效的领导者”。

## 二、在发展中国家备受欢迎

美国的女子学院大都不得不为吸引生源而竞争,这与中国和印度等地的情况形成了鲜明对比。在这些国家,优质高等教育资源是僧多粥少,学生不得不展开激烈竞争。对女生来说,同时报考综合性大学和女子院校可能增加入学机会,这是相当有利的。而且在不少国家,各层级教育机构中的单性别学校都比美国要常见得多,这使得女校在这些国家中也得到了更广泛的接受。但在世界上的某些地方,“让女性受教育的敌意如此之大”,以致女子学院成了年轻女性接受教育的唯一途径。

例如,2013 年巴基斯坦奎达市的哈杜尔汗女子大学发生了恐怖袭击,恐怖分子引爆了一辆汽车上预先装载的炸弹,造成巴基斯坦的 14 名妇女身亡。枪手在袭击一家治疗伤员的医院的同时,又杀害了另外 11 人。2012 年,时年 15 岁的巴基斯坦女童教育倡导者马拉拉·优素福扎伊(Malala Yousafzai)在上学途中遭到塔利班枪击。两年后,她获得了诺贝尔和平奖。亚洲女子大学毕业生、来自阿富汗喀布尔的 26 岁女孩法蒂玛·萨布里(Fatima Sabri),在求学期间注重发展宣传技能。她参与创办了亚洲女子大学的“说出来”社团(Speak Up Club),旨在帮助女性反对不公正和基于性别的暴力,她说:“从那时起我发现自己是一个领导者。”她于 2014 年毕业于亚洲研究专业,现攻读佛蒙特州布拉特尔博勒一个国际培训学院的硕士学位,研究政策倡导、领导力和社会变革的可持续发展。在巴基斯坦,一名年轻女性从难民身份起步,进而接受高等教育,这是相当大的成就。

法蒂玛·萨布里从3岁到11岁一直生活在巴基斯坦,并在一所男女同校的阿富汗移民学校接受了早期教育。2002年,该学校关闭。萨布里家里没钱送她进私立学校,而当地公立学校又不接受像萨布里这样的难民,为了不中断教育,她随家人回到阿富汗。2009年高中毕业时,萨布里参加了喀布尔大学的入学考试,由于申请者过多,名额极其有限,萨布里被告知要等到第二年才能入学。"我几乎要哭瞎了眼睛,非常非常难过。"这时,她的父亲看到了一则亚洲女子大学的广告,并催促她去申请。她只有17岁,是参加入学考试的94名阿富汗女孩中的一员,在这些人中,最后只有9人通过了考试。萨布里不知道如何使用电脑,并且说一口糟糕的英语,但她进入了亚洲女子大学的"入门学习"项目,这让她有时间提高自己的英语技能。萨布里回忆说:"最困难的部分是远离家庭,不能说母语。"萨布里一直非常内向,直到2011—2012学年,她参与建立了"说出来"社团,并帮助组织了一场反对性别暴力的会议。她希望有一天能在阿富汗开设一个妇女学习中心,在那里,妇女可以学习领导技能,并致力于打击性别暴力。

卢旺达也有这样一所女子学院帮助妇女发挥其经济潜力。2010年,阿基拉妇女研究(The Akilah Institute for Women)在卢旺达基加利成立,这是卢旺达唯一的女子学院。学院的创立者是范德堡大学(Vanderbilt University)的毕业生伊丽莎白·休斯(Elizabeth Hughes)。"她对于女性教育的需求感到非常震惊,"学院执行主任凯伦·谢尔曼说。并且休斯希望学院"在实地做出改变"。在1994年卢旺达种族灭绝事件中,有近100万人遇害,而妇女"真正承担起了重建家庭和国家的责任,她们需要被授权担任领导"。在这样一个极端父权制的社会中,女性习惯于退居次席。因此,创办一所单性别大学是一项重大变革,女性可以在那里竞选公职、召集社团和展开活动,并学习担任领导角色。在阿基拉,大部分学生的学费被推迟到毕业之后收取,但是每个学生都必须偿还这笔钱。谢尔曼说,还款率达到98%,"我们希望确保这项计划能够为所有不同社会经济背景的女性提供服务"。在卢旺达,只有不到5%的农村妇女从中学毕业;但在阿基拉,有55%的学生来自农村地区。学生可以主修酒店管理、信息系统或创业,这些都是东非经济增长最快的领域。年轻女性学习的技能包括领导力、团队合作、沟通、高阶思维等。学生学习两年毕业,获得一个相当于副学士学位的文凭,如果继续学习一年,就可以获得学士学位。较短的培养方案是为了让她们更快地进入劳动力市场。

亚洲女子大学的目标之一是为年轻女性提供摆脱贫困的方法。在最近开始的"承诺计划"中,已经有孟加拉国服装厂的女工被学校录取。艾哈迈德说,当工厂工人下班后,她们在车间进行了入学测试。在这个计划中,有超过 650 人申请入学,根据她们的考试成绩和面试结果,学校录取了其中的 22 人。令人惊讶的是,工厂老板同意在她们上大学的 5 年里继续支付这些女工的工资。"我们经常低估他人的善心,"艾哈迈德说。

亚洲女子大学还致力于吸引社会上处于其他不利地位的年轻女性,比如穆斯林少数民族罗兴亚人。"她们是世界上被压制的人群之一。"艾哈迈德认为她们的许多权利,包括接受教育的权利都被剥夺了。他说:"我们可能是录取来自孟加拉国和缅甸的罗兴亚族妇女的最大的单一教育机构。"该学校还试图增加与阿富汗第三大的少数民族哈扎拉的联系。对这些少数民族的女性来说,"在大多数情况下,她们无法获得高质量的中等教育"。这就是"入门学习"项目发挥作用的地方——在她们上大学之前提高她们的技能。"我们寻找不同寻常的女性,寻找那些展现出领导能力,并为自己和社区做出贡献的女性,"他说。在印度偏远地区长大的萨维特·库玛丽就是其中之一,今年她从亚洲女子大学毕业后在英国牛津大学学习,学习环境变化与管理的硕士学位课程。库玛丽以全额奖学金进入亚洲女子大学,希望通过在此就读获得新的学习经历并且能够学习英语以及不同文化。在校期间,她是数学中心的协调员,学生可以在中心寻求数学方面的帮助。库玛丽还帮助孟加拉国的服装工人进行数学学习,"我总是得到别人的支持,得以完成学业。现在,我觉得我有责任回馈社会"。

## 三、女子学院的重要性在世界各地延续

如今的女子学院已经可以在发展中国家发挥重要作用。"我们生活的这个世界还没有实现性别平等,"英国剑桥大学默里·爱德华兹(Murray Edwards)女子学院的校长芭芭拉·斯托林(Barbara Stocking)说,"在这个学院里,有一个真正关注女性、

关注她们的生活技能和个人自信的地方。"与许多女子学院不同的是,默里·爱德华兹是一所综合性名校的一部分,来自剑桥大学的所有学生都可以一起听课。但是当涉及对小部分学生的监督或指导环节时,女子学院的学生导师通常是女性,这样才能真正关注女生的学业。默里·爱德华兹的学生在女院校园中生活和参与社交,学习各方面的技能和进行职业准备。斯托林作为乐施会(Oxfam)这家著名国际慈善组织联合会的前首席执行官,本身就是默里·爱德华兹的学生,她在2013年回到母校担任院长。当她就读于默里·爱德华兹时,女生在剑桥大学读书还是一件很不寻常的事,但她表示,"这确实给了我融入世界的信心"。

在日本东京的御茶水女子大学里,全球领导力学院提供讲座、研讨会和各种主题活动,以培养学生的认知和文化意识,帮助她们成为全球领导者。御茶水大学全球教育中心讲师渡边典子说,由于日本出生率的下降,日本女子学院和大学的数量一直在衰减。2013年,日本首相安倍晋三在联合国大会上表示,日本将积极支持女性发展,安倍晋三认为她们是推动日本经济增长的最大力量;日本还将帮助发展中国家推进性别平等和赋权运动。在日本,虽然一些农村地区的女子院校可能会面临关闭的窘境,但该国主要的女子大学,如御茶水女子大学,将会继续蓬勃发展。渡边女士说,日本的研究表明,在该国就读女子院校的学生"更加直言不讳,她们往往能毫不犹豫地发表自己的观点"。

布雷西亚(Brescia)是加拿大唯一的女子大学。"学生可以在领导和社会变革学院学习,这里是少数具备领导学本科学位的大学之一,"穆姆说。在布雷西亚学习的年轻女性是"想成为受过良好教育、有潜力在社区或国家成为领导者的女性"。布雷西亚学院隶属于西部大学(Western University, UWO),学生可以在西部大学修读2/5的男女同班课程,布雷西亚女子学院本身则像是一片能够包容更丰富且更有活力的本科教育的文化绿洲。正在学习营养学的三年级荣誉学生加比·吉布斯(Gabby Gibbs)从巴巴多斯来到布雷西亚,因为她的母国没有类似的学习项目。她说她不是特地找的女子学院,而是因为"我真的很喜欢这里。在这里,你身边的女性让你感到被赋予权利,你可以表达自己的想法,并且被鼓励把它大声说出来"。布雷西亚还致力于帮助年轻女孩,在加拿大和中国的香港地区组织少女LEAD(领导力、教育和发展训练营),该训练营旨在支持少女们专注于自我发现、与他人沟通、建构组织和引领变革。来自各个行业的女性,如政界人士、科学家和消防队员都被邀请到营地发言,“女孩们喜欢这些活动,这极大地增加了她们探索女人在世界上能做什么的信心”。这所大学还为11、12年级的女生举办公开演讲比赛,要求她们在5分钟之内公开介绍对她们有所启发的女性人物。参赛学生来自世界各地,获奖者可以免一年的学费和食宿费。

北美众多的女子学院和大学吸引了更多国际学生的加入,并更加强调国际学习和实践经验,因此,女子学院的毕业生们对今天的职业环境已经有了更充分的准备。伊莱恩·梅利-李说:“在阿格尼斯·斯科特学院,对‘尖峰计划’的强调有助于提升女子学院的教育质量。国际学习不仅是在网上或大型课堂上传授的知识,它还应该使女性能够在复杂的国际社会中茁壮成长和学习,而这与今天的劳动力需求紧密相关。”通过在课堂上与一群国际学生合作,年轻女性“学会看到共同的人性,理解不同的国家和文化如何以不同的方式解决问题,并以不同的方式看待问题”。在我们所处的全球经济格局中,她们最终会进入不同的团队工作,这也可以帮助学生认识到“人们的想法并不一样”,而关于分歧的开放态度,是21世纪任何领导人都需要具备的。

# 第四章 韦尔斯利,美国历史的一部分

NON MINISTRARI SED MINISTRARE

Not to be administered unto, but to administer.

—the motto of Wellesley College

“助人而非受助于人”

——韦尔斯利学院校训①

在美国的历史中,女子学院相对年轻,但韦尔斯利是其中的年长者。韦尔斯利的历史体现了女性教育从狂热、先锋、实验的阶段进入被教育工作者和普通社会大众接受的阶段,韦尔斯利女校也从激进、创新的组织转变为传统、保守的教育机构。

韦尔斯利的创立者是杜兰特夫妇(Henry and Pauline Durant),他们信仰女子高

① 关于韦尔斯利学院这句著名的校训,国内的介绍文献中有数个翻译版本,最初的版本为“非以役人,乃役于人”,之后也出现过“治人而非治于人”等各种被引用的版本。经过对韦尔斯利校史资料的梳理,笔者认为解读校训不能仅凭字面含义,而需要立足于其产生的背景及涵盖的深意。经与华中师范大学博士研究生、湖北工业大学外国语学院副教授、英语语言文学专家白阳明老师反复交流切磋(白老师与笔者是 2017—2018 年韦尔斯利学院仅有的两名来自中国的访问学者),我们认同在这句校训中,服务精神是核心精要,平实话之即“非人人为我、乃我为人人”,简练述之则是“助人而非受助于人”,十分贴切易懂。在本书写作过程中,笔者确实一再体会其意,此乃后话。

等教育的价值，并把他们的土地和财产投入这项事业中。他们设立的学院大厅成为整个学院的师生最初的生活区域。同时他们也知道，假以时日，这座学院的成就必定会超越最初的设想，事实确实如此。学院招生人数和硬件设施的大幅增加是可见的变化，然而这所学院的核心与专注年轻女性的文理教育传统，仍在急剧变化和发展的社会背景下保持稳定。遍布全球、成千上万的韦尔斯利校友与学校保持着同样牢固坚定的关系，她们在许多方面与母校的精神紧密连接，其中最重要的是，她们在生活中以各种方式坚持着韦尔斯利的校训：助人而非受助于人。①

本书选取韦尔斯利学院作为探索女性领导力培养途径和效能探究的切入点。这一学科领域涉及高等教育学、领导学，以及一部分社会性别学或女性学。尽管韦尔斯利学院因其名扬世界的杰出校友在国内有一定的知名度，但还远远未进入专业学术研究的视野。迄今为止，涉及韦尔斯利的中文文献主要研究两方面内容：一方面是对韦尔斯利办校成就的介绍信息、报道文字或史料发掘，②另一方面就是将其作为女子高等教育研究资料中的一部分内容列出。③ 后一种文献资料往往也会提及韦尔斯利在女性领导力开发上的经验或成就，但大多浅尝辄止，少有深入。迄今以韦尔斯利领导力教育为主题的研究只有一篇硕士论文④，虽然该论文选取了一个非常有创新意识和开发潜质的角度，但受资源和条件的限制，论文基本聚焦在韦尔斯利学院运行现状、对学院积淀深厚的育人精神和覆盖全程的育人支持如何服务于女性领导力的生

① ARLENE COHEN. Wellesley college, the campus history series[M]. Charleston: Arcadia Publishing, 2006.

② 这一类主要是篇幅短小的报道文章或回忆录中的记载，尚不能称之为研究，只是对学校发展历史以及现状的一些介绍，如杰平的《美国韦尔斯利学院》(2002)、杨贵兰的《灿烂的群芳园》(2003)、朱潇潇的《宋氏三姐妹学历钩沉》(2005)、王炳根的《培养世界公民的摇篮——访美国韦尔斯利女子学院》(2006)、林晓文的《威尔斯利学院：女性精英的自由王国》、深圳特区报刊登的《美国韦尔斯利女子学院院长鲍特姆丽接受本报记者采访——致力培养服务型领导者》(2011)、李巧针的《坚守与超越：美国女子学院发展之道——以韦尔斯利学院为例》(2013)等。宋时娟的《美国韦尔斯利学院藏宋美龄档案介绍——以米歇尔档案为中心》(2014)则是以回忆录的方式，通过对名人轶事的描述，从侧面介绍了有关韦尔斯利学院的一些信息。类似的还有对冰心、宋美龄求学介绍的相关文章。

③ 这一类资料包括朱幸福的《美国大学教育写真》(2010)、罗婷的《女子高校发展战略研究》(2007)、金莉的《19世纪美国女性高等教育的发展轨迹及性别定位》(1999)、张秀坤的《美国女子高校评介》(2004)、鄂艳的《美国女子高校研究》(2007)、高惠蓉的《西方早期女子学院的创立与发展》(2006)和她的博士学位论文《美国女子高等教育史研究》(2009)、李捷的硕士论文《美国进步时代的女子高等教育》(2011)、李蕾蕾的《美国女子大学的演进历程及其当代境遇》(2001)等。

④ 齐赛男. 美国韦尔斯利女子大学领导力教育研究[D]. 长春：东北师范大学，2015.

成及发展上,尚未建立起一个成熟的研究体系。举例来说,这篇以《美国韦尔斯利女子大学领导力教育研究》为题的论文,把韦尔斯利领导力教育兴起的原因归结为,"二战"后,美国因社会转型而催生出劳动力市场性别的多样化,和妇女逐步进入领导职位所产生的需求。不能不说这是对韦尔斯利在美国女性教育历史上不可替代地位的过度简化。事实上,"助人而非受助于人"的校训早在韦尔斯利建校之初即被奉为信条,百多年来,它激励了一代代师生为之奋斗。从美国女性教育发展和女权运动历程的角度看,富有勇气和才智的女性最初就是起步于女子学院。从占领学术领域的一席之地,到开始在美国社会各个层面发挥她们的影响力,诸如争取女性的投票权等女权运动成就,很大程度上都是由女子学院的毕业生推动的。女子学院培植女性领导力的育人理念,恰恰是促进社会进步和推动两性平等的原初力量。因此,考察韦尔斯利女子学院的领导力教育精髓,既需要抚今追昔,了解这所精英机构的来龙去脉和成长历程;也需要深入现状,考察精英理念在当下现实中的传承创新与作用方式。这样才能覆盖纵向和横向两个维度,立体地诠释本书主题。本章即为纵向梳理,从历史层面来探秘韦尔斯利的领导力教育之道。

## 第一节 韦尔斯利的创立与使命

许多女性高等教育学者将美国女子学院的成立分为两个时代。第一个时代是浪漫主义时期(1820—1860 年),这个时代建立了女子神学院,其中以玛丽·里昂(Mary Lyon)创立的曼荷莲学院(1937 年)、伊利诺伊州的惠顿学院(Wheaton,1834)和罗克福德(Rockford,1847)学院形式的女子神学院为代表,后者正是社会工作先锋人物简·亚当斯(Jane Addams)的母校。①女子神学院的兴起源于这样一种信念,即女性需要接受与她们的兄弟不同的教育。②通常在大学预科阶段提供的神学院教育能够使年轻女性成为学校教师,并能够在结婚前自立。例如,玛丽·里昂打算让曼荷莲学

① PALMIERI P A.From republican motherhood to race suicide:arguments on the higher education of women in the United States, 1820-1920[M]//LASSER C.Educating women together:coeducation in a changing world.Urbana, IL: University of Illinois Press,1987:49-64.

② FLORENCE H.Myths of coeducation[M]//Myths of coeducation:selected essays, 1964-1983. Bloomington, IN: Indiana University Press,1984:206-220.

院的毕业生成为教师和传教士,而不是家庭主妇。事实上,1838年至1850年期间,超过80%的曼荷莲学院毕业生至少做过一年时间的老师。[①]第二个时代——改革时代(1860—1890年),是一个"你能做的任何事我也都可以做"的女性主义时代。其间美国各地相继成立了瓦萨学院(1861)、史密斯学院(1871)、韦尔斯利学院(1875)和布林茅尔学院(1885),它们试图向世界证明,女性在精神和体质上都能够达到当时男性精英高等教育课程的严苛标准。[②]马修·瓦萨(Matthew Vassar)想让他的新学院与哈佛、耶鲁或普林斯顿平分秋色。1865年正式迎入女生们的瓦萨学院是第一所获得大量捐赠的女子学院,也是第一所引起世界关注女性教育的大学。[③]史密斯学院和韦尔斯利学院也是带着与任何一所男子学院不相上下的追求而创立的。韦尔斯利学院的创立者亨利·杜兰特认为,女性能够接受男子院校课程的学术挑战,他想给她们一个机会来证明这一点。[④]他甚至进一步提出,女性教育是一场更宏大的妇女权利斗争的一部分,这种斗争是为人类正义而进行的伟大运动。杜兰特将韦尔斯利设想为"一个女性哈佛",它将证明,女性可以"摆脱并最终否定脆弱和装饰性的女性气质"。[⑤]

韦尔斯利学院的创立者原名亨利·韦尔斯·史密斯,出生于1822年2月20日。毕业自哈佛大学后,他先后在洛厄尔(Lowell)、马萨诸塞州和波士顿从事执业律师的工作。1847年移居波士顿时,由于当时有很多律师名字都叫史密斯,亨利便把自己的名字改成了福尔·杜兰特(Fowle Durant),这是结合两个姓氏的结果。1854年,他和表妹宝琳结婚,并凭借执业经历和金融投资积累了可观的财富。除了位于波士顿和纽约的房子外,杜兰特夫妇还在波士顿城外12英里远的尼德汉姆西边买下了一片300英亩的土地,作为夏天度假的农庄。杜兰特夫妇先后育有一子一女,不幸的是,

---

① HOROWITZ H L.Alma Mater:design and experience in the women's colleges from their nineteenth-century beginnings to the 1930s[M].New York, NY: Knopf,1984.

② GORDON L D.Gender and higher education in the progressive era[M].New Haven: Yale University Press,1990.

③ MABEL N.A century of higher education for women[M].New York: Harper,1959.

④ JEAN G.Wellesley college 1875-1975:a century of women[M].Wellesley, MA: Wellesley College,1975.
SOLOMON B M.In the company of educated women:a history of women and higher education in America[M].New Haven: Yale University Press,1985.

⑤ PALMIERI P A.In adamless eden:the community of women faculty at Wellesley[M].New Haven: Yale University Press,1995.

女儿出生仅 12 周就离世了。所以,这对夫妇把所有心血倾注在唯一的孩子哈利身上,期待他拥有一个光辉的未来。然而哈利 8 岁时罹患白喉亦告不治,悲痛欲绝的杜兰特夫妇从而转向他们的基督教理想,寻求安慰和治愈。他们决定把原本打算为儿子修建庞大宅邸的尼德汉姆西边的地产善加利用。二人最初的方案是建造一个男童孤儿院,但最终他们确信了女性教育的重要性,于是韦尔斯利学院便诞生在了这片土地上。

在某种程度上,应该说杜兰特夫妇创办女子教育的念头受到了曼荷莲学院的积极影响。亨利是曼荷莲学院的校董之一,宝琳也参与了该校图书馆的建立。他们俩都十分主张女子教育,并梦想为此建立另一座重要的学校。1867 年,他们终于实现了这个目标,学院定名来源于相邻土地的拥有者哈洛特·霍里斯·休耐尔(Horatio Hollis Hunnewell)妻子的娘家姓韦尔斯(Welles)。在接下来的几年里,学院获批马萨诸塞州立法机关注册认证,杜兰特夫妇在能俯视美丽的慰冰湖的山坡上建造了学院大厅,并最终经过校董会的决定把校名确定为韦尔斯利(Wellesley)。杜兰特夫妇在不惜代价、尽善尽美地建设学院的同时,把韦尔斯利学院设想为一所"量才为录"的学校,学费和其他开支限定得极其低廉,这样才能保证"印花棉布女孩"和"天鹅绒女孩"(亨利·杜兰特的原话)都能来韦尔斯利学院上学。1875 年 9 月 8 日,韦尔斯利学院迎来首批 314 名女学生,经过考试,有 30 名学生达到大学入学水平,开始了新生学习;其余学生则开始修读 1 至 2 年的预科课程,直到她们达到大学入学标准。

韦尔斯利学院的建校精神不止有教无类。"助人而非受助于人",这句由杜兰特夫妇选中的校训更是对 19 世纪晚期教育观的反映。当时美国中上阶层的女性生活在依赖男性和接受照顾的文化中,杜兰特夫妇希望韦尔斯利学院的年轻姑娘们能超越这些束缚,在通过为他人服务获得满足感和权力感的世界中拥有一席之地。用 1981 年时任韦尔斯利学院校长的著名政治学家和领导学家南纳尔·O. 基欧汉(Nannerl O. Keohane)的话来解读,"(这句校训)今天仍然准确描述了韦尔斯利女性行动力的广阔范围和巨大幅度"。受校训精神的感召,学生在本科期间就充分吸收了校园文化并在行动上加以落实。百多年来,美国历史上的妇女平权运动、战争时期的募捐活动和支持服务、接纳照料难民、民权运动、地方性慈善活动等,都遍布着大量韦尔斯利女性的身影,其中最为中国读者所熟悉的当属韦尔斯利学院 1917 届校友宋美龄女士，作为知名人士，她在“二战”中扮演了连接中国和世界的使者角色。校训中对服务的承诺，鼓舞并贯穿着韦尔斯利校友的人生。对此，1926 届校友海伦·布拉德·莱德尔（Helen Bullard Rydell）这样表述：“那些接受了韦尔斯利馈赠的女性，在对其加以充分使用的同时也在回馈社会。”事实上，1989 年学院通过了一项使命宣言，补充和增强了校训的重要性，“韦尔斯利学院为将会有所成就的女性提供绝佳的文理教育”①。

## 第二节　开创并传承了女性领导力的韦尔斯利校长们

虽然韦尔斯利学院在“七姐妹学院”中并非最年长的，但它在历史上留下了浓墨重彩的一笔。学院从一开始就由女校长执掌，这是历史上的首创，并且延续至今，成为跨越时代的功绩。在创校者亨利·杜兰特的主张下，1875 年落成的韦尔斯利学院有一支纯女性的教师队伍，在学校当时的董事会中也有大量的女性代表——而那是一个连女性教授都闻所未闻的时代。亨利对董事会成员的解释是：“如果想让女孩们认真学习，她们就必须有学识良好的女性榜样以供效仿。”韦尔斯利学院向全世界宣布：女性可以管理自己的大学，它是妇女解放的象征，它的出现代表了 19 世纪晚期美国社会的进步。②

### 一、韦尔斯利的女校长领导史

杜兰特的理想当然包含由女校长来领导整所学院。起初他任命了阿达·霍华德（Ada Howard）作为韦尔斯利学院的首任校长，这位曼荷莲学院的毕业生此前在新泽西的一所私立学校担任校长。不过，亨利本人仍是学院真正的领导者，对学院的运作方式具有巨大影响，在一定意义上，霍华德的校长之位有名无实。1881 年亨利过世后，霍华德也以健康原因提出辞职。时年 26 岁、当时在韦尔斯利担任历史系主任的艾丽丝·弗里曼（Alice Freeman）被董事会任命为第二任校长。每个人都期待着弗里

① COHEN A. Wellesley college, the campus history series[M]. California: Arcadia Publishing, 2006:7.

② PALMIERI P A. There was fellowship: a social portrait of academic women at Wellesley College, 1895-1920[J]. History of education quarterly, 1983, 23 (2): 195-214.

曼的领导才干和远见卓识能引领这所年轻学院前行,她在 6 年任期中确实不负使命,为学院的长远发展打下了坚实的基础。其间,学院成立了学术委员会,各专业在系主任的领导下进行重新组织,课程管理得以加强和规范,入学考试也更为严格。弗里曼的领导令韦尔斯利实现了极大的成长,也得到了巩固。由于她对韦尔斯利的重要贡献,有些文献甚至认定她为韦尔斯利的首任校长。[①]离任韦尔斯利校长之位后,弗里曼不仅终身任职于学院董事会,担任过多个社会机构的领导者,甚至还担任过芝加哥大学的校长。作为两度列入"美国历史上女子教育里程碑"的重要人物,她的领导力成就影响深远,值得详加书写。本节的后一部分即以艾丽丝·弗里曼为例,说明女校长在女性领导力培养中的突出作用。

150 多年来,已有 14 位女校长操舵着韦尔斯利乘风破浪,她们的背景和经历各不相同,但都怀着服务意愿和奉献精神走上了这个最高领导职位。她们有着明显的共性:在与学校教师相处时,她们都有长期担任师资队伍领导者的经历,所以擅于招募、挽留和支持富有才华的两性人才参与文科领域女性教育;在学生面前,她们建立起了前辈榜样和知识权威的个人形象;在学院的发展蓝图中,她们致力于引领韦尔斯利融入世界,为它建立卓越的国际声誉。随着时间的推移,校长的职能发生了巨大变化。早期的校长将大部分时间都花在学院管理上,随着 19 世纪 90 年代院长和其他行政职位的出现,校长开始承担其他角色和更大的责任。她需要成为一位梦想家和计划者,思考如何把这所大学及其使命带入未来,她还越发需要担负起筹资者的角色,将她的工作范围延伸到校园之外,以确保其创新想法和理念成为现实。

韦尔斯利历任校长的肖像悬挂在图书馆的主阅览室里,在这个空间中走动浏览,仿佛置身于一段穿越时光的漫步。这些杰出女性有着各自的举止和着装,画中的每一个细节都反映了她们所处的时代及其领导风格,但她们凝视远方的目光中有着同样的聪慧、才干和专注。韦尔斯利的校长们是一群独特而强大的女性,正是她们的领导力,经年累月地塑造了学院的历史和地位。

## 二、韦尔斯利校长中的杰出代表艾丽丝·弗里曼

今天,艾丽丝·弗里曼(1855 年 2 月 21 日—1902 年 12 月 6 日)以教育家的身份

---

① MARTHERS P P.Did the women's colleges founded in the progressive era represent a new model? [J].American educational history journal,2013,40(2):221-239.

名垂美国历史，她在教育事业上的成就与她先后在教育界担任过的一个个领导职位有着密不可分的联系。从担任韦尔斯利学院校长（1881—1887 年）、美国大学女子协会主席（1885—1887 年，1889—1890 年）、马萨诸塞州教育委员会委员（1889—1902 年）、波士顿女子教育协会主席（1891—1901 年）等职位，到担任新成立的芝加哥大学女子学院院长（1892—1895 年），艾丽丝·弗里曼一生致力于倡导女性高等教育，"努力为受过高等教育的女性提供更多服务社会的机会，在每个领域选择提升那些具有领导能力和学术能力的人，帮助她（他）们成为有能力为其他人创造更大更新机会的人"①。1887 年，艾丽丝·弗里曼与哈佛大学教授乔治·赫伯特·帕尔默结婚，此后在她的名字上增加了夫姓帕尔默。1920 年，艾丽丝·弗里曼·帕尔默入选"伟大的美国人"名人堂（Hall of Fame for Great Americans）。

艾丽丝·弗里曼并没有什么先天的领导资源或领导特质可以仰仗，唯一和她出生背景有关的领导力来源可能只有她是家里的第一个孩子。长子女，尤其是长女，更容易表现出领导特征，这在学术界有一定的讨论，但这种讨论主要产生在多子女大家庭时代，现今已不多见。② 弗里曼的长女身份给她早期人生带来的影响，更多的恐怕是繁重的劳作、勤奋的习惯、对家庭的责任感以及因长期劳作导致的虚弱体质。弗里曼出生在纽约州科尔斯维尔（Colesville），在家里四个孩子中排行老大。家中早先务农，生活贫困，为了改变现状，她的父亲一度离家去医学院上学，农庄的劳动重担就落在了母亲和艾丽丝身上。父亲获得医师资格后家境稍有改观，但也只能基本满足温饱。好在弗里曼的父母都重视教育，他们鼓励每个孩子去尽可能好的学校上学。弗里曼从小就表现出对知识和学业的天赋与热情，她的好学和聪慧甚至吸引了一位在她学校任教以赚取大学学费的耶鲁大学学生约翰·格雷森（John Greyson），进而向她求婚。14 岁的弗里曼与约翰订婚，但她 15 岁时却果断地取消婚约，放弃了这个当时年轻姑娘的最好归宿。她发现，学校中只有校长和约翰上过大学，而他们是所有教师里最良善和富有智慧的，这让年轻的弗里曼萌发了走出家乡上大学的梦想。

要知道，那是一个很少有女孩上大学，且接收女生的大学屈指可数的年代。弗里

---

① Alice Freeman Palmer: in memoriam, MDCCCLV-MDCCCCII[M]. American Association of University Women, 1903.

② 蒋莱. 女性领导力研究[M]. 上海：复旦大学出版社，2011：104.

曼的求学道路十分崎岖。首先,她需要说服父母支持她并为她支付学费。弗里曼家经济并不宽裕,只供养得起一个大学生。和当时大多数家庭一样,弗里曼的父母只打算送唯一的儿子上大学,他们认为高等教育于女孩而言是奢侈品。对此,弗里曼认为,"大学不是奢侈品,它是一项投资。如果我受过教育,就有能力去帮助家庭中的其他成员,否则就总是需要别人来帮助我"。她甚至更进一步向父母做出承诺,"如果你们现在帮我付了学费,我保证在帮助弟弟进大学之前不会结婚,对两个妹妹也将一视同仁,如果她们愿意的话"。未来的弗里曼确实兑现了承诺。在父亲的陪伴下,她长途跋涉来到刚刚开始招收女生、当时全国最大的院校密歇根大学,却在入学考试中败下阵来——之前的中学培养不足以令她具备大学入学资格。不过,密歇根大学校长兼教务长詹姆斯·安吉尔(James Angell)对弗里曼印象深刻,他向学校董事会提出让弗里曼入学试读 6 周,如果她能通过额外补习跟上进度,就可以被正式录取,而这对弗里曼而言意味着巨大的学习压力和任务。"我不怕,"弗里曼向校长保证,"我发誓您不会后悔给予我的支持。"在她的一生中——无论在那之前还是之后——她从没夸过能力之外的海口。

追逐梦想、永不言弃的精神贯穿着弗里曼的一生。她在大学毕业前就因家境困难开始执教赚钱,后来渐渐负担起全家人的生活开支和弟妹的学费。毕业后,弗里曼成为威斯康星州寄宿学校的校长。由于她的杰出声誉,亨利·杜兰特先后三次邀请她前来韦尔斯利学院任教。弗里曼非常向往在大学工作,但出于照顾家人所需,她无法只身前往波士顿。直到亨利第三次发出邀请,请她担任历史系主任和教授,当时的弗里曼终于不再需要照顾家人,便欣然来到韦尔斯利任教。杜兰特于 1881 年去世时,韦尔斯利学院董事会选择时年 26 岁的艾丽丝·弗里曼任职校长,她也因此成为第一位领导美国全国知名大学的女性。在她领导之前,韦尔斯利学院被外界认为是一所宗教学院,而后世赞誉弗里曼创建了一个全面的、知识丰富的文理学院。作为教育家、大学校长和女性教育的积极推动者,弗里曼的演讲名言和突出事迹非常丰富,但可惜的是,这些内容至今没有被引入中国,也没有中文资料介绍这位女性。根据对她诸多版本传记的浏览整理,笔者将讲述以下三个弗里曼在韦尔斯利学院的故事，以从中展现她的领导力风采。[1]

(一)平等待人，不惧权威

当艾丽丝·弗里曼还在担任历史系主任时，有一天，学院的创始人、实际领导人亨利·杜兰特匆匆忙忙地告诉她，他刚刚发现历史系一位老师伊塞尔·拉萨罗斯(Esther Lazarus)不是基督徒。亨利本人是虔诚的教徒，并把宗教训练带入了学校教育中。他要求弗里曼与伊塞尔老师谈话，"看看能否做些什么来拯救她的灵魂？"弗里曼当即发问："您难道不认为宗教信仰是伊塞尔自己的事吗？"杜兰特并未回应，而是发出命令："和她谈谈。"弗里曼非常生气，决定拒绝这个命令，哪怕承担着被解雇的风险，她也不想违背自己的原则。她找到杜兰特，用压抑着怒火的声音颤抖地说："伊塞尔·拉萨罗斯是西班牙裔犹太人，这是希伯来教派中最古老和尊贵的一支。她身上有很多基督徒的美德，跟这个学院的任何其他人一样，诚实、善良、公正……而且我确信，她对自己的宗教感到骄傲，就像我和您一样！"杜兰特从震惊到陷入沉思，终于轻轻开口："我很高兴知道您对此事的感受，弗里曼小姐，谢谢您的解释，我必须承认您说得对。"之后杜兰特再也没有提及此事。几天后，弗里曼收到杜兰特手写的一封短笺："韦尔斯利需要更多像你这样的人。"

(二)凝聚力量，开辟资源

艾丽丝·弗里曼任韦尔斯利学院校长后，根据她曾经和杜兰特的多次交谈及她自己的观察，她认为学院面临的首要难题是如何招收合格的学生。杜兰特曾经翻阅着入学申请资料不满地说："我真是厌倦了那些以为弹弹钢琴和举止优雅就可以上大学的姑娘了，我们需要认真的学生。"在那个年代，很少有年轻人会去上大学。大多数高中也没有开设为升读大学做准备的课程，即使有，也仅仅面向男生。对此，杜兰特的解决方式是增设了一个预科系，由于极其受欢迎，当弗里曼来到韦尔斯利时，这个预科系已经发展到成为一所距离韦尔斯利一公里之遥的唐纳霍尔(Dana Hall)中学。今天的唐纳霍尔也是当地著名的私立中学，在相当长的时间里，它作为韦尔斯利的附属中学存在。然而，即使有唐纳霍尔，合格的申请者数量还是远远低于弗里曼的目

[1] FLEMING A. Alice Freeman Palmer-Pioneer College President[M]. New York: Rutledge Books, Inc, Prentice-Hall, Inc., 1970.

标。“我们现在需要全国各地有十多个唐纳霍尔,”弗里曼向好朋友、数学系教授海伦·莎佛(Helen Shafer,后来她在弗里曼辞职后继任了韦尔斯利校长)抱怨道。莎佛提醒她:“你最擅长领导人们去做事,何不着手开始呢?”一语惊醒梦中人,在深思熟虑后,弗里曼和杜兰特夫人开始讨论她的计划:“我想给现在在不同地方任教的韦尔斯利毕业生写信,敦促她们为女孩开办我们自己的预科学校。”杜兰特夫人认为这是一个绝妙的好主意,之后校友们的回复更是迅即和热情。在接下来的几年中,由韦尔斯利校友创办的十多所预科学校遍布美国东海岸的许多城市,为韦尔斯利提供了充足的优质生源。

(三)执着目标,坚定勇敢

生源问题解决后,一方面,弗里曼忙于向外界扩大影响力,改变韦尔斯利初期修道院式的风格。她拜访了很多波士顿的重要人物,聘请知名教育家,组织他们发表公共演讲,她也经常亲自演讲,在演讲中既推广韦尔斯利,也传播她自己的妇女教育主张。另一方面,弗里曼感到学院的校舍不够容纳增加的学生,于是向学院董事会提出“我们可以再增加100名学生,以便能够盖一座新宿舍楼”。校董们对此犹豫不决,因为韦尔斯利此时已经在负债运行。1885年,正值韦尔斯利建校10周年之际,弗里曼建议为建新校舍发起一次筹款活动,作为建校纪念日的庆祝活动。新校舍在当年6月开工,建筑商向弗里曼保证,学生可以在暑假后的新学期搬进新楼。然而直到7月中旬,弗里曼发现工程进展仍旧缓慢。她从办公室窗户可以清楚地看到,工人们拖拖拉拉,常常在聊天和抽烟,而不是干活。弗里曼几次找来工头催促,对方满口答应但并无改进。8月底,新校舍只建成一半,耗尽了耐心的弗里曼走进工地,找到工头轻轻提醒道:“我们将在9月15日搬进这座新楼。”

“不可能,女士,”对方傲慢地回答,“10月1号之前不可能完工。”

弗里曼冷冷地盯着他:“我不想为难你的工人,但是如果你不要求他们这么做,我会让他们在这个镇上再也找不到活干。”

最后通牒即时生效,工程开始在弗里曼每天的注视下以前所未有的速度推进。新学期开始,弗里曼和学生们一起搬进了宽敞、舒适的新宿舍楼。

“你对这座新楼满意吗?”在新楼大厅相遇时,海伦·莎佛问弗里曼。

弗里曼开心而热切地说:“但是我希望韦尔斯利再庆祝一个纪念日,这样我就可以说服董事会再修建一个新校舍。”

“你还不满意吗？”

“是的。我将使韦尔斯利成为全国最好的女子学院，直到那一天我才会满意。”

## 第三节　弘扬光大了女性领导力的韦尔斯利校友们

韦尔斯利学院的校友历史可以追溯到 1880 年。早在从上文提及的第二任校长艾丽丝·弗里曼借助校友力量为韦尔斯利培养合格生源开始，这些女性与母校血肉联系、终身联结的纽带就已形成。百多年来，校友们对韦尔斯利的关怀与时俱进，无论是有形的财政支持[①]还是无形的声誉影响。韦尔斯利精神都在一代代校友的联结和传递中名扬世界。

现在韦尔斯利每年只招收 600 名女生，然而为中国读者所熟知的韦尔斯利著名校友就包括了宋美龄、冰心、奥尔布赖特、希拉里、美国广播公司著名主播戴安·索耶(Diane Sawyer)、著名天文学家安妮·坎农、第二位驾驶航天飞机的女航天员帕梅拉·梅尔罗伊、前美国驻联合国女大使安妮·W. 帕特森(Anne W. Patterson)，以及一些名人之后，如邓小平的外孙女卓玥(小名羊羊)和连战女儿连惠心等。其中，1913 年入读韦尔斯利的宋美龄是出现在这所学校的第一张中国面孔，她在这里主修英国文学和哲学[②]。从 1880 年开始，1879 年的返校学生加入 1880 年的新毕业生行列，一起选举了领导机构并通过了一部校友组织章程。韦尔斯利绝大多数校友珍爱的传统就是重聚。许多年来，重聚和毕业典礼在同一个周末举行，但最终重聚改成在毕业典礼的一周后举行，以免影响毕业生的庆祝。除了恢复韦尔斯利的教堂台阶合唱和划船表演传统外，周末重聚的亮点还包括校友游行。行进中的班级成员全部穿着白色

① 韦尔斯利是一所依靠社会捐赠运行的典型美国私立高校，不同于哈佛大学、麻省理工学院等极其知名的综合类名校可以收到社会各界的捐赠，韦尔斯利作为一所小型、低调的文理学院，所获捐款基本来自其培养出的校友。目前韦尔斯利拥有约 20 亿美元的捐赠，领先于其他所有的女子学院和文理学院及相当多的著名私立大学，而参考全校仅 2,300 名本科学生的规模，生均捐赠培养经费堪称全美第一。

② 流传甚广的说法“韦尔斯利是宋氏三姐妹的母校”是不准确的，宋氏三姐妹共同的母校并不是 Wellesley 而是 Wesleyan，后者翻译成卫斯里安比较准确一些。美国一共有 6 所卫斯里安，宋氏三姐妹去的是佐治亚州的卫斯里安。只有宋美龄一个人后来去了韦尔斯利，她为了离当时在哈佛读书的哥哥宋子文近一些，从卫斯里安转学到了韦尔斯利。

服装，每个班级都有一个独特的标志，可能是帽子或者手袋，用来统一呈现各班自己的颜色。这些标志都是从班级的实际穿着，也就是精心制作的游行服装演变而来的。1942 年，1917 届校友在她们的第 25 次重聚游行中，破例只穿着普通的、未经设计和统一的服装，她们自豪地表示，节约下的费用将捐给正陷入战争中的中国，以支持她们的同班同学宋美龄的工作。

韦尔斯利的创立者杜兰特夫妇相信高等教育对女性的意义，并把他们的土地和财产奉献给了这项事业。他们最初建造的学院大厅就是昔日全部的韦尔斯利——教室、实验室、图书馆、教堂和学生及教师们的生活区域。同时他们也清楚，假以时日，这所学院会超越他们最初的设想。事实也确实如此。韦尔斯利的学生数量和校园空间的大幅扩张是有形的、可见的，然而这所高等教育机构的内核以及对年轻女性开展文理教育的的传统，在一个极具变化和发展的社会中却始终保持着稳健传承。校园之外，韦尔斯利校友的人数在全世界成千上万地增长，但在许多方面她们与母校及其理念维系着紧密的连接，其中最重要的是在她们的生活中有着无数表现形式的韦尔斯利校训——“助人而非受助于人”。

在 1950 年韦尔斯利 75 周年校庆时，《韦尔斯利杂志》(*Wellesley Magazine*)刊登了时任校长玛格丽特·卡莱帕(Margaret Clapp)所写的导言：

> 一名韦尔斯利的校友，无论在念书时还是毕业后，可能都没有时间对韦尔斯利的历史和传承进行一次粗略的研究，去了解它的创始人，或是与那些以追求知识为核心、扮演着文理教育先行者的男性和女性保持长期的联系。或许她平时忙于应付生活的复杂性，只会以自己的节奏来想起她的母校。不知何时，学院突然出现了，在欢迎作为新生的她。她会立即清楚地回忆起接下来的四年；所有那一切像素描一样镌刻在她对韦尔斯利的记忆中。[①]

韦尔斯利的成功校友分布在社会各行各业。仅维基百科词条“韦尔斯利著名校友”，就列出了学术、艺术和设计、商业、政府与公共服务、新闻、文学、传媒和娱乐、科

① COHEN A.Wellesley College, the campus history series[M].California: Arcadia Publishing, 2006.

学和医药及其他9个领域共计241位校友人物。[1]而毕业生中出色的女性领导者则让这本校友风采录释放出尤为夺目的光耀——“韦尔斯利培养出的打破了玻璃天花板的女性，超过了其他任何一所大学”[2]，这句评价可谓是韦尔斯利对美国女性领导力发展史所作贡献的最佳注脚。韦尔斯利学院官网在“为什么选择韦尔斯利？”这个栏目下特地列出了这群“女性领导者”：

> 这些韦尔斯利女性的名字家喻户晓，她们是各类专家、倡导者、获奖者。如果来到韦尔斯利，你立即就与她们有了共同点。
>
> 马德琳·科贝尔·奥尔布赖特（Madeleine Korbel Albright）——1959届：前美国国务卿；前美国大使；韦尔斯利2007年毕业典礼演讲者；成立马德琳科尔贝尔全球事务研究所。
>
> 凯瑟琳·李·贝茨（Katharine Lee Bates）——1880届：国歌《美丽的国》作者。
>
> 茱迪安·贝格比（JudyAnn Bigby）——1973届：数学政策研究所高级研究员；前马萨诸塞州卫生和人类服务部部长；哈佛医学院妇女健康卓越中心以及“预防、健康促进和综合公共卫生”总统咨询小组主任。
>
> 玛丽安·布鲁斯（Marian Burros）——1954届：《纽约时报》美食专栏作家和食谱作者。
>
> 米歇尔·卡鲁索-卡布雷拉（Michelle Caruso-Cabrera）——1991届：CNBC主持人和主播；被评为“美国100位最具影响力的西班牙裔女性”。
>
> 罗宾·切斯（Robin Chase）——1980届：Zipcar[3]联合创始人兼前首席执行官。
>
> 希拉里·罗德姆·克林顿（Hillary Rodham Clinton）——1969届：2016年美国总统候选人；前美国国务卿；前美国纽约州参议员；韦尔斯利的第一

---

① List of Wellesley College people[EB/OL]. (2018-03-01)[2019-07-29]. https://en.wikipedia.org/wiki/List_ of_Wellesley_College_people#Notable_faculty.

② DOBRZYNSKI J H. How to succeed? Go to Wellesley[N]. New York Times, 1995-10-29.

③ Zipcar是美国共享汽车创始品牌。

位学生开学演讲者;2017 年毕业典礼演讲者。

凯瑟琳·沃瑟曼·戴维斯(Kathryn Wasserman Davis)——1928 届:俄罗斯学者,慈善家。

艾丽西亚·德考特洛克斯(Alecia DeCoudreaux)——1976 届:美国礼来公司副总裁兼总法律顾问;米尔斯学院前校长。

马乔里·斯通曼·道格拉斯(Marjory Stoneman Douglas)——1912 届:佛罗里达大沼泽地支持者和佛罗里达州环保运动创始人。

珀瑟斯·S. 德莱尔(Persis S. Drell)——1977 届:以其在粒子物理领域的专长而闻名的物理学家;前 SLAC 国家加速器实验室主任;被《发现》(*Discover*)杂志评选为"科学界 50 位最重要的女性"之一。

诺拉·埃弗龙(Nora Ephron)——1962 届:电影导演,制片人,编剧,小说家和博客作者。

海蒂·霍金斯(Herdi Howkins)——1989 届:专业登山/探险队长。

罗斯玛丽·乔丹(Rosemary Jordano)——1984 届:"儿童优先"(Children First)创办人,企业托幼服务提供者。

洛伊斯·朱利伯(Lois Juliber)——1971 届:高露洁棕榄公司前副总裁兼首席运营官;被《商业周刊》杂志评为"美国前 25 名经理人"之一。

阿马尔亚·L. 科尔斯(Amalya L. Kearse)—— 1959 届:美国上诉法院纽约第二巡回法庭法官,在第二巡回法庭任职的第一位非裔美国女性。

南纳尔·O. 欧基汉(Nannerl O. Keohane)—— 1961 届:前韦尔斯利学院院长;前杜克大学校长;政治学教授,研究政治哲学,女权主义和教育。

李英和(InHo Lee)—— 1960 届:韩国历史上第一位女大使(驻芬兰和俄罗斯);韩国基金会主席;著名外交事务专家;2004 年获韩国女性领导力奖项。

埃伦·雅各布森·莱文(Ellen Jacobson Levine)——1964 届:《赫斯特》(*Hearst*)杂志前主编、编辑顾问;《好管家》(*Good Housekeeping*)杂志前总编。

阿里·麦格劳(Ali MacGraw)——1960 届:奥斯卡奖提名女演员。

茱迪斯·马汀(Judith Pearlman Martin)—— 1959届：记者；作家，《礼仪小姐》作者。

内吉斯·马弗尔拉(Nergis Mavalvala)——1990届：量子天体物理学家；麦克阿瑟"天才奖"获得者；麻省理工学院天体物理学教授。

帕梅拉·梅尔罗伊(Pamela Melroy)—— 1983届：前宇航员；美国宇航局航天飞机飞行员兼指挥官；目前在韦尔斯利大学董事会任职。

切尔兰·麦克雷(Chirlane McCray)—— 1976届：作家，诗人，编辑，通讯专业人士，政治人物和活动家。

日内瓦·欧佛豪瑟尔(Geneva Overholser)—— 1970届：普利策奖得主记者。

安妮·帕特森(Anne Patterson)—— 1973届：美国外交官；前美国驻萨尔瓦多、哥伦比亚、巴基斯坦、埃及大使。

维维安·平(Vivian Pinn)—— 1962届：以倡导和关注妇女健康问题而闻名的医生，科学家和病理学家；国家卫生研究院妇女健康研究办公室前主任；霍华德大学医学院病理学系主任，也是美国第一位非洲裔女性任此职务者。

詹妮弗·E.莱利(Jennifer Eplett Reilly)—— 1985届：城市公司(City Year Inc.)董事和联合创始人。

森亚·李(Sonya Rhee)—— 1998届：德勤技术工作室高级经理；纪录片制片人(作品在PBS和电影节上展示)。

库奇·罗伯茨(Cokie Roberts)——1964届：美国广播公司新闻记者；国家公共广播电台资深新闻分析员；曾获Edward R. Murrow奖。

得斯瑞·罗杰斯(Desiree Rogers)—— 1981届："时尚场"(Fashion Fair)化妆品公司首席执行官；强生出版(Johnson Publishing)前首席执行官；被《黑人企业》(*Black Enterprise*)杂志评选为50位最具影响力的非裔美国女性之一；被《克瑞思芝加哥商业》(*Crain's Chicago Business*)杂志评选为"25强女性之一"。

黛安·索耶(Diane Sawyer)——1967届：电视广播记者(ABC和

CBS)。

苏珊·希恩(Susan Sheehan)——1958届:普利策奖获得者;《纽约客》(*The New Yorker*)杂志特约撰稿人。

林恩·谢尔(Lynn sherr)——1963届:艾美奖得主;ABC 20/20新闻记者;任职于韦尔斯利大学董事会。

凯西·西蒙(Cathy Simon)——1965届:全女性建筑公司SMWM的创始人兼负责人,后并入帕金斯威尔(Perkins + Will),任设计负责人。

苏珊·L. 瓦格纳(Susan L. Wagner)——1982届:世界最大的资产管理公司黑岩集团(BlackRock)的联合创始人兼董事。

琼·华莱士-本杰明(Joan Wallace-Benjamin—— 1975届:"小流浪者之家"(The Home for Little Wanderers)首席执行官。

洛莉·华莱奇(Lori Wallach)——1986届:公共公民全球贸易观察主任。

周王露露(Lulu Chow Wang)——1966届:"图帕罗(Tupelo)资本管理"创始人。

琳达·沃什米尔(Linda Wertheimer)——1965届:屡获殊荣的国家公共广播电台(NPR)资深全国记者;NPR的"All Things Considered"前任主管;目前在韦尔斯利大学董事会任职。

冰心——1926届(硕士):中国诗人,散文家,短篇小说家。

这些成就当然不是可以规划出来的。除了聪明好学的学生和热情尽职的教授之外,鼓励校友之间以及校友与学生之间建立联系的机制也发挥了重要的作用。从这个意义上说,韦尔斯利很可能会启发其他想要帮助毕业生发展的高等院校,向它们展示如何支持其女性毕业生进入高层职位。

## 一、成功孕育成功

关于成功孕育成功,斯坦福大学经济学家维克多·富克斯(Victor Fuchs)对此的解释是,"在学生选拔和教师招聘方面,有一种自我强化的机制"。他写道:"女性追求经济平等。”韦尔斯利学院是哈佛商学院女学生的主要生源地，早在 1975 年，从韦尔斯利学院去往哈佛商学院的女性数量就超过了其他任何一所大学，数十年后这个数字仍旧遥遥领先，从而也奠定了大量的韦尔斯利校友进入行政办公室的通道。总体上大约有 1/3 的韦尔斯利毕业生进入商业界，其数量超过其他任何一个领域。

## 二、强化主体意识

纯女性的环境从一开始就成为韦尔斯利学生的优势，前章已述，许多研究表明：与男女混合的大学相比，女子大学的毕业生拥有更高水平的自尊，并在职业生涯中取得了更好的成绩。尽管一些传统的女子学院也有杰出女性人物，例如，瓦萨学院可以夸耀尼克国际儿童频道（Nickelodeon）网络的总裁吉萝黛恩·莱伯恩（Geraldine Laybourne）；史密斯可以以奥美北美总裁夏兰泽（Shelly Lazarus）和白宫国家经济委员会主任劳拉·丹德烈亚·泰森（Laura D'Andrea Tyson）为骄傲；哥伦比亚的巴纳德学院拥有普特南出版集团首席执行官菲利斯格兰；哈佛大学的拉德克利夫学院孕育了新英格兰电力系统主席琼·T.博克和哥伦比亚电影公司总裁丽莎·汉森等，但是无论是这些女校，还是其他任何一所大学，进入企业高层职位，亦即彰显出女性领导力的校友之比例都无法与韦尔斯利抗衡。瓦萨学院的职业发展总监克莱尔·D.格雷厄姆承认：“招聘人员表示，韦尔斯利的学生非常有商业意识，而我们的校友倾向于关注交流和艺术。”对此，韦尔斯利的前校长戴安娜·沃尔什（Diana Walsh）无法给出确切的解释，但她认为学校的历史是关键因素，“韦尔斯利拥有女性权利运动的历史，这是一个在男性世界中挣扎求成而形成的女性文化”。另一所“七姐妹”女校——曼荷莲学院的毕业生，75 岁仍在写作的专栏作家贝尔女士指出：“任何女性都应该有能力养活自己和孩子，这是一种个人价值，无论她是否必须这样做。”“韦尔斯利培养出了对自己负责的女性，这可能对她们的领导力有所帮助。”

## 三、强大的支持网络

韦尔斯利校方十分重视对学生职业潜质的开发，早在 20 世纪 80 年代，学院就启动了“华尔街热身”计划，每年组织 20—30 名学生在曼哈顿实习，每个学生都要在一家经纪公司或投资银行工作。无论是毕业后的第一份工作还是之后的职业生涯，韦尔斯利校友都可以使用诸多的联系网络。有些通过商业领导委员会(Business Leadership Council)建立起的网络是正式的,这些网站从起初为忙碌的毕业生提供帮助的论坛逐渐发展成为交换工作意见的平台。而更多的联系网络是非正式的,如现任曼哈顿投资银行科恩公司(Cowen & Company)董事的1977届学生阿黛尔·莫里塞特(Adele Morrissette),当她读大三还是大四时,知道身边很多同学在做生意,但她既不是领导委员会的成员,也没有从商的念头。她在找工作时遇到了1969届校友、现任Business Mail Express Inc.首席执行官的多纳·艾克顿(Donna Ecton),她当时正在化学银行(Chemical Band)从事招聘工作。“她真的激励了我,”获得了这项工作的阿黛尔说,“如果不是她的话,我不会成为华尔街的投资银行家。”莫里塞特长期与韦尔斯利校友保持联系,她的前客户,1961届校友、美国直销公司Publishers Clearing House(PCH)总裁罗宾·史密斯成了她的导师;她与风险投资公司的校友交换商业信息,并引导科恩公司投资转向一家由韦尔斯利校友帕特西亚·莫瑞尔(Patricia Morrill)经营的搜索公司。如此相互支持的事例一直在发生。例如,1971届校友、北美高露洁公司总裁洛伊斯·朱利伯(Lois Juliber)受前韦尔斯利学院和杜克大学的校长南纳尔·O. 基欧汉推荐,成了波士顿国家街道公司(State Street Boston Corporation)董事会成员。由于韦尔斯利为校友搭建合作网络的成功经验还很少被其他大学效仿,韦尔斯利“女性领导者之母”的地位在未来一段时间内恐怕很难被撼动。

# 第五章　走进今天的韦尔斯利

## 韦尔斯利的使命，"为将会在这个世界上有所成就的女性提供绝佳的文理教育"①。

Non Ministrari sed Ministrare（助人而非受助于人）是韦尔斯利的座右铭，今天我们用这四个拉丁语词语来表达学院的使命：为即将有所成就的女性提供绝佳的文理教育。

聪明、认真的女性选择韦尔斯利，因为它提供广泛适用的顶级文理学院教育和全面的学习环境。她们毕业时获得的不仅是让人备受珍视的学位，还有四年难忘的经历。她们以"韦尔斯利姑娘"的身份离开准备为"真实世界"做出个人和专业上富有意义的贡献，并对世界产生重大影响。

韦尔斯利是世界上最杰出的女子大学，它以严谨的学术态度著称，它相信服务于世的持久力量，并将这信念付诸实践，以培养学生包容、务实的领导力。

韦尔斯利相信：

① Wellesley's mission is to provide an excellent liberal arts education to women who will make a difference in the world[EB/OL].(2018-03-23)[2019-08-07].http://www.wellesley.edu/about/missionandvalues.

对改变世界有所作为。每个女性都能够，也应该为她所处的世界做出有意义的贡献。我们越来越认识到，赋予女性权力和领导力对于她们自身的进步和全球社会变革至关重要。在过去的100多年里，韦尔斯利及其校友支持并激励了女性的才智、社会活动和自主性的发展。

严谨的思维。知识的探究和交流需要训练有素的思维。韦尔斯利要求学生们广泛探索、细致求问，并通过综合不同的想法、观点和经验进行创造性的飞越，从而达到新的理解水平。合作文化（与世界一流的教师和同龄人一起）可以培养学生的知识习惯，磨炼她们的判断力，增强她们的掌控感，同时能教导她们以深思熟虑的立场及坚定的信念捍卫它。

重视多样性。无论是对个人的智力和社会发展，还是学术团体的活力，没有比直接参与、探索陌生的观点或经历更有益的做法了。韦尔斯利鼓励学生提出新想法，尝试新的行动方案，并与那些追求或选择挑战自己的人进行真正的互动。

务实的领导力。当代的博雅教育必须提高在现实世界的领导才能。韦尔斯利教育的严谨性是让我们的毕业生在“外面的世界”有所作为的原因之一。但是，韦尔斯利女性也被教导成为战略思想家，这使她们能够理解环境，应对挑战，并把人们聚集在一起去实现目标。

服务。理解如何服务是有效领导的关键因素。真正的领导者善于激励而非控制，他（她）们把自己的才智和精力投入努力创造一种承诺感、责任感和追求理想的共同目标上。前校长戴安娜·查普曼·沃尔什（Diana Chapman Walsh）提出的“值得信赖的领导力”一直是韦尔斯利致力实现的目标与理想，并被认为是韦尔斯利经验不可或缺的一部分。

上述这段不足1,000字的简练文字，是今天韦尔斯利学院官网主页上“使命和价值”栏目的开篇文字。建校之初的古老校训、转型时代的变革主张和与时俱进的最新理念相互交织在一起，反映出韦尔斯利教育追求的传承和创新。如果说上一章“韦尔斯利，美国历史的一部分”是通过文献研究梳理、表现了韦尔斯利学院144年来教书育人的经验和成就，投射出一以贯之的领导力主题，那么上述这段使命宣言则是对当今时代背景下韦尔斯利办学办校文化的浓缩。在本章"走进今天的韦尔斯利"中,笔者将采用田野调查方法,在真实的韦尔斯利校园内,探访教育过程的各个环节。本章立足于笔者在韦尔斯利学院生活一年间的所见、所闻、所思、所感,分别以一门课程、一个专业、一位在读本科生、一位在职老师、一位行政人员、一位学生家长、一位校友、一个校园社团、一位前任校长兼领导学专家为观察研究对象,揭示高等教育的主要构成部分在韦尔斯利是如何实际运作的,韦尔斯利的使命和校训是如何体现在学校日常运转过程中的,以及本书的主题——女性领导力是如何在韦尔斯利从使命渗透进现实,真正在学生的成长和变化中产生影响的,从而解释韦尔斯利为什么会是美国历史上毕业生成为领导者比例最高的大学。

## 第一节　一门课程

> 这是属于你的课堂,学习的成效在很大程度上取决于你的参与、讨论和练习。

如果说学生是学校的主体,那么教授课程就是学校对学生实施教育的核心手段。现代社会,无论哪个国家,无论哪一个层级的教育,学校的运行机制都以课程周期为主轴展开,教师与学生的连接关系也以课程为基本载体。若要观察或评估一所学校的教育状况,课程无疑是首要环节,因为它是最基础和最重要的窗口。目前,韦尔斯利学院拥有 52 个本科专业,包括跨系跨部门的专业,总共为全校 2,300 名本科生提供 1,000 多门课程。"班级规模从 12 到 24 名不等,具体取决于教学需求。学生与教师的比例低至 7∶1,课程足够小,以确保每个学生都得到充分关注,但同时也足够大到可以展开辩论和信息交流。从研讨会到实验室,从讲座到独立学习,韦尔斯利课程培养学生的批判性思维、对各种方法的欣赏能力以及交流学习的习惯。"①

10 多年前,当我还在攻读教育学硕士学位时,曾对以哈佛大学本科课程为代表的美国高校文理通识教育核心课程进行过力所能及的研究,然而直到我亲自进入美

① Wellesley offers more than a thousand courses and 52 majors, including many interdepartmental majors[EB/OL].(2018-03-25)[2019-07-13].http://www.wellesley.edu/academics/catalog.

国著名文理学院的课堂时,之前的文献探究和理性分析才获得了真实的依托。在美国高等教育体系中,通识教育的理念及实践肇始于1828年的《耶鲁报告》,1945年发布的《自由社会中的通识教育》,首次明确了通识教育的目标在于培养学生的四种能力:有效思考的能力、沟通的能力、能做适切性判断的能力、对价值的认知能力。经过近200年的探索和发展,今天在通识教育主导精神引领下的课程"力求使本科教育既有用,又吸引人并且还生动活泼"。大学教导出的学生"不仅应当在具体的专业方面训练有素,而且还必须得到广博的教育,成为有知识、有文化、思维习惯良好的、有教养的人"①。本节介绍的就是这样一门具有代表性的典型通识教育课程:由韦尔斯利学院女性与性别研究系的罗斯安娜·赫兹教授面向高年级学生开设的研讨类课程——职场中的女性领导者。

## 一、授课教师——罗斯安娜·赫兹(Rosanna Hertz)教授

教师是课程的主导者和指引者。在韦尔斯利课堂的小班化教学结构下,绝大多数课程的发起和担纲教师仅有一人,但邀请客座同行或同事来到课程中开展讲座,或是把教师的科研工作和课程教学内容相结合,都是通识教育课程模式中相当常见的做法。妇女与性别研究系的三级课程(306)"职场中的女性领导者"由罗斯安娜·赫兹教授发起和承担,她是妇女与性别研究系的资深教授,同时也兼任社会学系教授。赫兹教授于20世纪70年代本科毕业于布兰迪斯大学社会学专业;1983年,她在美国西北大学(Northwestern University)获得社会学博士学位后,开始在韦尔斯利任教;1989年,她还在哈佛医学院精神病学系完成了博士后研究;她自2010年起担任"1919级学生第50届团聚"称号教授。赫兹教授主要研究经济变化中的家庭以及家庭和工作场所的不平等对两性社会经验的塑造。她教授的课程包括:"家庭和社会政策变迁""社会性别建构""女性、工作和全球经济",以及新生研讨课"身体"。在赫兹看来,独立自主地与学生一起工作是小型大学的标志之一,也是她最喜欢的教学和分享知识的方式。她的科研项目也总是会邀请本科生担任研究助理。

教师自身的知识背景和研究领域对她的课程建设有直接和紧密的影响。在学院官网上,赫兹教授的个人主页写着,除了家庭、职场的性别不平等研究外,她也对女性

① 蒋莱.复旦大学与哈佛大学课程之比较:以经济学课程为例[D].上海:复旦大学,2004.

领导者的特定影响因素感兴趣。同时她还在研究通过使用捐赠配子[①]和胚胎创建的“现代家庭”的复杂性,以及互联网是如何为寻求进入第三方生殖安排的人们带来革命性的选择,并创造出新的联结方式。赫兹教授目前正在进行三个方面的研究,第一个项目是由美国国家科学基金会资助的“家庭创建中的社会和生物遗传因素”研究。该项目研究如何在选择同一捐赠者的家庭中发展创新关系、技术发展如何使遗传亲属成为可能,以及这些家庭如何成为对生育行业提出要求的新政治团体。第二个研究项目为“儿童的礼物:通过捐赠的配子或胚胎受孕”。该项目在西班牙开展,已经通过一个生殖诊所收集了数据,所涉人群有西班牙本国人,也有从其他国家来到这里求诊的人,目的都是为了怀孕。该项目将加强关于生育能力和全球生殖体系的研究,她和该项目的合作者玛格丽特·纳尔逊(Margaret Nelson)已得到布罗彻基金会(Brocher Foundation)的资助,资金将用于分析这些数据。第三个项目是“高效的规则打破者和创新者”,旨在更好地理解那些激励他人扩展思考疆域的引领者的动机与策略。在培养追随他(她)们的组织和社区的同时,这些人注重对其进行扩展,他们擅长激起他人拥有类似的愿望并挑战现状,而不是退缩或抱怨。这项研究的重点是那些在发展中国家,特别是印度和中国成为生产规则破坏者和创新者的女性。赫兹教授研究考察她们生活的背景——“传记与历史的交集”,试图理解教育、家庭背景、社会结构和社会网络如何影响她们独特的个人和职业轨迹。她试图解析那些激励每个女性成为不同类型的领导者的关键时刻和事件,并让她们每个人都成为高效的规则破坏者。

在上述几个领域,赫兹教授的研究著述丰富,她出版的书籍包括《单身是机会,母亲是选择:女人如何选择非婚生育和创建新的美国家庭》(牛津大学出版社)、《更多的平等:双薪婚姻中的男人和女人》(加州大学出版社)、《工薪家庭:美国家庭的转型》(与南希·马歇尔合编,加州大学伯克利分校出版社)。她对社会科学方法论也有着长期的兴趣,编辑过几本与方法论各个方面有关的书籍和文章。赫兹教授还多次受邀在大众传媒上发表观点,《纽约时报》《华盛顿邮报》《华尔街日报》《新闻周刊》《洛杉矶时报》《芝加哥论坛报》和《波士顿环球报》都经常引用她的言论,她还经常出现在广

① 配子:与另一细胞结合形成胚胎的细胞。

播媒体上以评论当地新闻特刊报道的社会问题。

上述关于赫兹教授的介绍,来自她本人提供的官网个人信息。其实赫兹教授的个人经历、学术荣誉、社会兼职、著述成果和多年来的科研项目满满当当,足以写出长达几十页的个人简历,公布在网页上的只是她认为近期最想分享的内容。从这份介绍中可以看出她在性别研究领域扎根既深,视野又广,研究面更已触及相当前沿的领域;有关女性领导力的议题也一直是她兴趣浓厚且探索深入的领域,其研究足迹甚至从欧美延伸到发展中国家的印度和中国。在韦尔斯利,一旦获得正式教职,教师开什么课、如何上课、使用什么教材,乃至课程内容的构成、进展,包括作业、考试的全部内容,都是开课教师本人权力范围内的事项,没有任何的规范文件需要遵守,也无需向任何权威部门提交或申请审核。通常情况下,这所文理学院的老师只要保证每学期开设两门课程就完成了教学工作量(面向全校的公共课如写作课,以及理科课程中的实验课等,另有核算方式)。赫兹教授开授"职场中的女性领导者"这门课的时间并不长,很大程度上这是由她个人研究兴趣和研究发现积累而成的一门课程,其中的资料和构成也在动态发展中。但通过对这门课程的全面了解和亲身参与,让我作为曾经研究过高等教育课程和研讨课形式的相关学习者,得以真正领略美国文理学院通识教育课程的真实风貌和实质过程,同时也了解了在这个盛产女领导的土地上,"女性领导力"是如何在课堂上得到传授的,其意义十分深远。

## 二、课程大纲

女性与性别研究系306/社会学系306:职场中的女性领导者(2018年春季)

授课教师:罗斯安娜·赫兹

办公室地址:方得斯楼423室

上课时间:周一13:30—16:00

办公室时间:周一课后,周四12:30—15:30或提前预约

与职场女性、女性消费者和女性家庭决策者的数量相比,在全球议会中担任首席执行官、成为大型企业董事会成员、国家元首或民选代表的女性人数仍然少得可怜。本课程将研究性别、种族和阶级的形成方式,以及它们如

何影响女性在工作中获得领导职位和权力的机会。有两个问题将成为我们探索的核心：(1)为什么职场中的女性领导人很少？(2)我们可以从已经取得成功的女性身上学习到什么样的领导力？

课程用书：

(1)南纳尔·O. 基欧汉(Nannerl O. Keohane).《思考领导力》(*Thinking about Leadership*)，普林斯顿大学出版社(可从图书馆在线电子书中获得)；

(2)罗伯特·J. 托马斯(Robert J. Thomas).《领导力是怎样炼成的》(*Crucibles of Leadership*)，哈佛商学院出版社(该书将分发给班级成员并需返还给我)；

(3)杰奎琳·古德曼(Jacqueline Goodman)主编.《全球视角下的性别与工作》(*Global Perspectives on Gender and Work*)，罗曼和利特菲尔德出版社(关于图书馆存备和我们使用的阅读材料均可以从课程交互平台 Sakai 获得)。

课程资料：

所有论文、其他书籍章节和摘录都在 Sakai 中。

主题：每周一次的课程中都会有一个核心想法或一个问题，通过研讨会的形式进行研究。一组学生将陈述这些材料(以及每人在谷歌文档上发布的问题)。我们还将有机会与领导者谈论他(她)们的生活经历。我们将以一种新颖的方式邀请演讲嘉宾：不同于请受邀人士讲座或演讲。在这个课堂里学生们将会采访我们的嘉宾，了解他(她)们是如何学习领导力的。最后，我们将通过一些练习来提升大家的领导能力，包括讲故事等。

评分和课堂参与：

这是属于你的课堂，学习的成效在很大程度上取决于你的参与、讨论和练习。每周你都需要写下问题，作为课堂讨论的一部分。认为自己是害羞的“听众”的学生应该和我见面，因为你需要成为积极的参与者，我会帮助你。一些令人兴奋的领导者会来到我们的课堂，他(她)们期待着我们的“采访”和参与讨论。

(1)散文“我相信”:15%;

(2)传记或自传作业:20%;

(3)关于领导力的最终论文:25%;

(4)期末演讲:10%;

(5)班级主导讨论(主题发言)并组织讨论:15%;

(6)班级参与(课程网站发帖提问、访谈嘉宾和讨论中的贡献):15%。

作业发布在本课程大纲结尾,并分阶段在Sakai上发布,更多细节将在课堂上公布。

第1周:1月29日星期一:介绍(我的评论)

主题:什么是领导力?

领导者的人口学统计数据。

关于领导力的讨论。

练习:锻炼领导力素质。

从这段视频中我们可以发现什么?[①]

https://www.youtube.com/watch? v=GPeeZ6viNgY

第2周:2月5日星期一

主题:1.什么是领导力? 2.追随者为什么重要? 3.性别对领导力是否有影响?

- 南纳尔·O.基欧汉.第1章:“什么是领导力?”和第2章:“追随者如何以及为什么重要?”第4章:性别对领导力是否有影响?[见《领导力的思考》(*Thinking about Leadership*),普林斯顿大学出版社。]
- 罗宾·J.伊利(Robin J. Ely)和黛博拉·L.罗德(Deborah L. Rhode),“妇女与领导:对挑战的定义”,摘自尼汀·诺利亚(Nitin Nohria)和拉凯什·库拉纳(Rakesh Khurana)编著的《领导力理论与实践手册》(注:只读第1—12页)。

① 这个视频题为“The Tree”,是一个来自印度的领导力主题短片。

• 在课堂观看米歇尔·奥巴马的告别演说片段(YouTube)。

第3周:2月12日星期一:障碍

主题:1.我们如何解释女性在领导角色中只占一小部分? 2.她们遇到的障碍是什么?

• 克里斯汀·L. 威廉姆斯(Christine L. Williams),钱德拉·穆勒(Chandra Muller),卡丽斯汀·基拉斯基(Kristine Kilanski),"新经济下的性别组织"(Gendered Organizations in the New Economy),载于《性别与社会》(*Gender & Society*),2012年第4期,第549—573页。

• 罗莎贝斯·坎特(Rosabeth Kanter)."分层结构对男女工作行为的影响"(The Impact of Hierarchical Structures on the Work Behavior of Women and Men),载于《全球视角下的性别与工作》(*Global Perspectives on Gender and Work*)。

• 玛丽·布莱尔-洛伊(Mary Blair-Loy)等."工程部门的性别:学术工作谈话中断是否存在性别差异?"(Gender in Engineering Departments: Are there Gender Differences in Interruptions of Academic Job Talks),《社会科学》(*Social Sciences*), 2017年第6期,第1—19页。

• 莎伦·M. 柯林斯(Sharon M. Collins),"黑人员工在白人企业中的流动性:企业晋升的阶梯"(Black Mobility in White Corporates: Up the Corporate Ladder by Out on a Limb),载于《全球视角下的性别与工作》(*Global Perspectives on Gender and Work*)。

• 殷·李·埃斯皮里图(Yen Li Espiritu),"亚洲移民家庭的性别与劳动",载于《全球视角下的性别与工作》(*Global Perspectives on Gender and Work*)。

阅读下述皮尔斯(Pierce)或威廉姆斯(Williams)文章中的一篇:

• 詹妮弗·皮尔斯(Jennifer Pierce),"作为诉讼人的女性和男性:工作中的性别差异”(Women and Men as Litigators: Gender Differences on the Job),载于《全球视角下的性别与工作》(*Global Perspectives on Gender and Work*)。

- 克里斯汀·L. 威廉姆斯(Christine L. Williams).“玻璃电梯:男性在女性化职业中的潜在优势”(The Glass Escalator: Hidden Advantages for Men in “Female” Professions),载于《全球视角下的性别与工作》(*Global Perspectives on Gender and Work*)。

[注:我将解释有关工作场所“代替品”和偏差比率的实证结果。]

请每个同学给我发一张你的偶像领导者的图片,这些图片将在 Sakai 发布。我们将在本课堂上讨论每个学生选择的领导者。

第 4 周:星期二,2 月 20 日(注意:星期二! 是星期二![1])

主题:领导力是怎样炼成的:人们如何学习领导力?

特邀演讲嘉宾罗伯特·托马斯博士(埃森哲全球领导力研究院前主任)。

- 罗伯特·托马斯.《领导力是怎样炼成的》(*Crucibles of Leadership*)(仔细阅读第 1—3 章,略读第 4 章)。

[作业:选择一个事件/关系,去学习一些关于你自己作为领导者的重要事情。准备好分享你对三个问题的回答:我学到了什么? 我改变了什么? 我是如何改变的?]

第 5 周:2 月 26 日星期一

主题 1(13:30—14:30):“我也是”(Me Too)[2]运动。

- “无领导者”运动中的领导力看起来是怎样的?

下列的新闻、文章反映的是从 2017 年秋季到 2018 年 1 月发生的事件

① 2018 年 2 月 19 日(周一)是美国总统日,放假一天,当天课程顺延到周二进行。

② “我也是(Me Too)”运动是一项抵制性骚扰和性侵犯的国际运动。2017 年 10 月,“我也是(Me Too)”作为一个标签在社交媒体广泛传播,以反映性骚扰和性侵犯的普遍存在,尤其在工作场所,见 https://en.wikipedia.org/wiki/Me_Too_movement。

和故事。我们将讨论发生在职场、家庭和公共领域中的性侵受害者的证词。

https://www.thecut.com/2017/12/rebecca-traister-this-moment-isnt-just-about-sex.html;

http://therumpus.net/2018/01/the-thread-actual-bodily-harm/ ;

http://www.slate.com/articles/news_and_politics/jurisprudence/2017/12/judge_alex_kozinski_made_us_all_victi ms_and_accomplices.html;

https://www.huffingtonpost.com/entry/untested-rape-kits-in-trash_us_56cb4e5ee4b041136f17b087;

https://www.newyorker.com/magazine/2017/12/11/cat-person;

https://www.buzzfeed.com/katiejmbaker/heres-the-powerful-letter-the-stanford-victim-read-to-her- ra? utm_term=.rh9ZRXOKM#.wnlgBeXKZ;

https://theestablishment.co/due-process-is-needed-for-sexual-harassment-accusations-but-for-whom- 968e7c81e6d6;

https://www.nytimes.com/2017/11/29/opinion/harassment-employees-laws-.html? _r=0;

http://www.bostonglobe.com/magazine/2017/12/08/what-would-take-for-metoo-qualify-true- revolution/Rr2f1uyrVzSctdrtvPKG2J/story.html? event=event25。

主题 2(14:30—16:00):成功的领导者做什么?

- 基欧汉,"是什么决定谁将成为领导者,哪些领导者会取得成功?"《领导力的思考》第 83-120 页。
- 丹尼尔·戈尔曼(Daniel Goleman),"什么造就了领导者?"载于《情商》(*Emotional Intelligence*)。
- 西尔维亚·安·休利特(Sylvia Ann Hewlett)和卡罗琳·巴克·卢斯(Carolyn Buck Luce),《极端的工作:每周工作 70 小时的危险诱惑》。

第 6 周:3 月 5 日星期一

主题 1:校长采访

嘉宾:韦尔斯利学院校长宝拉·约翰斯将来到课堂,我们将采访她。我希望同学们事先观看约翰逊总统的 Ted Talk。

主题 2:对职场性别歧视的解读

- 希瑟·麦克劳林(Heather McLaughlin),克里斯托弗·乌根(Christopher Uggen),艾米·布莱克斯通(Amy Blackstone),"性骚扰对职业女性的经济和事业影响"(The Economic and Career Effects of Sexual Harassment on Working Women),载于《性别与社会》(*Gender & Society*),2017 年第 3 期,第 333—358 页。
- 芭芭拉·雷斯金(Barbara Reskin),"无意识培养"(Unconscious Raising),载于《全球视角下的性别与工作》(*Global Perspectives on Gender and Work*),第 379—384 页。
- 泰森·史密斯(Tyson Smith),迈克尔·坎梅尔(Michael Kimmel),"性别歧视法律中男子气概的隐藏论述"(The Hidden Discourse of Masculinity in Gender Discrimination Law),载于《全球视角下的性别与工作》(*Global Perspectives on Gender and Work*),第 385—390 页。
- 艾薇·肯纳利(Ivy Kennelly),"单身母亲元素:白人雇主如何塑造黑人女性"(That Single Mother Element: How White Employers Typify Black Women),载于《全球视角下的性别与工作》(*Global Perspectives on Gender and Work*),第 404—416 页。
- 玛格丽特·塔尔博特(Margaret Talbot),"男性在工作中表现不佳"(Men Behave Badly at Work),载于《全球视角下的性别与工作》(*Global Perspectives on Gender and Work*),第 432—444 页。
- 凯瑟琳·康奈尔(Catherine Connell),"做、不做或重做性别?从跨性别者职场经验的发现"(Doing, Undoing Or Redoing Gender? Learning from the Workplace Experiences of Transpeople),载于《性

别与社会》(*Gender and Society*),2010年第24期,第31—55页。

第7周:3月12日星期一

主题1(13:30—14:15):组织是否接纳了女性领导?

- 艾丽丝・H. 伊格利(Alice H. Eagly),琳达・L. 卡莉(Linda L. Carly),"组织是否接纳了女性领导力?"(Do Organizations Compromise Women's Leadership),载于《穿越迷宫:关于女性如何成为领导者的真相》(*Through the Labyrinth: The Truth about How Women Become Leaders*),第137—160页。
- 西尔维亚・安・休利特(Sylvia Ann Hewlett),卡洛琳・巴克・李(Carolyn Buck Lee),"下坡道和上坡道:让有才能的女性留在通往成功的职场道路上"(Off Ramps and On Ramps: Keeping Talented Women on the Road to Success)。

主题2(14:15—16:00):工作坊:"我相信"和"讲故事",听取NPR"This I Believe"的例子(www.npr.org/series/4538138/this-i-believe)

阅读材料:

- 德博拉・坦能."谈话的力量?"(The Power of Talk);
- 罗伯特・麦基."打动人心的故事"(Storytelling That Moves People);
- 视频:Kurt Vonnegut"如何讲故事"(How to Tell a Story)[课堂内容]。

[作业1:你要准备一篇不超过500字的短文,每个学生都会在课堂上表述这篇文章,时间不超过3分钟。我们将讨论如何令你的写作更有力度。文章必须提交。(模仿)国家公共广播电台节目"我相信",每个学生以公开演讲的形式呈现她们的观点。]

第8周:3月19日星期一

主题1:工作/家庭矛盾(13:30—15:00)

- 玛丽・布莱尔-洛伊(Mary Blair-Loy)和艾琳・A. 切赫(Erin A.

Cech)，"需求和奉献：科技行业中女科学家和研究人员工作的文化意义"(Demands and Devotion: Cultural Meanings of Work among Women Researchers and Professionals in Science and Technology Industries)，载于《社会学论坛》，2017年第1期，第5—27页。

- 安妮塔·伊尔塔·加利(Anita Ilta Garey)，"从事夜班工作的母亲：作为全职妈妈的在职母亲"(Constructing Motherhood on the Night Shift:"Working Mothers" as "Stay-at-Home Moms")，载于《定性社会学》(*Qualitative Sociology*)。
- 帕雷内斯(Parreñas)，"菲律宾移民女佣和国际生育劳动分工"(Migrant Filipina Domestic Workers and the International Division of Reproductive Labor)，载于《性别与社会》(*Gender and Society*)，2000年，第560—581页。
- 畅销作品：在桑德伯格和斯劳特两者的文章中选读即可。
- 谢莉尔·桑德伯格(Sheryl Sandberg)，"在下场之前不要离开"(Don't Leave Before You Leave)，载于，《向前一步》(*Lean In*)，第7章。
- 安-玛丽·斯劳特(Ann-Marie Slaughter)，"为什么女人仍然不能拥有一切"(Why Women Still Can't Have It All)，载于《大西洋月刊》(*The Atlantic*)，2012年7月。
- 选读：帕特丽夏·科恩(Patricia Cohen)，"女性为什么辞职"，载于《纽约时报》(*New York Times*)，2017年1月24日。[参见全球劳动力参与数据]

主题2(15:00—16:00)：嘉宾访谈

[注意：你应该从第4周的作业后开始练习延长自己的生命图线，以面对未来20年的生活：如果你有了孩子；如果你离开就业市场；如果你重新进入就业市场等。请准备好在课堂上讨论这些问题，如果没有时间，那么我们会在假期后做这件事。]

第9周:3月26日星期一(春假停课)

第10周:4月2日星期一

主题1(13:30—15:00):全球化世界中的领导:嘉宾访谈

主题2(15:00—16:00):全球化的世界

蒋莱副教授,她是来自中国上海对外经贸大学的访问学者,她正在旁听我们的研讨课。她将进行一个15分钟的发言,与我们分享她的研究。接下来我将带领大家就以下阅读资料中涉及的问题开展讨论。

- 罗莎贝斯·莫斯·坎特(Rosabeth Moss Kanter),"全球化世界中的领导力",摘自尼特·诺赫里亚(Nitin Nohria)和拉凯什·库拉纳(Rakesh Khurana)编辑的《领导理论与实践手册》(*Handbook of Leadership Theory and Practice*)。
- 萨斯凯·萨森(Saskai Sassen),"对全球经济的女性主义分析"(Toward a Feminist Analytics of the Global Economy),载于《全球化及其不满》(*Globalization and its Discontents*),2009年,第82—100页。
- 罗斯安娜·赫兹(Rosanna Hertz),"中印两国女领导的人生转折点"(Turning Points in the Lives of Chinese and Indian),载于《社会科学》(*Social Sciences*),2016年,第1—15页。
- 选读:"从过去的抗议吸取有用的教训"(From Protest Past, Lessons in What Works),载于《纽约时报》,2017年1月31日。

[思考和准备开放性的讨论:来自非美国文化的学生或在美国境外生活过一段时间的学生,我希望你们能谈论这些文化中的"领导者/领导力"的含义。这里应该有我们想要共同解决的分歧。我们需要考虑"全球"的不同之处,不同领导素质/能力,或者,"全球化"真的有意义吗?]

第11周:4月9日星期一

主题:继续全球化世界

注意：如果我们没有涵盖上周的所有阅读内容，我们可以在本周继续讨论。

- 卡拉·弗里曼(Carla Freeman)，"本土化：全球的女性化还是男性化？反思全球化的性别"(Is Local: Global as Feminine or Masculine? Rethinking the Gender of Globalization)，载于《标志》(*Signs*)，2001年，第26卷，第1007—1037页。
- 史密莎·拉哈克里希南(Smitha Radhakrishnan)，"'低姿态'还是'求生存'？全球小额信贷行业的性别、阶层和文化适应"(Low Profile' or Entrepeneurial? Gender, Class, and Cultural Adaptation in the Global Microfinance Industry)，载于《世界发展》(*World Development*)，2015年，第74卷，第264—274页。
- 南纳尔·O. 基欧汉，"领导力如何在民主制度下运作？"(How does Leadership Work in a Democracy)(第5章)和"性格、领导力和道德如何相互作用？"(How do Character, Leadership and Ethics Interact)(第6章)。
- 回顾：帕雷内斯(Parreñas)，"菲律宾移民女佣和国际生育劳动分工"(Migrant Filipina Domestic Workers and the International Division of Reproductive Labor)，载于《性别与社会》(*Gender and Society*)，2000年，第560—581页。
- 16:30：特邀讲座

西尔维娅·法尔肯(Sylvia Falcon)，她将就交叉性和跨国女性主义发表演讲。我会在第11周发布一篇她的文章，由法尔肯(Falcon)和纳什(Nash)撰写，"转移分析和连接理论：谈论交叉性和跨国女性主义的意义"(Shifting Analytics and Linking Theories: A Conversation about the "Meaning Making" of Intersectionality and Transnational feminism)，《国际妇女研究论坛》(*Women's Studies International Forum*)，2015年。

[作业2提交截止：传记文章。]

第12周:4月16日不上课

第13周:4月23日星期一

主题:政策或个人时间表[我们将在下午15:00—16:00进行讨论]

- 戈尼克(Gornick)和迈耶斯(Meyers),"更多相似之处:重新审视在美国发展欧洲风格的工作/家庭政策的长期前景"(More Alike than Different: Revisiting the Long-Term Prospects for Developing "European Style"),载于《全球视角下的性别与工作》(*Global Perspectives on Gender and Work*)。
- 戈尼克(Gornick)和迈耶斯(Meyers),"支持双薪家庭"(Support for Working Families),载于《全球视角下的性别与工作》(*Global Perspectives on Gender and Work*)。
- 哈珀(Harper)和雷斯金(Reskin),"学校和工作中的平权行动"(Affirmative Action at School and on the Job),载于《全球视角下的性别与工作》(*Global Perspectives on Gender and Work*)。
- 格森(Gerson)和雅各布斯(Jacobs)."改变工作的结构和文化"(Changing the Structure and Culture of Work),载于赫兹和马歇尔(Marshall)编著的《工作家庭》(*Working Families*)。
- 回顾:威廉姆斯(Williams),穆勒(Muller)和利兰斯基(Lilanski),"新经济中的性别组织"(Gendered Organizations in the New Economy),载于《性别与社会》(*Gender & Society*),2012年。

[讨论最后一个问题:韦尔斯利学院应该采取哪些政策来推动女性领导者的成长?]

第14周:4月30日星期一

课堂演讲

第15周:5月7日星期一

课堂演讲

5月9日提交最终论文。

**课程作业汇总：**

(1)每组学生将负责一周课程的讨论，我也会提供意见，不需要做花哨的PPT。讨论课后你们需要提交小组报告，报告要求请参阅Sakai上的说明。每个学生都应该参加课程并提出问题。

(2)3月12日截止提交作业：短文“我相信”(在课堂上公开演讲和写作练习)。你需要准备一篇不超过500字的三分钟短文，每个学生都会在课堂上演讲这篇文章。我们将讨论如何令你的写作更有效，短文必须按时提交。

(3)4月9日截止提交作业：阅读你眼中的杰出领导者的传记或自传，并解释为什么你认为这个人物是杰出的领导者。该作业至少涉及课堂上讨论过的两种不同角度的领导力(如性格、决策、作用、关系和/或经历)，并用你从阅读中获得的证据支持你的观点，篇幅为5—8页。

(4)4月30日或5月7日截止提交作业：所有学生都要选择一个你们想研究和访谈的你眼中的领导者，该领导者必须是你可以访谈的对象。每位学生将于4月30日或5月7日介绍她们的访谈对象。最终论文须在5月9日提交，并且该论文应基于你在课堂上所做的陈述而展开论述。这项任务的关键是讨论他(她)们如何成为领导者，以及塑造他(她)们的关键性时刻。你至少需要用到两次讨论课上的内容作为论文的一部分。课堂阅读可能成为你的受访者与你讨论的主题，如“玻璃天花板”“工作家庭矛盾”“领导者和追随者”“变革推动者”“‘我也是’(Me Too)运动”“薪酬公平”等。

A.你必须和我谈谈，以便在春假前获得我对你的研究目标的认可，因此，我建议你们在学期开始就考虑这个问题。4月你就需要去采访这个人，采访可以当面或通过Skype进行。你还应该看看是否能找到关于你选择的人的其他书面材料。

B.4月30日或5月7日的陈述必须基于这次访谈。

C.你的文件可以在你陈述当天提交，最终截止时间是5月9日，你也可以提前交，时间基于你的班级介绍。我需要在我的信箱中收到一份纸质版，并在电子邮箱收到电子版本。我很乐意在任何阶段讨论你的研究,我们的讨论内容可以包括考虑访谈谁、访谈问题以及论文的写作。

## 第二节 一个专业

在女性和性别研究中,我学会了质疑世界的性别结构。我了解到,女人和男人都有自己的具体问题,这取决于他(她)们生活在哪里,他(她)们如何看待自己,别人如何看待他(她)们……

——韦尔斯利学院女性与性别研究专业学生的学习体会①

从高等教育学的角度讲,专业是一个组织概念。在国内的大学里,专业这个概念带有很强的实体意味,其内涵包括三类实体:由同一专业学生组成的班集体、教师组织(与专业同名的教研室),与教师组织相连的经费、教室、实验室、仪器设备、图书资料以及实习场所等。大学本科教学一般按专业进行划分和组织管理,学生一入学,就进入某一专业学习,并按专业分班。现在虽然开放了转专业政策,但学生选择专业涉及这三类实体的利益分配,调整起来实则并不容易。

在美国,专业这个概念的对应表达是"major",亦可译为"主修",其实它仅指一个系列、有一定逻辑关系的课程组织(program),相当于一个培训计划或课程体系。学生修完这一系列的课程,就被认为具有一定的知识素养和技能,就成为这一"major"的毕业生。美国高校把柔性的课程组织当作专业,专业背后没有对应的实体,没有单独归属的师资、专用教室、实验室及仪器设备……也就是说,"专业"完全不是一个实体组织。②譬如在韦尔斯利学院,上文课程案例的任课教授罗斯安娜·赫兹不仅是女性与性别研究学系(以下简称女性学系)的专任教授,其名字和简历也列在社会学系的教师名列中,她所教授的同一门课程有妇女学系和社会学系两个系的

① Since 1982, Women's and Gender Studies at Wellesley has been committed to teaching at the intersections of race, class, gender, sexuality, and difference[EB/OL].(2018-04-08)[2019-07-13].http://www.wellesley.edu/wgst.

② 卢晓东,陈孝戴.高等学校"专业"内涵研究[J].教育研究,2002(7).

课程代码，课程将两个系的内容互相打通。而妇女学系和社会学系，以及数个文科院系所在的办公和教学楼名为Founders，其中的教室也是打通使用的。如果一定要说各系（专业）的独立空间，恐怕就是各自的系办公室和各个老师的办公室了。

根据韦尔斯利学院官网的介绍，该学院对学生完成主修专业、获得学士学位的要求规定如下：①

> 每一位获得学士学位的候选人都必须完成32个学分、平均成绩在C或以上。除了一些例外，每学期课程都各有一个学分。某些课程，由其部门指定并经课程和学术政策委员会批准，可以设定为1.25学分。为了获得1.25学分的资格，一门课程每周总时长必须达到300分钟或更长的时间，而且该门课程的修课学生还需要花费大量时间在上课时间之外的学术工作上。各部门也可向课程和学术政策委员会申请，允许其开设0.5学分的课程。一名学生通过在韦尔斯利所修的1.25学分的课程，通过累积可获得不超过2个学位学分；同样两个学分限制适用于通过0.5学分的课程积累学分总数。1学分相当于4个学期或6个1/4学期时。
>
> 学生获得学位的正常周期是8个学期，平均每学期开4门课。一年级学生被鼓励每学期最多选4门课，但高年级的学生可以选修5门。所有学生必须至少修3门课。这些规定的例外需要获得学术审查委员会的批准。
>
> 所有课程分为一级、二级、三级。入门课程编号为100—199（一级）；中级课程200—299（二级）；高级课程300—399（三级）。每个学生的课程方案中必须至少包括4门三级课程学分，其中至少有本人申请的专业课程。后两年学习中，每个学生的课程方案中至少要有两门三级课程学分。专业主修要求因系科或项目而异。学生需参阅部门或项目清单，以了解具体的专业要求。
>
> 为了确保每位学生广泛接触文理基础课程，避免过早专业化，在毕业所

① Your chosen major will determine many requirements as you progress toward your degree at Wellesley[EB/OL].(2018-04-08)[2019-07-13].https://www.wellesley.edu/academics/theacademicprogram/requirements.

需的 32 个学分中，必须包含在任何一个特定系之外修满的 18 个学分。在完成学位的最后 4 个学期中，学生必须连续两个学期在韦尔斯利进行正常的课程学习。

此外，所有学生都必须完成体育课程的要求，如此处所述，体育课程没有学分。

在上述规定中不难发现，韦尔斯利学院对完成本科学生的培养方案中涵盖了"专"和"广"两个取向的要求，学院在纵向上限定学生所修的高级专业类课程的数量和时限，在横向上确保学生尽可能广泛地接触学校所有的系科和课程门类。文理学院的初衷就是对初入大学的年轻人不做专业和职业发展上的限定，随着学生学识的增长和心智的成熟，学院再帮助学生逐渐确定人生的规划图景和专业能力的发展方向。韦尔斯利的学生可以在 50 多个系、系和系之间、结构性的个别专业中选择专业，或者干脆自己设计一个专业，只要确保毕业所需的 32 个学分里至少有 8 个来自该专业，也就是说总学习量中专业含量不低于 1/4 就可以申请该专业的学位了。也有许多系或项目要求学生完成 8 个以上的学分，不同专业的具体要求各不相同，需要学生自己去了解和确定。虽然学生必须完成一科专业的学习，但他们往往，也非常被鼓励去选择学习两个专业，或是主修一科辅修一科。而没有一门课程可以被同时计入两个专业或者主修或辅修专业。

如果学生有自己独特的想法和个性，试图设计个人化的专业，学校也允许学生自行设计目前全校 50 多个系科所提供的 1,000 多门课程中都不包含的个性化课程。对设计个人专业感兴趣的学生应分别向不同系的两位教师提交一份学习计划，她所建议的个人专业必须体现并说明其既围绕其中一个特定的系，又具有跨部门合作的内涵。而这个专业可以促进学生在兴趣领域的知识和专业知识累积，同时具备理论和方法上的先进性。通常情况下，这份计划中应该有 8 个高于入门级程度的学分，其中 4 个学分应属于同一个系。个别专业的课程须经课程和学术政策委员会批准，学院对此还有很多细化的说明和规定。

韦尔斯利学院的学生大一入学时，根据本人提交的兴趣方向，会由学院安排一位导师，指导学生大一期间的选课。到大二的第二个学期，学生就需要选择一个主要的领域,与导师讨论她们的计划(这时候也可以根据选择的需要更换导师),并要求这位老师担任她们的主要顾问。导师与学生一起审阅学习计划,然后学生在线提交专业申报表格,并列出表格中主修专业包括的课程,提请导师审核。经过导师和课程与学术政策委员会的同意,学生的学习计划可以在主修专业系科的系主任、系科之间的项目主任或个别专业主任的批准下进行后期修改。

本科生的荣誉学位制度也是美国大学极有特色的一项制度,获得荣誉学位的本科生被认为在专业素养和研究能力上表现突出,优质大学颁发的本科荣誉学位甚至可以标志着达到了硕士毕业生的水平,获得本科荣誉学院学位的学生有能力直接申请博士学位项目。在韦尔斯斯利学院,各个系或项目的荣誉学位提请要求包括写一篇荣誉学位论文,并顺利通过论文委员会的答辩考核。而在此之前,申请学生必须在入门级以上的主修专业课程中达到至少 3.5 分的平均绩点,有的系科和项目还要求更高的成绩。平均绩点介于 3.0 和 3.5 之间的特殊情况,可以由系科代表学生提出申请。学生需要在第一学期学习高级论文研究(360)课程,并在教师的监督下独立开展工作。如果取得了足够的进展,学生需在第二学期继续学习高级论文(370)课程。具体要求因系科和项目而异,但荣誉学位的获得是一项贯穿四年学习的系统工程,没有捷径可走。

上述这一系列的韦尔斯斯利学院学位制度表明,学院的培养目标是让学生在建立了广泛的知识基础的同时,也具备能力和激情追寻令人向往和钦佩的成就。也许这就是韦尔斯斯利教育受到研究生院和人才资源市场(雇主)高度赞赏的原因。为了加深了解这样一种专业模式和培养过程从目标到实现之间的关联性,本节接下来会以笔者访问研究所在的韦尔斯斯利女性与性别研究系为案例,立足于该系所设立的本科女性学(研究)专业加以详细解读。

在来到韦尔斯斯利学院之前,作为一名女性和性别研究人员,我对该校的女性与性别研究系和女性学专业有诸多自带光环的想象——教育的对象是女生,教育的成果是出色的女性,在美国女权运动历史上多次扮演先锋角色,这个系和这个专业蕴含着多么深厚的荣耀和骄傲!不过随着我在韦尔斯斯利学院访问研究体验的深入和丰富,这层不无刻板印象的光环逐渐褪去。韦尔斯斯利的女性学专业,确实既有美国女性学研究和韦尔斯斯利本科教育架构的整体共性,也不乏该系建立 36 年来所形成的个性,但它的性别视角力量并非立足于专业学科强化专业色彩的运转,而恰恰是"去性别化"后的博大格局,是建立在一个不囿于性别属性壁垒下的学科模式。举例来说,国内目前的女子学院或女性学专业,表述能够体现其存在价值的专业特色时,出于符合女性个性特点和发展需求的目标,往往会彰显机构的性别属性,如提出"探索女性成长成才规律、践行男女平等基本国策、服务妇女全面发展"这样的主张[①],并在专业设置和培养模式上体现"女性化"特质。但这样一种基于性别本质差异的认知在美国的性别研究领域已经过时,女性学和性别研究并不是加强女生性别意识的一种培养手段,而是培养文理教育通识人才广泛的知识体系和纵深的认知能力的途径之一。只不过恰好,韦尔斯利的课堂上都是女生而已。而韦尔斯利女性与性别研究系现任的9名女性教师却更像个巧合——韦尔斯利学院很可能是美国大学中最为注重教师队伍性别平衡的高校了,这一点在理科系内实现起来非常困难,在非女性集中的职业领域中,高层次女性人才代表的比例并不乐观。韦尔斯利女性学系教师的性别比例现状更可能是对该学科领域内性别比例的反映。

## 一、韦尔斯利女性学专业的概貌与现状

作为一门独立的学科,女性学(Women's Studies)诞生于20世纪60年代末70年代初的美国高等院校,它的形成和建立与20世纪60年代中期爆发的美国女权主义运动紧密关联——在声势浩大的妇女运动的"洗礼"下,女性们认识到:第一,女性在政治、经济、社会和教育领域受歧视的现象不仅需要通过女权运动等政治斗争去改变,更需要相关学者从学理层面研究和阐释;第二,妇女问题根深蒂固,不可能在短时间内得到解决,真正意义上的男女平等需要几代人的长期努力和斗争才可能最终实现。正是出于女性主义理论探索和下一代接班人培养这两方面之需求,女性学才在妇女活动家的积极争取下进入大学这一长期以来为男性占据的"象牙塔"。[②]

1969年,康奈尔大学率先把女性学设为学分课程,1970年,圣迭戈州立大学和纽约州立大学相继跟进,增加对女性学的课程设置。韦尔斯利学院的女性学专业在历

---

① 中华女子学院.学校概况 学校章程[EB/OL].(2018-04-14)[2019-09-24].http://www.cwu.edu.cn/cwugk/xxzc/index.htm.

② 王卓,王恩铭.美国女性学的历史沿革[N].中国社会科学报,2015-08-24.

史上并没有太多领先，它成立于 1982 年，致力于在种族、阶级、性别差异的交叉点进行教学。韦尔斯利学院的女性学专业强调女性和性别研究应考察历史和当代背景下更广泛的结构力量，例如国家建设、全球化、经济发展和法律制度等如何塑造了男女两性的个人生活；同时继续在其课程和教师的研究中反映今天第一和第三世界多个女权主义运动正在不断变化的方向。

今天的女性学在美国高校中既是受学生欢迎、也是学术界有较高声誉的“显学”，是一个比较典型的科目种类齐全、学科边界扩展较广的跨学科领域。高等教育体系普遍认为，女性学的文化相关性和影响力既必不可少，也有着广泛的适用性和高度的市场价值。若想获得一个女性学的学士学位，受教育者不仅必须掌握批判性思维和研究技能，也要全面开发领导能力、出众的沟通能力和对多样性的深入理解能力，这些素质对职场竞争力有非常显著的促进作用。根据美国国家教育统计中心的数据，自 1990 年以来，美国女性和性别研究学位的数量已经增加了 300％以上，到 2015 年，这个数字已经超过 2,000。[①]根据 USADATA 统计，主修性别研究的学生平均工资为 73,849 美元，最常见的职业是中小学教师、律师、法官、地方法官和其他司法人员；在性别研究专业的 5 个常见职位中，薪酬最高的职业为销售经理，年薪甚至高达 287,425 美元。[②]

为学生提供专业选择指导的机构 COLLEGE CHOICE 根据“全美世界新闻报道”(U.S. News & World Report)和“全国教育统计中心”(The National Center for Education Statistics)提供的信息和数据，统计出 2016 年全美 50 个最佳妇女学专业，该机构指出，这些专业向学生介绍性别议题的文化、政治和历史因素，并要求学生作出批判性、交叉性和跨国性的研究；许多课程还对种族、阶级、性与种族划分等各方面的关系提出质疑，鼓励学生在更广泛的性别领域开展调查并形成个人独特的关注重点。韦尔斯利学院在这 50 所大学中排名第 9 位，COLLEGE CHOICE 对其的介绍是：

---

① SMITH C. Women's studies has changed over the years—and it's more popular than ever[N]. USA today college, 2017-03-05.

② 数据来源：https://datausa.io/profile/cip/050207/#employment。

> 韦尔斯利学院在其大部分历史上一直处于推动妇女平等、代表权等权利的最前沿。它是韦尔斯利妇女中心(WCW)的发源地,该中心是美国最大的以性别为重点的研究机构,也是全国妇女研究委员会的成员。女性和性别研究专业进一步履行了学院在所有交叉学科对性别进行批判性文化分析的义务。该专业的毕业生可以在一系列领域工作,包括但不限于:政治游说、新闻工作、公共卫生、电影制作、非政府组织工作、出版、看护等。①

位列这份名单上女性学专业前10名的大学中,除了哈佛、耶鲁和范德比尔特,其他都为文理学院。由此亦可判断,与其说韦尔斯利女性学专业的特点在于其女校环境,倒不如说这是文理学院共性的反映。

## 二、韦尔斯利女性学专业的成就和影响

从1982年女性与性别研究系创立时就在这里执教的苏珊·雷弗比(Susan Reverby)教授于2017年选择自愿退休,她见证了这个专业在韦尔斯利学院的发展。20世纪70年代,韦尔斯利学院早期的妇女研究课程侧重于妇女在经济和政治制度中的作用,并分析了妇女在历史、文学和平权运动中的作用;20世纪80年代,课程的重点在于女性的跨文化视角以及人类如何识别性别;到20世纪90年代后期,女性与性别研究课程包括种族、女性主义思想和女性社会化的议题。雷弗比教授认为,随着时间的推移,女性学的课程重点不仅变得更为全球化,并且也能开展起"更为流畅的性别分析"。今天的专业教育,较少关注社会建设,而更擅长帮助学生理解所有不同形式的交叉经验,该专业吸引了越来越多"对世界有不同的想法"并认识到主张女性和被剥夺者权利的重要意义的学生。

雷弗比教授于1982年开始教授女性与性别研究课程时,即使是在韦尔斯利学院也远远没有建立起能与今天相比的学术氛围。为了让这门学科得到认真对待,她必须向其他学科的教师证明本学科的重要性,有一些教师甚至认为她的班级更类似于"女性健康中心"而不是智力场所。"首先我们要证明我们的学院需要女性和性别研

---

① Best women's studies degrees[EB/OL].(2018-03-13)[2019-10-05].https://www.collegechoice.net/rankings/best-womens－studies-program.

究，这是一场艰苦的斗争，"雷弗比教授说，"但几年后，我们已经能够证明这是一个学术项目——现在是一个系，将性别视为理解世界的镜头。"对于女性的研究和学习，是一个对于大学来说非常重要的知识领域，许多学生是孤立地成长起来的，她们通常都是靠个人的经历来庇护自己。但是，从女性学的视角研究社会时，学生能够睁开眼睛去体验其他人的经历，这有助于拓宽他(她)们的世界观并增强理解力。"我认为女性学的研究既是智力上的，也是情感上的，并且丰富了人们思考和接收材料的方式。这些东西是关于你和你生活的世界的，所以它给了你一种思考性别如何影响所有重要事情的方法。我认为学生们在参加这些课程后会变得更加开放，他(她)们并不害怕正在讨论的内容。"

女性和性别研究系的官网罗列出了过去学生对她们在这个专业上所学所获的描述：

> "对我来说，在这门课程中我收获的最重要的部分就是学会质疑自己经常做的假设。我还了解到，要想最准确地理解一种情况，你必须设法通过受影响的人的观点来看待这件事，并试着抛下你自己的准则和价值观。"
>
> "在女性和性别研究中，我学会了质疑世界的性别结构。我了解到，女人和男人都有自己的具体问题，这些问题的差异之处取决于他们住在哪里，他们如何看待自己，别人如何看待他们，等等。"
>
> "一种文化中的规范可能不是另一种文化中的规范，因为我们是女性并不意味着我们都是一样的！"
>
> "我们学会从不同的角度理解妇女的权利。"
>
> "女性与性别研究的重点在于其打破大多数社会普遍存在的二元体系，尤其强调性别刻板印象以及如何看待它们。"
>
> "本专业研究政治局势如何影响女性和人们对女性的看法，历史如何影响对待女性的观点，国籍如何影响对待女性的观点。"
>
> "通过对本专业的学习，我了解了历史和世界各地女性的斗争和成就。"
>
> "女性和性别研究考察了塑造社会观点的制度……女性研究着眼于女性主义和其他影响女性的社会变化。"

> "对我而言，妇女与性别研究为从各种角度探索复杂的社会现实提供了一个场所，这些现实促使人们重视女子学院可以提供的环境。系里汇集了拥有历史、哲学、政治学、经济学和物理学学科背景的学生，在韦尔斯利创造了一个不同于其他任何教室的动态课堂。女性就业、医疗保健和社会角色的问题从这些不同学科提供的角度去考虑。在许多方面，女性学专业将文理教育理念囊括其中，为我们提供了一个课堂环境，让我们可以批判性地分析生活在其中的世界。在真正的文理教育方式中，女性研究是以尊重在学科交叉处产生的重要知识为目的的。"

而专业给学生的职业发展建议则包括了：出版/编辑、政治游说、海军服务、公共关系、电影制作、心理医生、神学院、医学、法律和社会工作、商业、销售/零售、照料/看护、技术性写作、新闻传媒、教育行政、投资银行、药物滥用咨询、游艇俱乐部主任、软件工程、公共卫生/公共政策、公共政策/政治、妇女研究的研究生院、咨询行业、国际非政府组织等。显然，女性学专业训练学生的思维和视角，培养其着眼现实问题的能力，为学生的职业空间提供了宽广的可能性。

### 三、韦尔斯利女性学专业的发展趋向

过去十多年，女性学专业的主修人数持续增加，各高校对女性学系的课程需求也在上升之中。目前全校主修女性学专业的学生人数为 45 名，辅修 19 名，辅修该系延伸专业"健康与社会"的学生有 26 名，修读总人数达到 90 人。在韦尔斯利 2,300 名本科生的总规模和 50 多个系科的背景下，女性专业对学生的吸引力显然很大。本系老师认为，这与美国社会近年来的变化和动态相关，尤其与 2016 年韦尔斯利校友希拉里·克林顿成为美国历史上首位女性总统候选人却又落选的国家级事件有关，学生们比以往更渴望学习女性和性别研究的工具，分析和理解当代社会性别政治、代表性和职场中的权力关系态势。

通过学校大量的教学活动和课堂之外的各方面努力，妇女学专业一直积极地回应学生的要求和需求，即使不是本专业主修或辅修的修读学生，只要对妇女学相关领域有个人或研究方面的兴趣，该系老师也乐于给予指导帮助。女性学专业持续创新

课程设计,包括与其他系的老师合作授课,设计推出第一学年的研讨课,甚至通过与有着成功经验的校级暑期活动“女性领导力项目”合作开出暑期课程等。而为了坚持满足学生需求和兴趣的专业培养目标,女性学专业更强调为学生提供跨学科和跨领域的学习资源,近年来尤其以女性主义科学研究为重要的发展方向。在已有的人文和社会科学研究专家的基础上,女性学专业对生机勃勃的科学和技术领域中相关交叉学科的生成和人才表现出莫大的兴趣,并希望未来从跨学科的视角建立女性和性别研究框架下的 STEM 主修及辅修专业,开设诸如“女性主义科学技术研究”“科学、技术和身体”“去殖民化、女权运动和科学研究”“去殖民化、本土化和黑人女性主义视角”“残障研究”“女性主义技术性科学”“女性主义和酷儿机器人”“后殖民化女性主义科学研究”“批评性动物研究”等课程。女性学专业希望通过这些着眼于科技发展前沿的交叉知识结构,帮助学生发展跨学科和前瞻性的专业视域,以不断更新的交叉学科方法建立起自己的专业性、学科性知识结构,从而拓展学生的专业学识维度和职场竞争能力。

## 第三节　一位在读本科生

> 我以后一定会捐款给母校,至少会把学校资助我读书的学费捐回来。
>
> ——韦尔斯利学院 2018 届计算机专业本科生吴晓帆

晓帆是我于 2017 年秋末抵达韦尔斯利学院后认识的第一位华人。

关于韦尔斯利校内学生构成的情况,我在这里需要做一些说明。作为一所典型的文理学院,韦尔斯利有着和综合性大学显著不同的培养理念及运作机制。学校每年招收 600 名本科生,全校学生人数在 2,300—2,400 名之间,没有研究生,只有极少数的博士后和访问学者。笔者是本校女性与性别研究系(Women's and Gender Studies Department)10 多年来第一次接受的海外访问学者。这个结构也决定了,本科教学是这个学校的工作主体,该校一切教育工作都以本科生为中心。值得一提的是,韦尔斯利的财政实力雄厚,学校资产高达 20 亿美元,在美国比韦尔斯利更有钱的私立高校恐怕只有哈佛大学了,但本科生教育可不是哈佛大学的重点。因此可以认为,韦尔斯利学生的平均培养资源近 80 万美元。虽然韦尔斯利的学费在文理学院中属于正常水平,每年 6 万—7 万美元①,但相比学生的培养资源,学生即使支付足额学费也是相当划算的,更何况韦尔斯利有一整套成熟而人性化的财政资助体系。一旦被该校录取,近 60%的学生可以申请获得不同程度的资助,以确保其家庭经济能力不会成为接受优质教育的障碍。本文的主人公吴晓帆同学,就是一位完全依赖校方资助完成学业的学生。

校园内不乏亚裔面孔的学生,韦尔斯利的亚裔学生比例高达 40%,可以说是对亚裔相当友好的美国私立名校,其中留学生的比例为 13.9%,来自中国的留学生占比最高,达到 70%。见图 5-1。②

晓帆虽然是华人,但她 10 岁时随父母从中国东北移民至华人最集中的美国加州。在校园里她注意到我在寻找交通信息,主动用中文与我交流,指导我如何乘坐校车去波士顿城区。虽然她的中文已不甚流利,却十分热情地向我介绍。学校里很多看起来像中国人的姑娘可能是二代移民或领养儿,她们不一定会说中文;而她很愿意有机会操练中文,所以希望我用中文同她交流。她真是一个体贴的女孩!

渐渐地我了解到,晓帆从小是个外向、多话的孩子。幼年在中国时,她就是成绩突出的学霸,刚来美国时上课听不懂,她天天哭,不过半年后就过了语言关,她又成了班上话最多的学生,老师提问时常常需要提示晓帆先不要回答,以给其他同学发言机会。晓帆认为自己的性格非常适合美式教育,美国的课堂鼓励学生积极发言、提问、表达自己。她在整个基础教育阶段都是典型的学霸,虽然一路上的都是公立学校,公共资源却给了她足够的成长机会,她在基础教育阶段时就有过丰富的领导力经历,多次担任学生机构的领导者,组织各种各样的活动,度过了充实忙碌的中学生活,甚至还有过出国交流和参与活动的机会。而这一切,都是免费的。

晓帆的父母移民来美后,从事的是典型的底层体力劳动,父亲做装修工人,母亲是按摩师,因长期给人按摩,手指关节已经变形。父母在学业上从来帮不到晓帆什

① 根据韦尔斯利官网信息,2017—2018 学年住宿学生综合费用如下:学费 50,840.00 美元;学生活动费 308.00 美元;住宿费 8,040.00 美元;膳食费 7,796.00 美元;总计 66,984.00 美元。

② International Student Statistics * —Spring 2017[EB/OL].[2019-08-02].https://www.wellesley.edu/sites/default/files/assets/departments/slater/files/informational/general/international_student_stats_spring_2017.pdf.

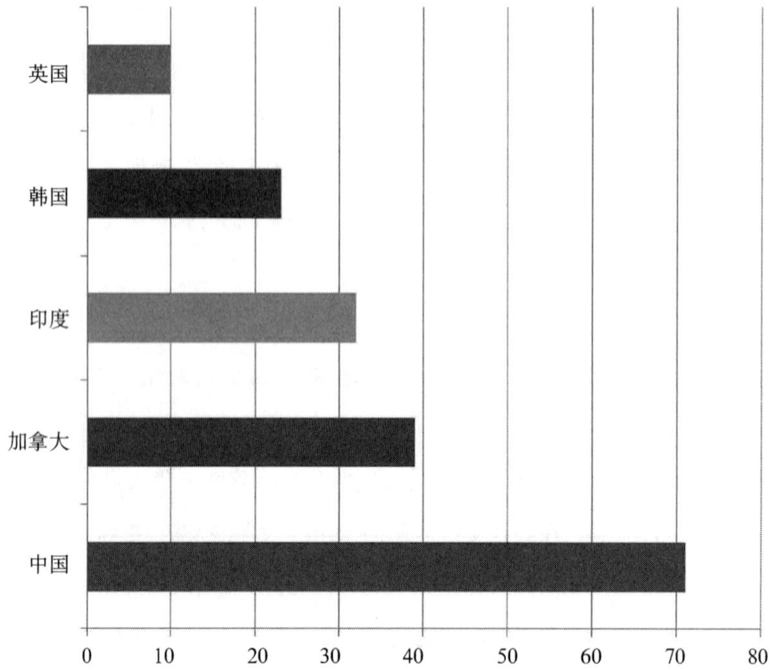


**图 5-1　韦尔斯斯利留学生人数前五名国家(2017 年春季)**

资料来源:韦尔斯利学院官网

么。“他们光会跟我说‘要读书’,虽然他们自己不读书。”但是看着父母辛苦谋生的场面,晓帆天生内在追求卓越和外在的改变命运与环境的奋斗动力赋予了她看似老套却依旧有效的“美国梦”动力。申请大学时,晓帆拿到了所有她申请的名校包含奖学金在内的录取信,因为家里的经济能力根本不可能支付得起她的大学学费,所以申请资助于她是上大学的必须条件。父母也曾表示过希望她就读家附近的加州大学伯克利分校,这里离家近,学费低,奖学金相当够用,还有剩余,也是声誉好的名牌大学。至于韦尔斯利学院,晓帆的爸爸妈妈压根没听说过这么一所学校。“其实那时是我男朋友的妈妈建议我去韦尔斯利,”晓帆说,“她说韦尔斯利是所规模很小的好学校,很适合我的性格。”晓帆也拿到了其他几所女校的录取信,权衡下来,从学校官网、YouTube 上的视频信息和大量的博客内容看,她认为韦尔斯利的教学质量、校友网络和财政资助水平对她有很大的吸引力,于是她最终接受了韦尔斯利的邀请,并至今为这个明智的决定感到幸运。

果然,刚被录取,晓帆就受到了老家旧金山市韦尔斯利校友团的热情关照。韦尔斯利在全球有100多个校友团、分部和主要联络人。从被韦尔斯利录取的那一天起，学生就被自动吸纳进校友团，参加校友组织的活动，获得学习和发展的指导建议，学生在进校之前就享受作为“韦尔斯利姑娘”的归属感。“校友团非常给力，任何问题都会回应并尽力帮助你，尤其是实习和找工作的时候，给校友写信一定会收到回复，”还未毕业便早已经找到满意工作的晓帆字斟句酌道，“这就像一个良性循环，我受到帮助，今后我也一定会帮助校友。”

大学生活开始后，晓帆开始体会到为什么说韦尔斯利是适合她的学校——该校以本科生为中心的教学模式和学校的运作方式便是这个问题的答案。学校重视每一个学生的需求，这令晓帆这样有独立思考能力和乐于表达的年轻人如鱼得水。学校的所有课程都是小班化教学，大多数班级仅有17—20人，人数最多的数学或计算机课，也不会超过25人，而10人以下的课程比比皆是。这意味着什么？“首先，你不能翘课啊。班里就这么几个人，老师们还受过训练，能够快速记住每个人的长相和名字，谁没来一目了然。”韦尔斯利与波士顿城内的名校麻省理工学院(MIT)有跨校选课的合作机制，并开通校车往返接送学生。晓帆也在MIT修过两门课，每门都是150人的大课，“教授根本不认识你，甚至常常是助教来上课，去不去上课没人管。有一阵子我时间紧，来不及去教室，就在宿舍自己看教学视频，也顺利完成课程并拿到了成绩。”可想而知，自律性不足的学生翘课后不及时补课，耽误的只能是自己的学业。其次，小班化的教学自然而然地在老师和学生之间建立起亲密的连接关系，老师认识每一个人、了解每一个人，这种关系为因材施教建立了前提。每个学生都可以得到老师大量的关注和自我表达的空间，可以尽情地提问、深入地探索、放松自由地表达。另一位正在上大一的女孩告诉我，小班课堂上老师对学生的关注令人感动：“有次上课我的眼睛不舒服一直在掉眼泪，课后居然收到老师发来的邮件问我哪里不对劲，想不想跟她聊聊或需要什么帮助。”

“我从小就喜欢提问题啊，上课问得不够，下课还可以去找老师，Office hour或跟老师约时间，老师们都不会有丝毫的不耐烦。”晓帆感到，和男女混合的学校不同，女校中女生求知和探索的环境更自在、更受到鼓励。“我觉得男孩子有时是不太愿意问问题的，即使他们心里不明白，他们可能是懒得问，或者担心没面子。如果在混校里有这个氛围，女孩子也会觉得不自在或不好意思多提问、多开口。但在我们学校就不会，无论你的问题有多幼稚、多基本或多可笑，都用不着担心被嘲笑。”在 MIT，晓帆也见过教授接受学生提问的场面，一个小时的 Office time，有十几个学生在排队，每个人只能分得教授几分钟的时间。而在韦尔斯利，亲身参与了几门本科生课程的笔者也看出，小班化教学使师生关系延伸到了教室之外，学生和许多知名大牌教授往往熟稔亲近如家人一般，学生非常信任老师，从学业到人生各种属于这个年龄独特的困惑和问题都会与老师探讨，老师也一贯诚挚相待，尽力帮助。老师到学校来的时间，基本上除了上课，就是在接待来找他（她）的学生。这所小学校里虽然没有研究生，但是本科生得到导师或任课老师指导和支持的机会可能超过了许多学校的研究生，更不用说一般综合型院校的本科生了。

对晓帆来说，这样的学习经历有两点重要的意义。第一，该经历使得她在本科阶段获得了十分充分、广泛的探索自我的空间。文理学院的学制方式是刚入学时自由选课，大二阶段根据修读课程的情况、个人兴趣爱好的情况和实际能力决定主修以及辅修的专业。虽然晓帆上大学前就是学霸和学生干部，但聪慧如她也不可能在那么年轻时就知道自己适合走哪一条职业道路。可以确定的是，未受过高等教育的父母无法给她有效的指点，只能建议她选择“实用的”、未来有利于就业的专业，而如哲学、英文这些“不实用的”、具有“白人专业”标签的领域并不在她的考虑范围内。最初晓帆打算投身医疗行业，她在大一时选修了大量相关课程，假期里去积极寻找医疗机构实习的机会。其中，学校的帮助对她有很大的意义，一方面，了解她的导师和老师替她出具了富有个性和针对性的推荐信；另一方面，韦尔斯利十分鼓励学生抓住一切机会投身社会实习实践，如果学生假期去实习单位从事无酬劳动，学校会给予经济补贴。事实上，晓帆进大学后就没再花过家里的钱，她获得的资助等级是每年本人只需提供一小笔钱，而这笔钱正好可以用学校给她的实习补贴来支付，此外她就靠打工来满足自己其他的经济所需。大量实习的结果是，晓帆认清了这个行业不适合自己，及时止损，转换方向，最终她选择了计算机为主修专业。

第二层意义在于，在未来的职业方向上，该经历帮助晓帆建立起了真实的自信心。选定计算机专业后，晓帆的学业渐入佳境，她不仅找到了适合自己的领域，而且学得越好兴趣越浓，在常人眼中枯燥的编程工作她做起来不以为苦，反而感到很有乐趣。直到高年级假期去网络公司实习后，晓帆才意识到自己来到了一个女性代表性水平很低的行业。总体上，计算机行业妇女从业比例不足20%，在男女生混校的大学中，这个专业的男生比例也远远高于女生。“我不能保证如果上的是混合学校，作为少数群体，我对自己在这个专业上的天赋和能力还能不能这么自信。”在韦尔斯利学院，计算机算得上热门专业，修读学生的比例不低，不过由于都是女生，这一专业的老师对学生没有性别上的差异对待，也就没有丝毫来自被认为是这个行业主导性别的压力，“老师常常称赞我学得好，我也觉得自己确实很棒。”就算是去MIT上课，那150人的课堂里也没几个女生，但是晓帆毫不犯怵，“我真的很厉害啊，在MIT的学生里也算厉害的。”带着这样的自信和专业能力，假期中晓帆分别去过两家知名互联网企业实习，并十分顺利地被两家公司都录用了，最终晓帆选择了其中一家知名度、影响力和福利待遇都更出众的公司。据统计，加州地区硅谷软件业新进毕业生的年薪接近11万—13万美元，而这是晓帆父母年收入的总和也达不到的。

“现在我还在修很多课啊，有条件还是想多学一点东西。”晓帆的男友是她的高中同学，由于申请大学时的结果不太理想，他去了加州大学分校中的一所学校，那所学校从排名看也是不错的，但和韦尔斯利比起来，大规模招生的公立大学问题就很明显了。“他很不喜欢这段大学时光，就特别抓紧时间，每个假期都在上课修学分，三年就毕业了。”与男友相反，晓帆非常珍视在韦尔斯利的大学时光，“现在我上课也不是为了修学分，也不是为了找工作，就是为了多学知识，享受学习的过程。”譬如这学期晓帆修了一门“天文学”课程。“听上去没什么用吧，但特别有意思，上课的是位老先生，博学多才。”别看老先生不年轻了，他对待教学的认真劲儿令晓帆很感动，他会把每个学生的名字和照片对照起来，以帮助自己记住她们的名字。老先生还告诉学生们，学校经常组织帮助老师提高教学能力的培训，为了上好课，他经常去参加培训，就是从培训中他学到了“与时俱进”地与学生拉近关系的新方法。

社会上的一些观点认为这些老牌私立名校历史悠久、风气保守、低调精英、头戴“贵族”光环。历史上，这样的私立大学兴起之初只有社会上层阶级才有入学机会，并且直至今时如韦尔斯利般的文理学院的学费标准也比那些相当著名的公立名校高出数倍，因此不免有社会舆论视此类大学为“有钱人的游戏”；而学校毕业生进入社会后的良好表现也被认为是家庭资源影响的延伸，和学生的真实能力关系不大，甚至有人将之视为阶层固化的表现。但这种认识在晓帆身上完全不适用。几乎拿着全额资助来到韦尔斯利的晓帆，从未有过低人一等的感觉。学校会精心保护每位同学的隐私和自尊，自己不说，没人知道谁付了多少学费、谁享受了多少资助。学校图书馆提供笔记本电脑、iPad、外置光驱等设备的出借服务，学生买不起设备完全不影响学业。学校的诸多培养项目，涉及费用的，也会根据参与学生享受资助的程度，决定是否收取费用以及具体的收费比例。譬如晓帆在校期间曾去西班牙马德里大学交流，以她的受助水平，连这笔费用都是学校全额承担的。生活中当然可以看出有的同学家境优渥，假期都是去昂贵的风景胜地旅游，“现在来自中国的留学生家里都是很有钱的呀，因为留学生很少能享受资助，所以只有富裕的家庭才支付得起。”但学校完全没有豪奢的风气，连学校的几个餐厅都用同一套膳食计划统一向所有学生开放，丝毫看不出阶层差别。晓帆也从未因为家境条件影响社交，“交朋友就是看性格、人品是不是合得来，我们朋友间一起出去玩、吃饭都是 AA 制。”在晓帆看来，家里有钱不能说明什么，那是父母长辈的钱，没什么好炫耀的；更重要的是，她坚信自己前途光明，能够依靠自己的奋斗赢取上佳的经济回报，自己的生活素质和发展空间也不会逊色于家境优越的同学。“我相信未来我一定会成功的，如果成为有钱人我一定会给学校捐款，我至少会把学校资助给我的学费捐回来！”享受着校友捐款在韦尔斯利学院完成学业的晓帆，立志把学校这个良性的运转机制继承下去，她希望为母校能继续培育一代代如她这样的学子而贡献力量。

谈到领导力话题，晓帆表现出超出年龄的成熟。中小学时代当学生干部和领导者的经历，在锻炼了她的能力的同时，也帮助她比同龄人更早开始建立起自己对待人生、事业和理想生活的目标，当然也包括看待领导力的观点。在晓帆看来，成为领导者固然是服务他人、提升自己、体验个人成就感、实现自我价值的重要渠道，但是得失相抵，担任领导者也意味着对职位、责任、事业更多的投入和付出，以及对爱人、家人和个人空间做出取舍甚至牺牲。在韦尔斯利学院的求学生涯在帮助晓帆更为了解自我和更加自信的同时，也拓宽了她的眼界，充实了她的心灵，丰富和拓展了她对成功人生与幸福生活的理解。对于未来的职业生涯，她已经有初步的发展设想和阶段性规划，但其中并不包括何时成为领导者、成为哪个层级的领导者等十分具体的目标。除了工作，晓帆的人生版图中还有家庭、亲人、朋友，还有在这个多彩的世界上各种各样有趣好玩的知识和体验，还有广阔的，等待她去探索、学习的空间。也许将来有一天，出色的她终究会在某一个专业领域有所建树，但今天作为大四学生的她，成为自己当下与可预见的未来人生的领导者和主宰者，带给她的是积极、强大的正面感受，这样一种"我的未来我做主，我的人生我做主"的掌控感，比某一个具体的领导职位更能够反映出领导力的真谛，那就是，任何时候，我都在向自己热爱和信仰的目标靠近。

## 第四节　一位在职老师

> 我很高兴的是，我的许多学生不仅在物理学领域（这是一个女性仍然属于少数的、代表性不足的领域），而且在从商业到医学等广泛领域不断取得成功。
>
> ——韦尔斯利学院物理系教授胡越

刚来韦尔斯利学院没多久，我就有种很强烈的感觉——在这个实施博雅教育的文理学院内，学生是真正的中心，相应地，育人就是学校的中心工作。过去十多年，笔者分别在国内知名的985高校修读过教育学的硕士和博士学位，也在高校的行政岗位历练过。对"以学生为中心"这句话非常熟悉，但这种熟悉是写在专业书里、列于文件中和出现在校领导或教育主管机构领导讲话中的熟悉。而在韦尔斯利学院，我这个在高等教育领域服役多年的老兵，才第一次领会这句话是如何转化为现实的。举个最不起眼的例子，在韦尔斯利学院，住宿生的伙食费包含在学费内，每个学生都可以随时走进校内任何一间餐厅享受自助餐，餐品选择丰富，营养全面，食材用料健康，这意味着学生不需要为这项最基本的生活需求算计、选择、耗费精力。学校还提供开放时间自由、设施齐备的健身房，藏书丰富、环境友好、可以满足多种需要的图书馆，音乐厅，乐器室，电影院，等等，甚至还有一个历史悠久的博物馆，这些都随时免费向学生开放。当然，外在硬件总是非常容易被识别和效仿，一所大学的软件才扮演着更为本质、更需要长期积淀和默默释放效力的角色，其中的关键就是直接和学生接触、给学生上课的老师。

在韦尔斯利学院，我接触了不少老师。可以说，韦尔斯利学院的专职教师（faculty）在校内的地位仅次于学生，而提供给教师的支持和福利，最终目的仍是为学生服务。譬如，韦尔斯利学院官网上“Faculty”这一栏，学校的介绍是：

> 比任何其他因素更重要的是，韦尔斯利学院教师的学识和奉献精神决定了学生学术经历的质量。韦尔斯利学院的学生经常将教师的卓越作为我们变革学习环境的核心组成部分。
>
> 韦尔斯利学院的教师的杰出有很多原因。我们招募并留住的教授，既是公认的学者，也是出色的教师。几乎所有人都有杰出的出版、赢得资助和获奖纪录，以及重要的研究成果。韦尔斯利学院培养了一种强调以教学为主要使命的学术文化。通过建议和支持，这种教育理念获得了充分的肯定。
>
> 每一门课程都由教授而非助教来开设。教授每年只教授四门课程（每学期两门课程），如此他（她）们才能够为每个学生投入更多时间。学生与教师的比例为 7∶1，[①]平均每班 17 至 20 名学生。教授们期待创造一个充满活力的课堂，在这里，老师和学生可以通过生动的形式交流思想和观点，老师还会鼓励并积极支持学生参与研究项目。
>
> 教授扮演着为学生提供指导的角色，他（她）们为自己在学生生活中的可及性和参与感而自豪。通过担任学生的顾问和导师，一年级学生从入学指导开始，就会与一位教师顾问对她的学术兴趣和经历讨论，老师会帮助指导她实施学习计划。直到进入大三学期选定专业后，学生可以再次选择专业顾问作为学习导师。韦尔斯利学院的师生关系是密切、动态和互利的。这是韦尔斯利式教育的标志之一。

成为韦尔斯利学院的教师，并不会有专门的培训环节向新晋教师灌输学校这样一种育人理念。与其说它是韦尔斯利的教育文化，不如说它是美国文理教育的核心和传统。不止韦尔斯利学院，许多著名的文理学院实施的都是类似的培养机制和师生管理模式，学生优先的教育潜意识无处不在，并最终落实在教师的言行和取向中。

---

① More than any other factor, the scholarship and dedication of the faculty at Wellesley determines the quality of a student's academic experience[EB/OL].(2018-04-15)[2019-08-11]. https://www.wellesley.edu/academics/faculty.

对此，在本章第一节的课程案例和第二节的学生案例中，我都已经有了侧面的表达；而在这一节，笔者将直面描述的韦尔斯利学院教师，本文的主人公——物理系已获得终身教职的胡越教授，则是一个既有典型性又不乏特例性的案例。该案例的典型性在于，从胡老师在校方个人主页上的自我表述和言谈中，我们很容易感受到她对教学的醉心、对学生的关爱，这种教师“人设”和校方要求自然吻合的情形，不禁令人好奇这是否是韦尔斯利学院教师的共同特质。该案例的特例性则在于，胡老师执教的物理系，是传统上文理学院的非主流专业，正如物理系网站介绍的：“韦尔斯利学院在人文教育背景下提供高质量的科学训练。”尽管学校可以“提供全方位的学术要求很高的课程，这些课程构成了强大的物理学专业和小班课程，可以为学生提供个性化的关注”[①]，但显然，韦尔斯利学院物理系的培养目标有别于一般综合型院校的物理学专业，前者侧重科学思维的训练和个性化的关注，而后者往往强调专业领域内针对性、指向性的培养。物理系的规模也证明了它在韦尔斯利的小众性特点，每届主修的学生只有十七八人。以一种国内盛行的功利视角看，老师在韦尔斯利学院物理系从教，既进不了学校的学科主流，也无法产生规模效应，似乎“奉献”的意味更浓。那么又是什么样的原因吸引着如胡老师这般的学者在这里认真、尽职地默默耕耘呢？带着这样的好奇，以及“科学训练中如何发展领导力”的疑问，我对胡越老师进行了访谈。

1977 年是中国中断 10 年的高考制度后恢复的第一年，当时还在读高一的胡老师抱着试试看的心情参加了这届高考。后来人们才了解到，这一年是中国历史上考生最多且年龄差距最大的一年，完全没想到自己会考上的胡老师填报了难度最高的北京大学物理系，谁曾想她一举高中。刚刚经过扭曲和封闭的“文革”年代，年龄和心智都尚未成年的胡老师就这样开始了大学生活。

1981 年，胡老师怀揣着朦胧的科学家梦想来到知名的常青藤盟校康奈尔大学(Cornell University)继续攻读物理。康奈尔大学的物理学科全球顶尖，和大多数美国理工科大学的研究生项目相比，这里吸引了更高比例的本土美国人，这些会来攻读高一层学位的本地学生，不仅热爱科学，才能也非常出众。但初来乍到的胡老师并不

① Welcome to Wellesley Physics[EB/OL].(2018-04-20)[2019-07-23]. https://www.wellesley.edu/physics/people/faculty.

了解美国的高等教育文化,带着少年大学生踌躇满志的骄傲和被北大严格训练过的专业基础来到康奈尔大学后,她很快发现自己在做习题上的物理基础功底比不少美国同学厉害得多,做得又快又好。胡老师参加过一次美国同学召集的所谓"做作业"的"party",她发现他(她)们名义上是来做作业,其实是一边做一边聊天、听歌、吃饭,等等,最后也没做几道题。带着被中国教育打下深深烙印的思维习惯,年轻的胡老师难以理解这样一种在她看来简直属于浪费时间的学习方式,所以她不再去参加这样的"party",而是选择独自默默地在宿舍完成作业。从考试成绩来看,她对专业的掌握也比较扎实,拿着A的分数,总是能轻松正确地完成老师布置的学习任务,胡老师把自己当时的心态定义为一种"错觉"——以国内的教育评价体系,这还不算好学生吗?她觉得自己挺棒的。

转折点发生在学业进入研究性环节的阶段。胡老师突然发现,当她的美国同学兴高采烈、劲头十足地开始研究工作时,她居然不知道该怎么办了。美国学生从小进行研究型学习的训练,正是由于喜欢研究工作,才会升读研究生,因此一旦进入专业研究阶段,他(她)们立即如鱼得水,奔着感兴趣的研究目标就进入状态了;中国学生从小被引导和教育"应该"去学习的知识内容,并不知道自己真正喜欢做什么,当没有人来指导和培训他们应该读什么书、做什么题时,如胡老师这样的中式学霸完全不知道如何寻找自己感兴趣的研究方向来着手启动研究工作。到了这时候,胡老师才明白美国学生边玩边做作业的意义——看起来在玩,学生们却是在这个过程中开展社交、加深了解、广交朋友,这可以帮助他(她)们在开始研究工作后迅速找到志同道合的伙伴,形成network,利用各自的专长优势,开展合作与互助。而这一课,胡老师也落下了。

这期间还发生过一次令胡老师印象深刻的"打击"。那是一次实验作业,老师让学生根据一些规定选择一个实验独立完成,提交一份实验报告,就可以获得成绩。胡老师和办公室的室友选择了同一个实验,是一个观察和测量实验数据的实验。室友做实验麻利简略,测量出的数据看起来也比较粗糙;胡老师则精心细致,熬夜测量,不得出最理想的数据不罢休,最后做出了一份数据特别漂亮、可以媲美教科书的实验报告。可是收到成绩后她傻眼了,室友得了A,她却得了B!看了室友的实验报告,胡老师才理解了她和美国同学的差距:同学测量的数据虽不及教材上那么规整,但是同学在实验报告中用相当多的篇幅加进了自己对实验的理解，分析和比较实验结果形成的原因，表达并提出自己的研究发现，有理有据，头头是道；而胡老师的报告，除了完美无缺的数据，其他都没有——她从来都没学过作业需要这么来做，标准答案和准确结果都不是最重要的，反映本人对这份作业理解和分析的内容，才是作业中最有价值的部分。

和这样一群美式学霸在一起，从“我最棒”的错觉跌入“除了做题什么都不会”的另一个极端，对适合自我发展的道路完全迷失了的胡老师在康奈尔大学“晃”了8年时光。最终虽然也拿到了博士学位，她却给自己重重地贴上了一个“不适合做科研”的标签，她再也不想回到在实验室琢磨和操作的生活了。不过，上帝给这个姑娘打开了另一扇窗，无意中胡老师发现自己的口才相当出色，做汇报或做介绍时，她总是乐于精心设计、巧妙铺陈，把发言内容以最为生动、有效和令人难忘的方式呈现出来，她的每次发言都能赢得满堂喝彩。于是，放下科学家梦想的她转而考虑从事教学工作。

既有偶然似乎又带着必然，1989年胡老师来到韦尔斯利学院，成为一名物理系的青年教师，后来又拿到终身教职，她将近30年的职业生涯完全在这里度过，算得上一位老韦尔斯利人了。在韦尔斯利学院给本科生上科学类课程并不轻松，课程难度大，标准高，用于备课、批阅作业和接待学生的时间几乎耗费了老师全部精力。当然，这就是美国文理学院长期积累形成的主体文化，把课上好、把书教好、把学生关照好，是老师的首要责任。乐在其中的胡老师十分享受全心全意培养学生的乐趣，她感到找到了最适合自己的舞台。拥有多年业界经历的胡老师也在哈佛大学当过访问学者，也了解MIT的本科教育机制，这些名校里录取的固然是精英学生，但本科教育不是学校工作的重点，大多数教授的工作重心是科研。真正的天才在那样的环境里或许也能成才，但韦尔斯利学院可以赢得“毕业生在职业上获得成功的比例高于其他大学平均数”这般的成就，其原因看来并不完全在学生身上。在物理系官网上，胡老师这样自我介绍道：

> 我的研究领域是复杂的流体。我研究的系统是胶体——悬浮在其他物质中的小颗粒混合物（例如牙膏和墨水）。我对胶体的机械和电性能进行了实验、理论和计算机模拟工作，目前正在研究的系统是硅油中的二氧化硅细

> 粉混合物。我和我的学生发现,这些混合物最初是一种黏稠的糊状物,在几小时到几周的时间内变成自由流动的液体(速率取决于油的黏度和我们添加的量)。什么导致这种凝胶—流体的转变?从基础科学的观点来看,人们对这种类型的相变在第一原则基础上了解甚少。与我们研究过的情况类似,非水硅胶在工业中被广泛使用。因此,这个项目也有实际应用的价值。
>
> 我在各年级教授物理课程。为了让学生更容易学习物理,我用现场或录制的演示、动画和计算机模拟对传统的授课方法给予补充。我还在课堂上使用工作表来指导学生完成问题解决过程,使她们成为学习过程中的积极参与者,而不仅仅是被动的听众。Mathematica 和 MATLAB 等计算工具被广泛用于代数推导、动画、仿真和绘图等课程。我教学的另一个重要方面是让学生充分参与我的研究活动:从设计实验到分析数据或构建模型再到写作论文,以及在地区和全国的科学会议上介绍工作。
>
> 我与附近大学的许多顶尖研究人员保持着密切联系。我的一些实验工作是在哈佛和布兰迪斯进行的。这些合作不仅使我在自己的研究领域保持活跃,而且为我的学生提供了与业界领先的专家互动并使用最先进的实验设施的机会。我很高兴地看到,我的许多学生不仅在物理学领域(女性仍然是代表性不足的少数领域),而且在从商业到医学等广泛领域继续取得成功。

作为物理学的门外汉,胡老师这段迥异于国内学者洋洋洒洒罗列文章、项目、头衔的自我介绍,却令我感到了这门科学的生动有趣,也仿佛看到了课堂上的胡老师深入浅出、旁征博引、活灵活现地引导学生探究科学世界的场景,更深深地为胡老师字里行间站在学生立场,以学生的吸收、参与和成长为宗旨的精神所感动。我想,坐在这样的课堂里,学生很难不喜欢学习吧。在教学舞台上重新找到自己的胡老师,非常热爱和享受在工作中全心全意培养学生、在工作之外自由自在、不受束缚的教职生活。韦尔斯利学院在全球招聘能力和性格匹配学校风格的优秀教师,新入职的老师站稳讲台并不容易,前辈听课和学生的评分都会被纳入评价机制,教师的教学能力被置于一个突出的位置。就我在韦尔斯利的了解,年轻教师用于备课的时间十分惊人,课堂上的一个小时需要课前 5—6 个小时的准备工作，即使是资深教授，他们为 1 小时的课程备课 3 个小时也属常见的情况。最初 3 年合同期满后，学校和教师双向选择，有意继续留在韦尔斯利学院的老师，就可以立即享受一个带薪学术休假——这是学校考虑到新晋教师在教学上投入大量精力，科研方面的进展恐有迟缓，因此给老师时间发展科研成果。进入终身教职后，教师每 3 年可以享受一个学期的学术假，每 7 年可以享受一年的学术假，教师在学术假期间享受全薪，很多教师都是利用这个时间集中精力产出成果。

在教职上站稳脚跟的胡老师很快也面临晋升终身教职的考验，不仅教学水平需要被认可，该考验对胡老师科研成果的要求也不低。曾经一度下决心远离实验室的她不得不重操旧业，为了避开当年的“坑”，她选择了一个与研究生期间的工作全无关联的领域，利用假期在同行朋友的实验室从头开始学习。做着做着，胡老师发现了一个未被验证过的新现象，经过独到的探索和钻研，她和朋友一起提出一个新理论，最终将其发表成论文，该理论在业界获得了非常好的反响，影响广泛，时隔近 20 年还常会被其他论文引用。直到那一刻，她忽然发现，原来自己不是科研白痴，原来自己可以找对方向，可以实施有效的实验，更可以提出成熟合理的研究成果，而且还做得相当不错。现在回顾当年的情形，胡老师感到，一方面是她缺乏有效的指导，没有人教过研究履历一片空白的她如何开始；更重要的原因在于，她的内心已失去自信，她确信自己做不了研究，在科学研究的道路上提前缴械投降，也就不可能再去为这个目标做任何努力，包括寻求指导或帮助。而拼搏终身教职这一关令她不能再选择逃避，未曾想她重新发现自己竟是个地道的科研人才。

放在一个平常的视角下看，这段经历或许只是她求学生涯中的一段弯路。但是如果加上了韦尔斯利学院的女性主义文化，感触则意味深长得多。在胡老师看来，遇到挫折容易放弃，往往是年轻女性的通病——研究生时代导师带的团队里，只有她一个女生，无形的性别压力不得不说也是使她产生自我怀疑的因素之一。如果没有处在一个随时随地可以感知到支持和鼓励、可以收获指导和建议、对女生友好的环境中，女性非常容易产生低于实际情况的自我评估；男生则相反，非常容易产生高于实际情况的自我评估，许多性别对照的研究已经有此发现，著名的谢丽尔·桑德伯格的《向前一步》中也写到过类似的例子。而韦尔斯利学院的意义正在于，它为发掘和保持女生的这样一种自信心提供了十分有利的环境，而这对女孩特别重要，无论在美国、中国，还是其他国度，女性普遍生活在这个世界的“第二性”格局下，她们的人生如果出现过一个响彻耳畔的声音：“你可以！ 你能行！ 你很棒！”将会有很大的分别。

在康奈尔大学这样的综合型名校，也不乏优秀、成功的女生。但了解康奈尔大学和韦尔斯利学院的胡老师认为，综合型大学缺乏如韦尔斯利学院所能提供的对女生的独特影响，很可能对某一些女孩来说，在韦尔斯利学院收获成功的机会更大，而她们在综合型大学就难以脱颖而出。“她们可能什么都不缺，就缺那点儿自信！”就胡老师多年的观察，韦尔斯利学院毕业生的自信心程度在平均水平上强于其他学校的女毕业生。她们知道自己能力的程度和边界，知道未来的发展空间和机遇，而这样的认知来自大学生活潜移默化的影响，学生之间相互的影响，师生互动关系中的影响，以及众多杰出校友的名声和故事的影响。这种在韦尔斯利学院建校之初创立起来的良好机制，今天依然有效。随着美国女子学院趋于式微，过去几十年间全美女子学院的数量从两百多所减少到今天的四五十所，目前仍有一些女校面临着难以为继的困境。然而韦尔斯利学院的特殊和神奇之处恰恰在于，无论时势如何变化，学院的精神和风骨始终得以被坚守，并且吸引着一代代富有理想和才干的年轻女孩在此就读。在胡老师看来，韦尔斯利的招生质量总体水平不低，或许特别突出的天才比例不及哈佛或MIT，但会选择韦尔斯利的学生还是有一些共同的特点，除了学业出色，她们往往是有追求甚至有野心的，她们大多是自己选择来到这个富有挑战性的环境的，因此进校后她们也不会虚度光阴，浪费时间和资源。虽然韦尔斯利学院的淘汰率很低，但学生的学习压力其实很大，成长进步得也非常快。胡老师就注意到，她教过的学生，大学四年每年都有显著的变化，她眼看着她们从稚嫩飞快地迈向成熟，学习能力和思维方式迅速地发展和提高。毕业时，她们或是进入职场，或是升读名校博士项目，或是报考医学院、法学院等，每个人都能够对自己的未来做出规划、部署并付诸实际的行动，而不是迷茫或困惑于自己应该去做什么、能够去做什么。当然在这个过程中，校方、教师和校友网络都扮演着不可或缺的角色。这样一种个人内在动力和外界影响共同作用、内因和外因都发挥实效的模式，是韦尔斯利学院成才率高的本质原因。

## 第五节　一位行政人员

韦尔斯利学院的老师们十分敬业和努力，学生也非常出色、勤奋，我为她们提供服务和支持，这让我也觉得受到尊重和感激。我很喜欢这份工作。

——韦尔斯利学院女性与性别研究系学术主管伊丽莎白·A. 蒂洛

在大学的架构中，专任教师(Faculty)和行政人员(Staff)是教职人员的基本构成。熟悉大学生活的人都知道，课堂上或实验室里的教授们是高等学府的中流砥柱，他们直接为大学传道授业及知识生产这些基本功能贡献才智；但是一所大学能顺利地运转，让师生毫无后顾之忧地沉浸在学术世界中，一天都离不开行政人员的作用。两者最显著的对比是，大学教师是不需要坐班的，不分国别，教授们在大学中的工作就是上课和接待学生，此外就没有义务必须待在办公室；而行政人员则是必须坐班的，因为他(她)们的职责具有服务性的特点，需要面对随时会产生的需求。从组织化的视角看，教师构成了大学中的学术共同体，行政人员则构成了行政共同体，两者是支撑大学运行的基本依托。

高等教育理论强调，学术共同体是体现和贯穿大学核心属性的主要载体，虽然它不是实体性的社会机构，却凭借其坚持学术价值取向而产生的学术影响力规范着学者的行为取向。行政共同体是服务和彰显大学核心属性的重要依托。大学既离不开潜心做学问的学者，也离不开专心于校内外相关服务的行政人员。不仅大学内部正常运转离不开行政共同体发挥作用，而且大学相互之间、大学与社会之间的互动也离不开行政共同体发挥作用。在大学自身和社会各界多重力量的推动下，大学已从社会边缘逐渐走向社会中心。为了让科研工作者心无旁骛地致力于科研创新，及时、高质量的辅助性行政服务必不可少。如此一来，大学就由中世纪纯粹的学术圣殿发展成现代拥有学术共同体和行政共同体两支队伍的庞大组织。[①] 对于一所大学的风貌、文化，尤其是最终留给学生的学术和精神财产，除了上一节述及的，除了专职教师

---

① 张文江. 大学治理中学术共同体与行政共同体的协同作用[J].高校教育管理，2015(6).

们会对其产生影响,和学校方方面面、各个层级打交道的行政人员,也在其中扮演着相当重要的角色。因此,在大学的育人过程中,行政人员亦有着不可忽视的责任和影响。

经过多年的经营和积累,韦尔斯利学院的行政机构虽种类繁多,人员队伍却未见得庞大。除了和国内大学可比照的如教务部门、财务部门、基建设施部门等,韦尔斯利学院也有国内未见过的如学术支持建议部门、残疾人服务部门、环境健康安全部门等,粗略统计下来,其校级层面的机构有70余个,其功能分类也非常细致,例如仅财务相关,就分了预算办公室、控制办公室、资助办公室、学生金融服务等多个机构,涵盖不同性质的服务。但大多数机构的人员设置非常精简,常常不过1—2人,4—5人就属于大规模的机构了。学院下设的机构可以理解为国内大学的"机关"层面,此外还有一部分就是各系中的专职行政人员,绝大多数被称为"Academic Administrator",按字面翻译可以叫作"学术主管",也有的称为"Department staff",也就是本系职员了。韦尔斯利学院目前明确称为"系"的学术机构共有33家,大多数学术机构都只有一位专职行政人员,少数学术机构的行政人员会有两位,或是由于系内还有另设组织而略有增加。

我来到韦尔斯利学院以后,日常接触最多、最熟悉的人就是本系的专职"学术主管"伊丽莎白·A. 蒂洛,她是一位看上去50来岁,十分随和亲切的女士,大家都亲热地叫她的名字昵称贝蒂(Betty)。起初我把她理解为国内大学二级院系里的办公室主任。在我确定将去往WGST① 访学后,就收到了贝蒂热情洋溢的邮件,她告知了我来美前后所需了解的信息,为我安排了办公室,联系并落实了学校为研究者提供的设施和培训服务,并指导我如何在韦尔斯利开展工作和融入生活,等等。甚至连支付学校为我提供的住房房租支票,都是贝蒂教我开的——这还真的是我有生以来第一次写支票。但不久后我就发现,贝蒂要做的远不止办公室事务,面对教师、学生和学校行政部门,她的职责相当于国内一个二级院系中的教学秘书、科研秘书、外事秘书、财务人员、学生主管、人事安排等,甚至还包括替教师复印文献资料,教师举办学术活动或邀请校外专家、人员活动的所有联络、筹备工作,以及本系学生访学、交流、考察的所有事项安排等都是她工作的一部分。韦尔斯利学院的行政模式是,一个系只有一

---

① Women's and Gender Studies Department,女性与性别研究系的英文简称。

个领导职位，就是系主任，该职位由本系资深教授轮流任职，每次任期为 3 年。系主任在本系事务上做宏观把握，教授的主业仍是教学和科研，所以系主任还是不坐班的，只是在来校时会多花时间与学术主管交流情况，大量的事务都会通过邮件说明、布置和解决。虽然整个 WGST 的专职教师只有 19 人，但所有主修和辅修的学生总人数达到了 90 名，学生规模在韦尔斯利算是很大了，而要维持一个系正常运转，所有程序性的环节一个都绕不开。此外，学校层面 70 多个部门涉及系、教师和学生的事务，也都由“学术主管”传达到具体成员，所谓的“上面千条线、下面一根针”是对贝蒂工作最形象的比喻，从校领导到 WGST 的所有主修、辅修学生，她认识、联系和邮件往来的对象一定是全系最多的。在韦尔斯利学院浓厚的“以学生为中心”的氛围中，如果说教师的服务对象仅为学生，那么行政人员的服务对象则覆盖学生、教师和校内所有机构，他们简直忙得不可开交。

熟悉之后我才了解到，贝蒂已经年近六旬，小孙子都两三岁了。在家庭中，贝蒂和她的老母亲住得很近，一旦母亲身体不适，她就需要在家照顾，而孩子们忙不过来的时候，她也会施以援手，帮助看护小孙子。在国内，像她这个年纪的属于初老阶段的女性，光是打理家务、照料老小，已经足够辛劳了，而她在工作单位还负责着一个如此忙碌的系统，不禁令人好奇她的精力和能力何以能够做到，而她又是如何去对待工作的繁重和压力的。

贝蒂告诉我，年轻的时候她曾经在幼托机构工作，是有执照的保姆。因为生了三个孩子，她将大量的精力用在了照料孩子上。十多年前她开始在韦尔斯利学院工作，她先是在学校的“项目办公室”(Event Office)负责计划和安排会议、活动等事项。几年后，她来到本系任职学术主管，除了驾轻就熟的活动安排，还增添了大量教学、科研和学生工作。前文在介绍韦尔斯利学院的女性与性别研究系时也提到过，WGST 是一个规模在扩大的专业，近年来修读的学生越来越多，系里已经跟学校提议增加教职名额。在美国大学里，没有辅导员和学生工作的设置，学生会被安排或自己选择导师就专业和选课寻求建议，也可以就学业问题跟任何一位教师交流，但遇到生活上、心理上或压力、情感、情绪问题，贝蒂也会尽己所能地帮助她们。贝蒂不敢保证认识 WGST 的所有主修和辅修学生，但她有每个学生的邮箱，除了群发通知和提醒，学生有个性化的问题也都会给她写邮件或者跟她交流，有的学生甚至不是本系的学生，只要有问题，她们也会来找她咨询。“有时我会帮她们传递信息，给她们一些指导建议；有时她们需要的只是陪伴和倾听。我们的学生非常优秀，但往往会给自己很大的压力，我非常乐意支持她们。”

贝蒂很喜欢现在的工作。为了将不断发展的新兴科技手段运用在工作中，她需要经常参加学校组织的培训，学习新的知识和技术，这让她跟上了时代的步伐。学校的职位都没有年龄限制，只要具备经验和符合条件，每个人都可以申请高一级或更理想的职位。而贝蒂感到目前的工作内容非常适合她，多元任务需要关注细节的能力，和各界打交道需要社交能力和幽默感，独立承担全过程的活动安排需要充分的组织能力，这份工作虽然忙碌，但内容丰富且充满活力，让她既快乐也有成就感。由于寒暑假期间学校也会安排课程，所以贝蒂往往不能休足假期，但是她的工作时间其实比较灵活，平时她可以根据个人需要偶尔在家工作，让她能兼顾照料老人和幼儿的需要，假期中她也可以通过远程网络解决问题，虽然工作很多，但她并不觉得负担太重。贝蒂欣赏韦尔斯利学院的教师和学生，老师们十分敬业和努力，学生也非常出色、勤奋，为她们提供服务和支持，贝蒂感到自己也被尊重和感激了。她和师生建立起了愉快的关系，许多学生毕业后经常问候她，毕业生们也通过网络渠道关注学校和系的发展。

让贝蒂感到最有挑战，也是她最喜欢的工作是安排师生共同参与系级活动。WGST 每年组织 2—3 次主修学生的午餐会（Majors' Lunch）、一次毕业班学生的晚餐会（Seniors' Dinner），毕业典礼的前一天，还会邀请前来观礼的家长参加系里的毕业生早餐会（Seniors' Breakfast）。在餐会中教师、学生和家长会在一起放松自在地交流，这不仅有助于加深各方的了解，对增进学生的融入、参与感和归属感，让家长感受到学校和系里的友好及重视，都有非常显著的作用，每次午餐会都能产生特别好的效果。条件具备的时候，WGST 还会组织毕业生旅行（Seniors' Trip），带领学生去往纽约的联合国总部参观、学习、交流。这些活动所有的前期准备、中期过程和后期收尾都由贝蒂一手安排，她可以聘请学生助管帮忙，但大量的工作还是需要她亲力亲为，行政人员和教师、学生的职责范围非常清晰。但是贝蒂完全不觉得辛苦，她感到在这些过程中，她学到了很多东西，也很有收获，她认为自己能在这个位置上任职是很幸运的事。

令我颇有感触的是，韦尔斯利学院的行政职位并没有年龄和学历的要求，岗位性质只有适合或不适合的差别。以贝蒂的年龄和资历，在国内的劳动力市场上恐怕已少有其符合标准的全职工作，但在韦尔斯利学院，年龄、经历反而是她从事现职的优势，她富有耐心、经验，擅长理解和关怀，乐于提供帮助，这些特点不仅为韦尔斯利温和、友善的学术环境建立起了保障，令师生可以更专注在学术工作本身，对贝蒂个人也有十分正面的意义。这体现在健康和富有活力的初老生活，甚至对国内近年来非常受关注的积极老龄化和老年人力资源开发议题都有很强的现实参考意义。当然最重要的是，行政人员的积极服务效应，无论对教师还是学生，都有着切实的支持意义。

## 第六节 一位学生家长

今天的女性，人生有着无穷的多样性和可能性。追随自己热爱的学业、事业，是这块人生底板的“锦”，如意郎君、生儿育女则是锦上添的“花”，女性能够两者兼得是好事，倘若不能也并非必须啊。

——韦尔斯利学院 2017 届最高拉丁荣誉学位毕业生王墨默的母亲“歪酷草梅”（网名）女士

2017 年 5 月 26 日，网名“歪酷草梅”的高女士在微博上分享了女儿王墨默以最高拉丁荣誉 Summa Cum Laude 获得韦尔斯利学院心理学（主修）/数学（辅修）双专业学士学位的毕业典礼照片。当时我已经确定会在秋季前往韦尔斯利学院访学，偶然得见大喜过望，还冒昧地跟“歪酷草梅”“索取”了希拉里 · 克林顿出席这届毕业典礼、发表典礼演讲的照片。在“歪酷草梅”的微博中，美食之道、动人胜景、艺术和教育话题交替出现，相得益彰，可以看出，她是位深谙生活情趣且不乏独到见地的女性。后来我在网上收集韦尔斯利学院相关资料时，才发现“歪酷草梅”早在 2015 年就在个人博客里写过“认识韦尔斯利”系列文章，从诸多过去国内读者并不了解的学业、生活多个角度介绍了韦尔斯利学院的现状。这些文章虽未在平面媒体出版，但内容新鲜贴切，被很多留学或美国大学信息平台网站转载。

如今国内的大学越来越重视学生家长，迎新活动中增加了家长会环节，毕业典礼也邀请家长观礼。确实,在高等教育培养过程中,家长扮演的可不仅仅是学费出资人的角色,家长及其所代表的原生家庭背景,对于可塑性和发展性处于人生最高峰值的大学生来说,其影响举足轻重。年轻人身上出现的问题,究其根源,往往难以回避和原生家庭的关系;而把一个可造之才送进理想学府,前期的培植和后期的支持则基本都是家庭养育、教育的成果。和西方很多知名学府一样,韦尔斯利学院官网首页也有着专门面向家长和家人的栏目,其中的内容则富含韦尔斯利特色:

> 欢迎来到韦尔斯利社区!韦尔斯利学院致力于为您的女儿提供她需要的所有资源,以便让她在这里成长和发展。我们鼓励您的女儿在求学过程中掌握主动权,承担管理自己的责任,与您和她的班级主管以及其他导师沟通,并在我们的支持下迎接挑战。我们的网站将为您概述一些您的女儿可以使用的资源、向您开放的校园活动以及您作为家长参与韦尔斯利生活的其他方式。
>
> 我们秉持这样的理念,是因为我们认识到父母和家庭在学生教育中的重要作用。正如未来的学生、在校学生和校友都与学院有独特的关系一样,家长也是如此,你们在学生于韦尔斯利社区的整个生命周期内都与学校有着内在联系。因此,韦尔斯利学院通过教导学生成为成功的、有能力的女性,让家长支持学生个人和学业成长;鼓励家长让孩子自由地在冒险中成长,发展判断力和适应力;为家长提供有关学校中的机会、服务和问题的重要信息;承诺及时与家长沟通并做出回应;欢迎家长通过事项和活动分享学校充满活力的智识和社交生活,促进家长与学校之间的持续联系。①

从面向家长的宣言到网站上所陈列的面向家长的活动、事项、学习资源、参与方式,甚至还有一个校方资助建立的家长领导力委员会机构,等等,可以看出,家长是韦尔斯利"大家庭"的一部分,学校既把家长当成合作者和服务对象,也注重面向家长的校园文化和教育理念传播。孩子在韦尔斯利受教育的几年,家长也受到影响和熏陶。

---

① Office of Parent & Family Programs[EB/OL].(2018-04-28)[2019-09-25].https://www.wellesley.edu/esp/family.

从和“歪酷草梅”交流的过程中，能明显感受到随着女儿在韦尔斯利学业的推进，“歪酷草梅”对韦尔斯利的了解和认同也在加深。可以想象，家长的看法会在家庭中继续传播给孩子，来自家庭的影响必然会反映出孩子以什么样的状态开展学业和对待挑战。因此，若要透视韦尔斯利培养女性人才的教育特色和教育效果，学生家长是一个不可忽视的角度。“歪酷草梅”和我，同为人母，有着共同的家长视角；同为女性，我们对于女子教育有着共同的探究兴趣；而各自有过的与韦尔斯利学院的交集，令我们很容易找到共同感兴趣的话题。因此，我们的交流就以妈妈味儿十足的(1)孩子在这里有什么变化？(2)家长认为韦尔斯利好在哪？(3)女儿在女校“难交男友”，妈妈怎么看？这三个问题展开。

## 一、孩子在韦尔斯利的变化和进步

在北京上高中的王墨默，赴美留学和申请进入韦尔斯利学院完全是她自己的主意，并非受到家庭的影响。和当下国内不少知名人物对韦尔斯利学院“痴迷”到早早替女儿立下志向不同，“歪酷草梅”是一位相信孩子和懂得放手的家长。不过，墨默的韦尔斯利之梦并非一帆风顺，她的高中申请结果是“waiting list”，虽然非常渴望，最终她还是没有等到正式录取的通知，当时墨默去了加拿大的英属哥伦比亚大学(UBC)读书。UBC是典型的大规模公立学校，和韦尔斯利的精致文理教育模式完全不同，来到这里的墨默向往韦尔斯利的信念更强烈了，而为了实现这个目标，她对自己大一期间的学业提出了极高的要求，她不仅要在人数众多的班级里考取高分，提升GPA，还需要通过突出和持续的表现获得教授的注意和赞赏，赢得真实有利的推荐信。要知道，公立学校的教授通常很少能关注到本科生。墨默在这一年里的“拼”劲儿甚至超过了高三的强度。“歪酷草梅”发现，就是从那时开始，女儿开启了“努力—回报”的正向反馈机制，付出固然艰辛，但收获成就的快乐也给予了孩子无穷的激励，让她形成了再接再厉的惯性。一年后，墨默如愿转学进入韦尔斯利，她努力的求学习惯已经形成，在新环境很快便如鱼得水。

虽然“歪酷草梅”非常谦虚，几乎不谈女儿从小有多么优秀，但从墨默进入韦尔斯利求学的过程中不难发现孩子自身所具备的良好品质和坚韧精神，就像富有活力的种子，是她展开一段优质高等教育的重要前提。当然，我们更感兴趣的话题在于，一所好大学是如何呵护、放大孩子天性中的正面力量，引导孩子更快地成熟和进步的。经过这样一番锤炼，“歪酷草梅”看到了女儿的独立特性和自学能力，“歪酷草梅”相信她无论在哪儿上学都会努力上进，学有所成。在女儿进入韦尔斯利之前，“歪酷草梅”对这所女校的认识也并不比大多数人更多，毕竟韦尔斯利一贯秉承低调精英的传统，在美国也算不上如雷贯耳、家喻户晓的知名学府，通常中国家长也只知道它是希拉里、奥尔布赖特和宋美龄、冰心的母校。反而是墨默在韦尔斯利的这些年，“歪酷草梅”才对这所学校越来越了解，也越来越欣赏和喜欢这所学校。

墨默来到韦尔斯利学院后，融入了文理教育体系。学院拥有的小班化的课程模式，和导师、任课老师建立紧密的联结，学校充分、丰富的培养资源都让她大开眼界、动力十足。高中时代墨默就对心理学感兴趣，在韦尔斯利，她本打算修读心理学和数学两个主修学位，而由于对心理学的热爱越来越强烈，三年的韦尔斯利求学时光里，她还在学校隔壁的附属幼儿园做了两年义工，这愈发坚定了她以儿童心理学为主业的决心。为了赢得荣誉学位，她主动增加了学习强度，在大四的最后一个学期，她还花费大量精力撰写了高质量的研究论文。最终墨默以最高拉丁荣誉获得心理学主修学位，同时也拿到了数学辅修学位。毕业后她又自己选择了去往全美顶尖的斯坦福大学心理实验室工作，并开始准备申请斯坦福的博士学位。韦尔斯利学院不仅帮助墨默发现了自己热爱的领域，并发展出追逐所爱的实践能力，也激发了她的内在动力，尤其是激发了她在面对挑战和压力时愈压愈韧、越困难越要迎难而上的劲头。比如，墨默在学校的心理实验室工作，曾有一次面临选择：是接手一个已经打好基础、成熟运转的实验室继续做管理者；还是投身建设一个新实验室的工作，从头开始，一切都要自己张罗安排，后者比前者会累得多。而墨默似乎毫不迟疑地就选择了一条更不容易的道路。

作为母亲，“歪酷草梅”了解女儿并非外显、张扬的性格，也很少把“雄心壮志”挂在嘴上，但在韦尔斯利学院的几年，墨默越来越有自己的主张和自我规划的能力。她爱引用一句话：“Work hard in silence, let your success be the noise.”(在寂静中奋斗，让成功为自己发声。)从某种意义上可以看出这是孩子对于学校所倡导并希望学生具备的“领导力”的理解：领导自己，为目标默默拼搏；赢得成功，就能影响更多的人。2016 年底，“歪酷草梅”写了这么一条微博：

“今天中午和大毛(墨默小名)同学视频,发现她简直就是我的正三观 girl,她聊到自己那么努力的动力,听得我特别感慨,我就让她把自己说的整理了一下:‘我们追逐权力,不仅是为了自己,为了家人、荣誉、利益……更多的是为了自己的价值观。一个人再正直善良,她如果只是泛泛之辈,那她所能影响和感染的人群也极为有限。世界上有那么多你看不惯的人和事儿——改变的方式不是嚷嚷,而是努力往上走。你看不惯公司里的性别和年龄歧视,那么请你努力做到高层,不要再让 30 岁左右的女人天天被领导逼问什么时候生孩子。你看不惯其他教授对学生的剥削利用,你只有努力做到比他们更厉害、更有发言权,才能为你想要保护的人群更有效地发声。世界上通往成功的道路有很多条,有光明大道,有旁门左道,也有歪门邪道。但有的路走的人多了,别人就会忘记还有其他路可以走。让自己做那个激励别人的引路人吧,噢——原来不走歪门邪道也可以成功啊!’”刹那间,“歪酷草梅”才意识到不知从何时起,女儿已经成熟懂事到可以成为母亲“学习”的对象。

令“歪酷草梅”特别有感触的地方正在于,韦尔斯利集全校之力,切实地贯彻了古今两句校训,“助人而非受助于人”反映在韦尔斯利对女性应该不依附于任何人的独立精神的塑造上;“培养有所成就的女性”则反映在韦尔斯利在教育中注重对学生社会责任感的培养上,令学生树立远大、高尚的人生理想和职业追求,为未来给社会增添积极贡献奠定了基础。而这两点,可以说是成就女性领导力的核心要素。

## 二、家长眼中韦尔斯利的优势

“歪酷草梅”承认,对大多数家庭来说,韦尔斯利学院的学费着实不菲,而今国际生也几乎难以获得资助,不能不说是一项十分可观的教育投资;然而相比起学校所提供的一切条件和资源,这笔投资的“性价比”其实相当不错,她列举了这样几项令家长满意的优势:

首先是学校的地理位置和学生的生活环境。2019 年,韦尔斯利学院的全额学费已经突破 7 万美元,而学校评估的生均培养成本其实高达 9.7 万美元,“歪酷草梅”认为实际成本也许不止这个数字,毕竟没有统计学校的用地成本。韦尔斯利学院地处波士顿城西郊的韦尔斯利小镇,该镇是著名的富人区,房价非常昂贵,基础设施优良,安全指数极高,而这是女生家长最看重的方面。校园风景优美如画,一年四季都有动人景致，学生从忙碌的学业中抬起头来，随时随地都会感到心旷神怡。外观古朴的建筑内，设施先进舒适，学校所需负担的地税和维养成本必然相当高昂。而学校长期以来坚持不扩招、不合并或被合并，始终维护最初的办学理念，无论是有形还是无形的财富累计，韦尔斯利学院都是十足的“土豪”。

学校的住宿条件也令家长非常放心，在校学生大一被安排进 2 人或 3 人间，大二就可以选择室友，大三和大四则可以享受独立房间。住宿区都在校内，和教学区、图书馆、健身娱乐设施融合在一起，给学生提供了最大的便利。学生可以下了课随时去健身房运动调整一下，在实验室工作到凌晨两点回宿舍也完全不用担忧会影响其他人。

其次，学校极其丰富的学习资源和对学生的珍爱也令家长感动。韦尔斯利学院有丰富、广博的课程体系，1,000 多门课程令学生拥有最充分的选择空间，小班化的结构则给予学生和教授最紧密的关联，本科生参与教授研究项目的机会比比皆是，教学模式兼顾宽度和深度，培养学生发展出开阔的视野和健全的人格。而在课堂之外，学校还有各种各样的资源需要学生主动发掘，譬如各个领域的实习、海外交流/学习、校际合作、义工、奖学金、RA(研究助理)、TA(助教)、名目繁多的资助等。毕业的时候，墨默发现自己算得上很擅于利用学校资源了，却还是有很多根本不知道的资源。而学生有任何的需求和疑问，都可以咨询校内各位老师或行政人员，她们一定会被认真地对待和帮助。

最后，在韦尔斯利求学还能结识一众优秀的同伴，“歪酷草梅”认为这对女儿的人生来说更是难以用学费来衡量的宝贵财富。通过女儿的朋友，“歪酷草梅”也和其他女孩的家庭建立了联系，家长们都有体会，韦尔斯利学院培养的女生有很强的同质性，除了共同的独立和能干外，随着年龄增长，她们的人生追求愈发明晰，意志力愈发坚定，能够不受外界影响地向目标努力，还各有各的闪光点。学校教会她们的“姐妹情谊”，让她们可以收获到受益终身的亲密友情。当然，韦尔斯利的女孩个性丰富，也有各种各样的类型，这对孩子培养理解和体察他人的情感能力也有重要的意义。毕业后墨默的同学都有各自的追求，或者去感兴趣的领域就业，或者申请热爱专业的博士项目，或者间隔几年去追寻发现自己内心真正所爱的事业。所谓女生在什么年龄应该做什么事的某些常规思维定式，对韦尔斯利女孩可没有影响。

## 三、女孩在女校“难交男友”，妈妈怎么看？

韦尔斯利学院的优点很多，但也有个特别实际的“缺点”——男友难交，女孩如果想谈恋爱，并不容易。我在校园里也听学生吐槽过，学校的地理位置稍显偏僻、清静，适合学习，也不热衷于举办校园派对鼓励女生交友，平时课业又非常忙碌，谈恋爱这项被认为是大学生活必选项的内容，对于韦尔斯利姑娘来说确实是个难题。学校和临近的巴布森学院(Babson College)、波士顿的 MIT 有校际合作，学生可以去选课；学校也会在周末开通往返哈佛校区的校车，方便学生出行，但毕竟不如混合院校男女生同在一个校园的交友机会多。除了少数女孩上大学前已经有男友，大多数姑娘不得不错过大学恋情这一课。尤其是在东方文化背景下，社会对女性的婚恋年龄有着苛刻的标准，“相亲角”“催婚”“剩女”等异化女性价值的畸形现象在国内即使是大城市也十分常见。这不禁令我好奇，大学时代缺乏恋爱机会，会不会令家长有所担心呢？

对此，“歪酷草梅”的观点不禁令人肃然起敬。她坦率地承认，对于女儿失去一些在大学中谈恋爱的机会，她不是没有小遗憾的，但是她更赞同女儿首先是一个人格完整的成年人，她有自己的兴趣、梦想和事业，在她丰富的人生图景中，恋爱早晚、何时婚育，即使晚婚晚育，甚至不婚不育，做家长的都没有什么不能接受的。她的人生由她自己把握，而眼看着她一点点成熟能干起来，“歪酷草梅”相信女儿一定能把握好自己的生活。“今天，女性的人生有着无穷的多样性和可能性，追随自己热爱的学业、事业，是这块人生底板的‘锦’，如意郎君、生儿育女则是锦上添的‘花’，女性能够两者兼得是好事，倘若不能也不是必须的嘛。”不过“歪酷草梅”了解墨默对孩子的喜爱和从事儿童心理工作的天赋，她相信若有机会，女儿不会放弃做母亲。

相形之下，令“歪酷草梅”甚为感慨的是女校生活赋予女儿和家长的性别敏感意识与性别平等主张。或许在两性混合的大学学习也有女校所不具备的优势，但恐怕只有在女校里，学生才能身处一个完全没有性别偏见和刻板印象的环境，无论在女生的学业上还是能力上，她们都不会受到任何带有性别色彩的压迫。也正因此，韦尔斯利学院的学生对性别歧视以及其他与之类似的社会不公现象有着更强烈的反感和追求公平的社会责任感。毫无疑问，那样一种把女性的年龄及其背后的生育价值无限放大的陈旧婚嫁观念，不仅墨默不可能接受，“歪酷草梅”也发自内心地反对。“知乎”网站上有一段网友描写在韦尔斯利学院读书体会的文字，引得“歪酷草梅”拍案叫绝、深以为然：“(1)力能扛鼎，心系苍生。上马驰骋杀敌，下地撒泼打滚。一身屠龙之技，满口锦绣文章。(2)挣钱的动力，是给母校捐款。读博的初衷，是将来回校当教授。结婚的目的，是将来生个女孩给她起名叫 Wendy。(3)见了资深“直男癌”患者，无论如何根深蒂固，必要倒拔垂杨柳；见了歧视弱者的人，无论如何势单力孤，必要旌旗十万斩阎罗；见了装神弄鬼的幺蛾子，无论如何身形百变，必要揪出那狐狸尾巴扯下来当围脖。”

在女儿的毕业典礼上，“歪酷草梅”见到了一个家族中的几代人都毕业于韦尔斯利学院的学女，她们同来参加晚辈的毕业式，这也让“歪酷草梅”亲身体会到校友们对学校深厚的感情和极大的认同。墨默在韦尔斯利学院的求学之路已顺利画上句号，校园外的“韦尔斯利大家庭”和“韦尔斯利校友会”则会帮助她和母校始终紧密地联系在一起，像另一位母亲一样关注她、鼓励她、爱护她，以她为傲。

## 第七节 一位校友

> 大学本科教育阶段是帮助一个人形成自己的人生观、世界观的关键时期，该阶段决定了个人对世界的认识。韦尔斯利教导学生成为“为世界做一份贡献”[①]的女性，我的理解就是人应该努力让我们生活的世界变得更好，这也是我的人生和职业道路的宗旨。
>
> ——韦尔斯利学院 2000 届校友、
> 中国人民大学国际学院金融学教授王鹤菲

初次听说韦尔斯利学院在中国国内的校友王鹤菲教授时，她刚刚获颁第八届苏州“金鸡湖双百人才国际科教领军人才”称号。这位 2000 年从韦尔斯利学院毕业的校友同时还是北京大学的校友。1996 年，鹤菲教授从北大附中升入北京大学计算机系，并开始本科学业。一年后，赢得全额奖学金的她又转学到了韦尔斯利学院，在三

---

① 此为王鹤菲教授对韦尔斯利的校训中的育人目标“make a difference in the world”的解读。

年的求学时光中,凭借惊人的毅力和效率,她以最高拉丁荣誉学位毕业,获得数学和计算机的双专业学位,之后又先后在斯坦福大学获得统计学硕士和金融学博士学位。进入职场后,鹤菲曾在美国伊利诺伊大学芝加哥分校商学院任教,也有过在美联储和中投公司等实业领域的工作经历,2013 年她回到中国人民大学汉青经济与金融高等研究院任职金融学副教授,2017 年又来到人大苏州校区的国际学院担任教授。2018 年 3 月,在首届中国(横琴)国际高校量化金融大赛决赛上,鹤菲指导的 Delta Force 参赛队在 15 支队伍中闯入全国前四名,最终取得全国二等奖;她指导的另一支队伍 Hogwarts 获得分赛区一等奖,鹤菲教授本人也荣获大赛“优秀指导教师奖”。

从未名湖到慰冰湖的求学之旅,而今常常在鹤菲给大学生做讲座时被提起。工作后她又曾毗邻芝加哥的密歇根湖,如今,她作为苏州金鸡湖的“领军人才”,生活在美丽的人大苏州校区独墅湖畔。一路走来,她似乎与“湖”结下了不解之缘。而多年来在大学中的求学和执教经历,也赋予了她对高等教育和人才培养的独到看法。汉青研究院的学生在采访鹤菲教授时这样写道:“就本科教育而言,国内大多数学校很专,而较少有培养通才、通识的意识。王老师当时所在的北大计算机系,绝大多数课就以计算机课为主。而美国一直都施行通才教育,专业课学到的东西相对较少,但是人文、社科、艺术等方面所接触到的范围就比较广。通才课的开课深度要求与本专业学生是一样的。美国学生在本科阶段学到的这些东西更多是对一个人综合素质的培养,然后到研究生阶段学生再去发展专长。当时在北大,老师留的作业和老师所讲的内容相关度很高。而在国外,老师留的作业更多是有启发性的,很多东西都需要自己去研究,去读,去认真地思考。最近这些年,随着国内教育的发展,这些方面也在逐步改进。”

本科毕业申请攻读博士学位的时候,她也曾对未来要研修的方向感到困惑,于是她分别申请了计算机、统计和金融三个方向。申请计算机博士时,她所申请的 MIT、斯坦福、康奈尔、伯克利、卡内基梅隆五所名校都给了 offer,统计方向获得了包括哈佛、沃顿等学校的 offer,然而王老师最后还是选择了金融。一方面,她觉得自己接触计算机时间太长了,想换一个方向。另一方面,她申请博士期间,正值 2000 年美国互联网泡沫正盛,很多人转行念计算机,于是王老师便打算转到一个当时还较少人选择的方向。即使在当时的美国,用量化的方法来做金融研究和社会研究也是比较新兴的想法和理念。而在读博士之前，王老师就对社会学科的问题有一定兴趣。后来她知道，可以用一些比较高深的数学建模来研究社会学问题，于是她就选择了这条道路。她顺便举了个例子，比如信息传递问题。两个人之间的交流所传递的信息量可以用数学建模博弈论的方法来解出一些理论上的结果。王老师把她的选择归结为“林子里有两条路，而我选择了行人稀少的那一条”。她笑着说：“当时要是申请金融博士没被录取，我现在可能就在谷歌做人工智能了。”①

如果说这段经历再次验证了韦尔斯利女孩乐于主动迎向挑战、每每知难而上的特质，那么回顾这一路走来的历程，无论是在北大、韦尔斯利、MIT 或斯坦福的课堂上过的课，还是从教后获得“优秀教师奖”或指导学生卓有佳绩，无论是站在受教育者还是教育者的立场，也无论是从理性或感性的角度，鹤菲都一再地、由衷地认同韦尔斯利学院的本科教育质量是最好的。这不仅是因为韦尔斯利作为历史悠久的文理学院，对通识教育理念有着比综合性大学更深厚的积淀和丰富的经验，通过开设 1,000 多门课程和与邻近学院及波士顿的 MIT 合作跨校选课，令 2,000 多名在校学生沉浸在广博、深邃的知识海洋之中。更重要的是，韦尔斯利的小班化和低师生比教学模式，使学生得到老师的关注、与老师深入交流的机会远远多于综合性大学。在这样的条件和氛围下，师生间的连接往往会超越教学内容而上升到思想层面与心灵层面的互动，这份亲密关系对学生从学业到人格的培育都有许多积极的影响。鹤菲在北大上课时，班级规模就有 160 人之多，MIT 的低年级本科生课程的学生规模甚至达到 200 多人，一学期下来老师基本不认识学生，同学之间也难以熟悉。她说，如果申请博士，请 MIT 上这门课的授课教授写推荐信，除了成绩，教授对学生的个性、特点全无了解，也无法给出针对个人特质的评价。工作后鹤菲在职场遇到过同行，聊起来发现两人曾经上过 MIT 同一个时段的同一门课程，但她们互相还是跟陌生人一样，完全没有印象。后来在大三时鹤菲上过 MIT 的研究生课程，班级规模小了很多，与老师、同学的交流和互相了解就有了明显改善，也正是这门研究生的授课老师有力度的推荐信为鹤菲的博士申请增色不少。不过在韦尔斯利学院，每一门课程都是通常意义的小班教学，学校的资源配备和教师在教学上的付出都大大超出其他高校。而今，

---

① 张晗，王鹤菲．谁把雨露撒大地，桃李开出尽是春[EB/OL]．(2016-04-19)[2019-07-11]．http://www.hanqing.ruc.edu.cn/displaynews.php? id=1653.

已有丰富执教经验的鹤菲体会到，绝大多数国内外大学，对教师的评价、考核主要看科研成果，而对面向学生的教学工作，尤其是本科生教学工作的界定则更像一种“义务”。对待义务，个体的差别就非常大了。然而如果在韦尔斯利学院任教的教师，如果教学能力不能得到学生和学校认可，那么他/她就很难站稳讲台了。而且，韦尔斯利的学生有大量机会参与教师的研究工作，成为研究助理，在本科阶段就接触前沿的科研领域，这在有着众多研究生可供教师选择的综合型、研究型大学里是不可想象的，这一优势也表现在像鹤菲这样的韦尔斯利学生毕业后有能力申请到著名大学的博士项目，可见其教育成效。

随着人生阅历的增加，鹤菲教授认为，韦尔斯利学院留给自己更可贵的财富，其实是前所未有的自信心。在她看来，本科教育阶段在人成长的一生中扮演着无可替代的角色，它帮助一个人形成自己的人生观、价值观。第一次离开家庭，独立面对生活、学业中大大小小的事务和安排，时刻需要学生本人做出选择和付诸行动，许多影响一生的重要决策往往是在这个时期形成的。大学时代不仅决定了未来的职业发展领域，对个体性格和思维的影响也会形成系统化。韦尔斯利学院一贯地、自然地鼓励女生们建立内在信心和动力，勇于追求梦想；学院希望学生对社会有所作为的文化和氛围，渗透在学校运转和师生关系的方方面面。任何时候学生都不会遭遇基于性别或其他原因的偏见，而这是鹤菲在就读韦尔斯利学院之前和之后的生活环境中都难以体会的。

其实在进入北大计算机系之前，鹤菲已经有过多年计算机编程领域的学习和训练经验，小学时她就斩获了北京市计算机编程比赛一等奖，初三时还被选入北京代表队参加全国比赛。她很清楚地记得，那年全国信息学(计算机)竞赛，要求每个省的参赛代表队中必须有一位女生参加。代表队通常在高中选拔参赛对象，基本都是高二、高三学生才可能被选到省队去参加全国赛事。虽然鹤菲当时还是名初三的学生，但她在当年的全国竞赛中获得了北京队的最好成绩，而且她还因为在全国竞赛中的优异表现被提前选入国家集训队。然而事后回想，如果不是由于当年国家有参赛队员中必须有一位女生的硬性要求，她恐怕不会得到这个入选机会。因为在计算机编程方面，绝大多数参赛的选手都是男同学，太多场合中只有她一个女生，这种无形的压力和氛围都在暗示，女生不适合这个领域，她们做不好编程。高三那年，鹤菲再夺北京市一等奖，成为获得北京市计算机竞赛高中组一等奖和“四通之星”称号的第一位女同学。当时的《北京青年报》采访了她，同时刊登在报上的还有对北京市领队的采访，这位老师用“计算机编程本来就是个不适合女性思维的专业，鹤菲同学克服了重重困难，才能够参加竞赛并获得优异的成绩”来表达对她的褒奖，却让鹤菲读出在领队看来自然而然的、针对女生的偏见。中国女孩从小到大听到过的“女孩没有后劲”“小时候学习好以后就不如男生”，或是“理工科不适合女生”“女孩应该去学那些适合她们的专业，从事适合她们的职业”等负面暗示，多得不计其数。即使考入北大计算机系，全年级 160 个人，女生的比例也仅为 20%；周遭世界中仍然弥漫着这样的潜意识：这是男性应该从事的行业，而不是女性应该从事的行业。后来鹤菲把这段心路历程写进了申请韦尔斯利学院的个人介绍中，或许这也恰好符合学校的招生目标。韦尔斯利纯粹、友好的环境让本来就敢想敢闯的鹤菲强化了勇敢和自信的特质。在这里，每个女生都能得到充分的关注、强有力的支持和无穷的激励，这在鹤菲看来，也是韦尔斯利能够培养出那么多成功校友的必然原因。临近毕业时，学校仍旧会提供各种类型的奖学金，支持学生追求梦想。“当时有个让我印象很深刻的同学，她说她毕业后的梦想不是去工作或深造，而是周游世界。她就写了份申请，说明她想要周游世界的理由，学校就出资负担了她一年的生活费用和旅游成本。”即使学生们毕业以后参加学术会议，韦尔斯利学院的教授也会特意发来邮件提醒，如果学术会议与在学校时做过的研究成果有关，学校可以提供经费支持，哪怕你就在家附近参加会议不需要住酒店，学校也可以承担注册费以及其他费用。

完成博士学业进入职场后，由于鹤菲所在的计算机、量化金融或金融理论领域都是女性低代表性行业，她在美国感知到的性别歧视并不少于中国。比如在这一领域学术界发表文章，有一条重要的经验就是，尽量不要让编辑和审稿人从你的名字里看出你是女性。在学术会议上宣讲论文，也能明显感知到听众对女性学者有更多的质疑或者不信任，这种质疑看似是在评价论文的理论或方法，但如果演讲者是男性就较少会遭到这方面的质疑。相形之下，韦尔斯利学院对学生持续、长久的关照与支持显得尤为可贵。通常美国的私立大学都非常关注校友的情况，而在韦尔斯利学院，小规模和女性化的特点令学校与校友之间、校友与校友之间的联结有着大学校难以企及的紧密性。鹤菲大学期间的一位好朋友在毕业十多年后考虑职业转型时，仍然可以得到母校的帮助。某种意义上，韦尔斯利学院爱护它的学生，就像关爱自家的女儿一样，会给予她终身的支持。

回国后鹤菲曾接受国内校友会的邀请，参加了"'七姐妹'在中国——21世纪女性领导力与自我发展论坛"这样的社会活动，为女性发展议题贡献智力支持；在教学科研岗位上她也经常鼓励女同学争取机会、追求梦想。用她所熟悉的金融学术语来说，女性人才是"被低估的资产"。她以亲身的实践和努力发扬了韦尔斯利女性"为世界做一份贡献"的追求，也在众多校友的感召和激励下，在自己所热爱的事业道路上不懈探索。

## 第八节　一个学生社团

> 通过营造有利于对话和行动的环境，我们希望提升这一年中社会对女性的尊重和理解，并表明虽然我们是"将在这个世界上有所作为的女性"，但作为女生团体，我们正在有所作为，就是现在！
>
> ——校园社团"学生政府"的使命宣言

在韦尔斯利学院的学生中流传着这样一句话："不参与，你什么都不是。"(Wellesley students are nothing if not involved.)这里的参与，指的就是除了所谓的第一课堂、主修专业之外，学生应加入校园内丰富多彩的学生项目和社团活动。在韦尔斯利学院，各种计入或不计入学分的校友社团(club)多达100多个，每个人感兴趣的每一种活动，都能在这里找到组织。韦尔斯利学院的传统是，每年的第一个学期，高年级的学生都会扮演起"姐姐"的角色，带领"妹妹"融入校园生活。随着时间流逝，"妹妹"们有了更小的"妹妹"，学生们像家庭般联系在一起，构成一个亲密又自然的支持和建议体系。韦尔斯利学院的校园社团不只有丰富学生业余生活的功能，从它的结构、性质、主题和运作方式上都可以看出，校园社团对于激发学生的事业感和使命感、开拓社交能力、锻炼合作沟通和解决问题的能力、提升领导潜能都有十分显著的意义。每个社团都有自己的章程规则，团队成员会相互约束遵从，建立一种集体信任感和荣誉感；学生也会在与社团成员、指导教师、竞赛对手的协商沟通中建立起广泛的人际网络，发展沟通交往能力。

根据已有的统计数据，仅 2015 年春季学期，韦尔斯利就有不同类型的学生社团共计 135 个，如表 5-1 所示：①

**表 5-1 韦尔斯利部分学生社团**

| 社团类型 | 数量(个) | 社团名称(部分，未全部例举) |
|---|---|---|
| 运动 | 9 | 交际舞、冰上曲棍球、户外生存俱乐部、水上芭蕾 |
| 文化 | 18 | 加勒比海妇女研究协会、亚洲学生联盟、中国学生联盟 |
| 媒体 | 8 | 韦尔斯利电视台、韦尔斯利广播、韦尔斯利新闻 |
| 无伴奏和有声合唱团 | 5 | 蓝色笔记合唱团、紫树合唱团、弦乐队合唱团 |
| 乐器社团 | 6 | 布兰迪乐团、蓝调爵士乐团、室内演奏乐团 |
| 表演、电影和喜剧 | 3 | 正剧表演社团、电影协会社团、舞台剧社团 |
| 舞蹈 | 8 | 芭蕾舞社团、交际舞社团、踢踏舞社团、自由舞社团 |
| 学会 | 8 | 城市广场社团、西格玛社会组织、莎士比亚社团 |
| 学生经营机构 | 4 | 咖啡馆、电梯超市、疯狂的小象、一勺店 |
| 俱乐部 | 27 | 摇滚俱乐部、古典俱乐部、国际关系协会 |
| 宗教组织 | 10 | 黎明觉醒组织、纽曼天主教、亚洲学生浸信会 |
| 政治和意识团体 | 16 | 韦尔斯利公共健康协会、韦尔斯利蓝色抗癌协会 |
| 志愿者组织 | 4 | 校园女孩组织、中国城组织、关注人类栖息地组织 |
| 学生政府、委员会、董事会 | 9 | 学生政府、学生政府领导协会、学生交流协会、社区网络行动协会、政治和立法协会 |

资料来源：韦尔斯利官网。

在上述这么多的社团中，本文选取了一个极其富有特色，尤其对学生领导力的开发有非同寻常意义的组织加以详细介绍，那就是“学生政府”(student government)社团。

## 一、历史最悠久的学生社团

作为一个学生组织，韦尔斯利学生政府仅比韦尔斯利学院小一岁，它成立于

① 齐赛男. 美国韦尔斯利女子大学领导力教育研究[D]. 长春：东北师范大学，2015.

1886 年 2 月 18 日，最初是作为审查学术违规的组织而出现的。1887 年，韦尔斯利学院的教师和学生开始初步讨论建立一个正式的学生政府，接着于 1901 年成立了学生政府协会（Student Government Association），该协会得到了教职人员的全力支持。学生政府最初的格局仿效了国家政府的架构，赋予学生参议院行政权和司法权。原参议院的权力包括对所有学生在学术活动之外的生活事项、与学生的健康和安全有关的事务以及维护校园建筑等事务的管辖权，包括允许课业请假、外出旅行、周日可以开展的娱乐活动、陪伴者或男性客人的问题，以及确定学生和韦尔斯利镇之间的关系等。

1917 年，学生政府协会进行了改革，从直接代表的机制改为代表制系统。当时的学生职位包括村长和学院大厅的厅长，这些职位今天都不复存在了。此后不久的 1922 年，学生建立了一个有着首席大法官的独立司法部门。那之后，学生政府协会逐渐扩大学生的自由空间，解决了包括那些在 20 世纪二三十年代受到学生呼吁的关于陪伴、晚归的许可、允许吸烟的地区以及校外住宿等问题。这个系统运作良好，直到 20 世纪 60 年代学生开始对它有限的决策范围感到不满。最终结果是，教师和学生政府协会之间最初的协议被废除，取而代之的是一份更广泛的声明，它允许学生自行控制校园生活中除了学术之外的所有事项，同时还取消了教职人员在参议院的投票权，他（她）们只能发表自己的意见。

直到今天，回顾、梳理和承认这段历史，也是韦尔斯利学生政府的一部分工作。在这个社团的学生成员看来，了解学生争取自治权力的过程，不仅有利于学生理解韦尔斯利的传统，也可以帮助今天的学生政府更好地领会 CG[①] 当前的角色。[②]

## 二、"权力最大"的学生社团

今天，韦尔斯利学生政府在其章程中这样解释自身的存在价值："然而，我们韦尔斯利学院的学生，希望独立而又共同地为韦尔斯利学生在大学生活中的行为承担责任，因此我们将自己组织为一个社团，以促进一个活跃的、参与的和包容的社区，努力在行政、教师、工作人员和董事会之间表达学生的声音，促进和执行韦尔斯利学院的

---

① College Government 的简称。

② BALLENGER G.Student government：then and now[N].The Wellesley News，2015-04-08.

荣誉准则，通过对学生组织、计划和活动的认定及资助，培养学生团体，并解决学生生活各个方面的敏感性、多样性、文化理解及意识问题。我们的工作是在校园里成为学生和所有这些机构之间的联络人，而您在参议院的参与和出席是我们实现这一目标的最佳途径。”

学生政府的规模和权力都堪称全校之最。在学生看来，学生政府的真正迷人之处在于其脱离于行政体系的自治程度和学院本身的自主程度。与其他被简单标记为“学生自主”的社团不同，学生政府作为一个独立实体，负责为 160 多个学生组织提供资金、举办全校活动，促进和执行荣誉准则、多元文化主义和无党派对话以及参加每周参议院会议，讨论、辩论并投票表决对学生团体和大学非常重要的相关问题。

每年经过全校学生选举产生的 9 位成员将组成学生政府的领导核心——内阁，她们通过与学生组织、行政部门人员的合作，主持参议院委员会和举办全年的活动，负责管理并实施学生政府的各项职能和责任。除了充当学生团体和行政机构之间的联络人员之外，内阁还鼓励学生积极主动地制定和实施有关兴趣和相关问题的活动计划。“通过促进有利于对话和行动的环境，我们希望推动外界对我们在这一年中举办活动的尊重和理解，并表明虽然我们是‘将在世界上有所作为的女性’，但我们是一个女子学生团体，我们正在有所作为，就是现在！”①

2015 年 10 月，经学生政府认可，“性健康教育者”“艺术社团”和“韦尔斯利计算机科学社团”成为已有着庞大规模的学生社团体系中的新成员。为了组建并得到学院政府的正式认可，这些社团必须满足一些要求，并制定一个经由学生组织和任命委员会认可的章程，才可以提出申请。学生政府下设的学生组织和任命委员会对申请进行评审，确认每个社团都专注于教育、支持和探索特定领域。在制定章程的程序之前，该社团须已有 10 至 15 名活跃成员，不包括执行董事会，并且已经明确了校园中所有其他资助和代表选项。学生组织和任命委员会需要看到社团是否能够想办法在学生政府之外获得资助并证明组织者们的认真程度。该社团还必须在校园内作为至少一个学期的替代组织存在。评审过程以 1—5 分的等级评分，只有得到 4 分及以上的平均值，该流程才能继续推进。候选社团需要发布一个简短的说明，解释社团建立

① Facebook[EB/OL].(2018-03-16)[2019-07-08]. https://www.facebook.com/Wellesley.College.Government.

的原因，并再次接受评估，直到通过全部的书面和面试申请，这个新社团才能被给予两个学期的试用期。一经组建，它们将获得一定的特权，包括获得学生组织资助委员会的资助。“重要的是我们要看到她们很活跃，并且学生对该组织感兴趣。我们也希望这个复杂严格的程序可以鼓励那些希望在校园内创办组织的学生真正思考和发展她们的组织，并花费至少一个学期去尝试和成长，”时任学生政府副主席兼学生组织和任命委员会主任的陈蓝尼同学这样解释道。①

## 三、推崇民主精神和荣誉准则的领袖型社团

学生政府是一个深具“领导力内涵”的自治组织，学生在这里自主、民主并富有热情和责任感地参与校园生活。对此，以下两个特点很好地反映了校园社团组织对学生领导力生成和发展的价值。

第一是对民主精神的推崇和贯彻。学生政府的架构过程也是对学生的民主化参与实践在校园中的训练过程，校园选举周期基本和马萨诸塞州的州选举同期进行，在这一周的时间里，学生们会见到丰富的内阁候选人竞选活动，听她们辩论重要的大学问题，遵循民主选举学生领导者的学院传统。经选举产生的学生政府内阁分别是：学院政府主席、副主席、学生财务主管（监管学生项目预算）、多元文化事务协调员（领导社区行动网络以促进多元文化发展）、首席大法官（监管荣誉准则）、众议院院长委员会（学生政府联络事务）、校园事务主任（领导董事委员会）、政治和立法行动委员会主任（监管学校的非党派行动组织）、沟通和财政主任（宣传筹款工作）这九个席位。同时学生政府还会对旨在改善校园生活的提案进行投票表决，票数最高的提案将获得学校 1.1 万美元的资助。

现任 CG 主席乔伊 · 达斯这样强调辩论对于选举的重要性，“辩论是 CG 候选人向学生展示她们的平台和观点的主要方式，也是学生了解候选人的最好方式”。大学政府对大学的生活做出了广泛的决定，每个学生都有权利通过她的投票来塑造政府。“大学政府的决定包括了负责学生主体的自主权，监督荣誉准则，学生组织和学生活动基金，以及其他许多机构。”“在整个学年里，内阁试图证明，学生不仅仅是我们离

---

① BADER E.College government constitutes three new organization[N].The Wellesley New,2015-10-07.

开后的教育产品,还是我们在这里的时候学校的一项资产。”有了这样的责任意识,每个人都应该去参加辩论,决定她们是否可以信任这些候选人来为学生服务。此外,辩论也是学生提出她们认为对整个社区都有重要意义的问题的好方法。学生政府内阁成员是学生和学校之间的主要联络人,所以如果学生想要行政系统和老师们知道她们在想什么,她们就必须参与辩论。①

第二点值得一书的就是在韦尔斯利学院有着悠久历史、复杂程序和深远影响的“荣誉准则”(Honor Code)制度,它高踞于学校要求学生所具备的自由、权利、责任意识核心,既有着鲜明的韦尔斯利印记,也为学校塑造人格完整、品质高尚、坚守诚信的人才奠定了制度性基础。

每年新生一入学,韦尔斯利“荣誉准则”就是她们最先接触到的大学文化。不论是在韦尔斯利的官网上,还是宿舍楼、洗衣房等场所,到处都可以看到这样一段话:“As a Wellesley College student, I will act with honesty, integrity, and respect, in making this commitment, I am accountable to the community and dedicate myself to a life honor.”翻译过来就是:“作为一名韦尔斯利学生,我在此承诺,我将行之以诚实、正直和尊重,这是我对校区的义务和所投身于的终生荣誉。”这就是荣誉准则的要领:诚实是终生的荣耀。荣誉准则也的确体现在韦尔斯利校园学习与生活的方方面面。考试可以由学生自己带回宿舍或家中完成,期末考试可以自己和教授商量安排时间,即使大家时间不一致,也没有人去互相打听考试内容。考试没有监考老师。生活中也是,学生把自己的笔记本电脑等放在图书馆或者餐厅等地方,一天不在都没有人拿走。就连学生之间的在线交易,交易达成以后也是卖方把要卖的东西就放在买方的宿舍门口,买方有空时再把钱塞到卖方宿舍门缝里就行了。大家仿佛生活在世外桃源一般,有着超越现实世界的信任。学生们甚至把这种现象戏谑为韦尔斯利泡沫(Wellesley Bubble)。②

校方强调,“韦尔斯利大学荣誉准则是我们作为文理学院的使命的核心。这是一个以社区为基础的相互信任和尊重的制度。荣誉是韦尔斯利学院的教学、学习和社

① Leadership in action: Wellesley enters campus election week[EB/OL].(2014-03-31)[2019-08-11].https://www.wellesley.edu/news/2014/03/node/43087.

② 歪酷草梅.认识韦尔斯利[EB/OL].(2015-06-18)[2019-07-13].http://blog.sina.com.cn/s/blog-5db37ood0102vvao.html.

区生活的基础,所有学生都有责任保有这个基础”。荣誉准则批准学生拥有这些特权:学生可以自行安排考试时间及地点;学生可以在宿舍内招待客人;学生可以获得所有流通的图书馆资料;学生可以不受限制地使用所有大学资源。而学生政府这个学生社团就是确保荣誉准则不辱使命的机制保障,学生政府下设“荣誉准则委员会”,由内阁成员中的首席大法官担任委员会主任,负责处理所有关于荣誉准则的学生、教师和行政方面的有关事宜,以及荣誉准则作用在校园内的拓展。“我们致力于为所有人建立一个高效和公平的系统,以解决潜在的违规问题,同时保持所有相关方的完整性和机密性。我们还努力与校园内的组织和学生接触,以提高对我们的工作、韦尔斯利的荣誉守则意味着什么以及如何参与的认识。”①

韦尔斯利学院荣誉准则委员会是一个联合了学生—行政人员—教师的委员会,负责与荣誉准则体系相关的政策制定和程序执行。尽管所有学生都承诺遵守荣誉准则,但荣誉准则委员会为解决所有遭到指控的违规行为提供了一个公平而有效的机制。委员会由首席大法官、行政协调员、12 名学生成员、9 名教职人员、学生主管及其指定人员组成,一整套机制需要得到学生政府、学生主管办公室、教务长和校长的授权。此外,学院还设有性侵犯听证委员会。

举例来说,荣誉准则制度中设有一项“教师—学生决议过程”,用于解决涉及抄袭(剽窃)指控的现象:教师可提交一份表格,描述违规行为和拟议制裁;如果学生不认可违反“荣誉守则”的情况发生,委员会就会对案件进行全面审理;为了使该项指控通过“教师—学生决议过程”,教师和学生必须就拟议的制裁达成一致;在这个过程中,教师或学生都有权利在任何时刻决定案件是否需要进行全面听证并举行相应的听证会。②韦尔斯利学院社区的每个成员,无论是学生、教师还是行政人员,都有责任维护荣誉守则。如果个人有任何问题,都可以联系首席大法官、荣誉准则行政协调员、荣誉准则委员会成员或学生主管。

---

① The honor code[EB/OL].(2018-03-19)[2019-08-01].https://www.wellesley.edu/studentlife/aboutus/honor.

② Faculty student resolution process[EB/OL].(2018-03-19)[2019-08-03].https://www.wellesley.edu/studentlife/aboutus/honor/fsrp.

## 第九节 一位领导学专家及女权主义者的前任校长

无论女性还是男性都应该学习领导力。女性往往对能够有所作为、做出改变、产生影响力的职位更有兴趣,而不仅是高调行事。她们在深入地从事领导工作,只是没有去承担那些显而易见的、过时的、传统的领导角色。

——韦尔斯利学院第十一任校长、政治理论家、领导学家、女权主义者
南纳尔·O. 基欧汉

自1875年建校至今,韦尔斯利学院先后有14位领导力功绩卓越的女校长,她们有着各自擅长的学术领域和不同的个性特点,也有着共同的对女性高等教育的信仰和奉献精神。本节将选择其中一位尤为切合本书主题的校长加以详细介绍和解读。而在此之前,笔者先对这14位校长作一番简单"陈列":

第一位,阿达·霍华德(Ada Howard),1875—1881年在任,文学批评、修辞学和道德哲学教授;

第二位,艾丽丝·弗里曼(Alice Freeman),1881—1887年在任,历史学教授;

第三位,海伦·莎佛(Helen Shafer),1887—1894年在任,数学教授;

第四位,茱莉雅·阿尔温(Julia Irvine),1894—1899年在任,希腊语教授;

第五位,卡罗琳·阿扎尔(Caroline Hazard),1899—1910年在任;

第六位,艾伦·费茨·潘德尔顿(Ellen Fitz Pendleton),1911—1936年在任,第一位校友校长,数学教授;

第七位,米尔德丽德·麦克菲·霍顿(Mildred McAfee Horton),1936—1949年在任,经济学、社会学专家;

第八位,玛格丽特·克莱帕(Margaret Clapp),1949—1966年在任,第二位校友校长,历史学教授;

第九位,鲁斯·亚当斯(Ruth Adams),1966—1972年在任,维多利亚文学专家;

第十位,芭芭拉·W. 纽厄尔(Barbara W. Newell),1972—1980年在任,经济学家;

第十一位，南纳尔·O. 基欧汉(Nannerl O. Keohane)，1981—1993年在任，第三位校友校长，政治理论家、领导学专家；

第十二位，黛安娜·查普曼·沃什(Diana Chapman Walsh)，1993—2007年在任，第四位校友校长，公共卫生教授和公共政策专家；

第十三位，H. 金·博顿利(H. Kim Bottomly)，2007—2016年在任，韦尔斯利学院历史上第一位科学家校长，美国国家艺术与科学学院院士；

第十四位，宝拉·A. 约翰逊(Paula A. Johnson)，2016年至今在任，医学教授，心脏病专家，公共健康和卫生政策专家。

韦尔斯利学院的建校使命就是鼓励女性接受高等教育后走上职业化、专业化的道路，不依赖他人生活，并通过服务他人为社会贡献才智。为了让求学的女生们受到榜样和前辈的引领，韦尔斯利学院不仅注重每一个系科内教职人员的性别平衡，还尤为强调学院的最高领导者——校长，必须由女性担任。曾经在1899年，学院在寻求一位新校长时，候选名单上第一次出现了一位男性的名字，但随即就被否决了。学院创始人亨利·杜兰特的遗孀——宝琳· 杜兰特夫人提出："如果我们现在接受了一位男性来做校长，那么很可能未来就再也不会有女性获得这个职位了。"执着坚守女子教育的韦尔斯利学院在建校的第36年就迎来了第一位校友校长，迄今已有四位曾受惠于母校的杰出女性回来执掌母校，她们身体力行地表现了韦尔斯利学院对学生的培养是如何回馈母校的发展的。随着时代变迁和社会发展，校长过往的经历、职业道路和专业领域都呈现出与时俱进的变化，这既证明了韦尔斯利学院董事会遴选校长的敏锐眼光，也使得韦尔斯利学院从近年来女子学院险峻的生存环境和经济危机对高等教育的打击下逆流向上，足以反映出这些女性掌舵人的领导成就。本节所要聚焦的一位近期校长，不仅是韦尔斯利校友，也是这14位校长中唯一一位在领导学学科领域卓有成就的专家。她本人的职业道路书写了一部女性人才成长史，而她的学术造诣和领导实践则为富有韦尔斯利内涵的女性领导力探索增添了无穷的意蕴，值得慢慢品味、细细探究，她就是韦尔斯利的第十一任校长，南纳尔·O. 基欧汉。

## 一、职业道路和领导生涯

南纳尔·O. 基欧汉出生于美国南部阿肯色州最东端的一个小镇布莱斯维尔

(Blytheville),她的父亲是一位牧师。她在得克萨斯州和南卡罗来纳州长大。1961年,她依靠奖学金在韦尔斯利学院以政治学荣誉学士毕业,获得“杜兰特学者”称号,这是韦尔斯利授予学生的最高荣誉。接着她又凭借马歇尔奖学金在牛津大学学习了两年,获得了哲学、政治学和经济学的一级荣誉学位。1967年,南纳尔又以耶鲁大学斯特林奖学金获得了政治学博士学位,并获得了伍德罗威尔逊奖学金、美国大学妇女论文奖学金协会和国家人文社会基金会年轻人文学者夏季奖学金。早年的求学之路上,她身上最醒目的标签就是奖学金和荣誉学位。也许放在任何其他一个地方或年代,大家都会把她归类于普通家庭出身,符合“知识改变命运”的成功范例,但考虑到当时美国社会思潮动荡的背景和南纳尔在韦尔斯利受到的女性文化熏陶,她的奋斗历程中又多了一些属于女性人才的独特经验。

多年后回顾过往,南纳尔坦言,当时的世界非常不同——那还是在第二次女权主义浪潮和民权运动之前。在当时的整个社会中,女性能否拥有专业身份和职业人生,还是件十分模糊的事。虽然韦尔斯利学院的姑娘们受到了鼓励,也亲眼看到越来越多的女性获得了成功,但这并不符合对女性常规的社会期望。在南纳尔长大的美国南方,社会对女性的期待是结婚和生孩子。“我可以感受到这种期望的压力。”50年后再回首,南纳尔想对20岁的自己建议:“不要把精力放在结婚和生小孩上。你需要意识到你热爱学习,你需要去发展一个专业的维度,需要做出是否愿意从事学术工作和获得博士学位的决定。”①即使放在今天来看,20岁的女性仍旧会受到常规社会期待的影响和鼓动。克服刻板印象的塑造不是件容易的事,南纳尔早年就已建立起的独立人格和专业追求由此可见一斑。这其中,韦尔斯利学院的本科生活发挥的作用,在未来南纳尔形成女性领导力理念和施政于母校的过程中有更为清晰的显现。

博士毕业后,1967—1973年,南纳尔在宾夕法尼亚州的顶尖文理学院史瓦兹摩尔学院(Swathmore College)任教,之后又来到斯坦福大学任教。在那里,她成为终身教授,担任大学参议院院长,并于1976年获得戈尔斯卓越教学奖,这是斯坦福大学的最高教学荣誉。1981—1993年,南纳尔回到母校,在韦尔斯利学院担任第十一任校

① Former Duke and Wellesley President, Nannerl Keohane, Offers Candid Reflections on Life, Leadership, and the Promising Future of Higher Education with Executive Editor, Frank Shushok, Jr. (2017). ABOUT CAMPUS, January-February.

长，在很多方面推动了韦尔斯利向前发展，同时继续教授政治学。在她的领导下，韦尔斯利学院接受了多元文化主义，扩充了课程体系，并增强了学院的使命感。这期间，韦尔斯利学院少数族裔学生的比例显著增加。南纳尔还成功地发起了筹款运动，以改善韦尔斯利学院老旧的体育设施。1984 年 2 月 10 日，以南纳尔的姓氏——基欧汉命名的新运动中心破土动工，她促进建成的还有戴维斯博物馆和文化中心。此外南纳尔还为整个校园的重大技术进步做出了突出贡献，包括图书馆目录的自动化、大学网站的建立及卫星天线的安装，等等。1993 年，南纳尔离开韦尔斯利学院，成为杜克大学(Duke University)的第十三任校长也是第一任女校长。在杜克大学，她的领导成就包括她一贯多元化主张下的增加少数族裔学生的比例和促进教师构成的多样化，以及对妇女运动的积极支持。2003 年卸任杜克大学校长时，南纳尔已帮助“杜克筹款运动”(The Campaign of Duke)募集到 23.6 亿美元，竟使其成为美国高等教育历史上第五大筹款运动。[①]离开杜克大学后，南纳尔被任命为劳伦斯·S. 洛克菲勒(Laurance S. Rockefeller)伍德罗威尔逊学院公共事务特聘客座教授和普林斯顿大学人类价值中心研究员。她现在是普林斯顿高级研究院教授，研究民主社会的领导理论和实践。

与南纳尔的教育者身份及领导力实践并驾齐驱的是她的研究和著述，包括《法国的哲学与国家：启蒙运动的复习》(*Philosophy and the State in France: The Renaissance to the Enlightenment*, 1980)、《女权主义理论：意识形态批判》(*Feminist Theory: A Critique of Ideology*, 1982)、《名副其实的社区》(*A Community Worthy of the Name*, 1995)、《高地：现代大学的道德与领导力》(*Higher Ground: Ethics and Leadership in the Modern University*, 2006)以及前文提及的被罗斯安娜·赫兹教授作为教材使用的重要领导力研究著作《领导力的思考》(*Thinking about Leadership*, 2010)。除了担任正式职位，南纳尔多年来也服务于许多社区和专业团体。2009 年，经当时的普林斯顿大学校长任命，南纳尔担任了本科教育女性领导力委员会主任，并在此后多次发起关于女性领导力和文理教育未来的讨论。1995 年，南纳尔入选全美女性名人堂。

---

① MOCK G. Nannerl O. Keohane: her presidency has changed Duke's sense of the possible[N]. DUKE TODAY, 2003-10-02.

和南纳尔的多元文化领导观一样，上述经历描绘出这位传奇女性多元化的事业方向，以及尤为可贵的理论与实践交相辉映的成就。探析她的人生，对于我们理解她个人与韦尔斯利学院相互作用所产生的教育效应有十分积极的意义。

## 二、领导学和教育学的双重视角

可以说，韦尔斯利学院历任校长各有其专业成就、教育理念和领导特质，但能担当起领导学专家称号的，至今还只有南纳尔一人。在自我陈述中，她就明确强调，作为一名政治理论家，她的主要教学内容和研究兴趣就是女性领导力和性别不平等，其中她特别关注性别问题以及机构、法律和公共政策在创造或削减世界各地的女性发展机会方面的影响。

在南纳尔 1981 年走马上任韦尔斯利学院校长时，她是媒体眼中传统和现代的共存体："韦尔斯利学院是全国唯一一所自 1875 年建立以来就一直由女性担任校长的女子大学，在这个意义上，南纳尔 · 基欧汉是这个悠久传统的一部分；在另一个意义上，她却是一个相当新潮的人物，教育界把以她为代表的女性称为'新女孩'，她们是在数量上还很少的，不仅在女子院校，而且在混合院校甚至少数大型州立大学中逐渐走上最高领导职位的女性。"①

领导学和教育学是南纳尔事业成就的两翼。在她的著作《思考领导力》中，她把领导力定义为："领导者为一群人定义或阐明目标，并将团队成员的能量聚集在一起，以实现这些目标。"在南纳尔看来，定义和阐明两者都很重要。阐明可以以提出好建议的方式在团队中发挥作用，这是一种非常低调的领导途径；定义则表现为"这就是目标，这是你们必须做的，去做吧！"即一种军事命令型的领导方式。可以说这两者包含了软和硬两种领导力，而调动力量或把人们聚集在一起和阐明目标的重要性不相上下。她在书中一再强调让人们参与合作和协商何其关键，所以领导者就需要做出坚决的决定，"你不能总是在咨询，但在不咨询的情况下做出的决定肯定不及咨询后的决定好"。因此，南纳尔建议处于不同角色属性下的个体，有必要关注潜在的同伴、盟友和那些愿意分享观点的人。人们需要思考，听取你汇报的人在意什么？你可

① Emily Travel Livezey. Wellesley's new president; Nanneri Keohane has made her life count double [N]. The Christian Science Monitor, 1981-11-05.

以如何去引导他(她)们的关注点，从而推动他(她)们去关注你认为重要的事？这样一种“软”“硬”结合的领导力方针有非常明显的女性特征，南纳尔还不忘提示领导者应有的风度：制定策略，寻找盟友，找出关键点，但是要文明地前进，而不是向前冲。领导者的立场必须坚定，不要首鼠两端。①

把领导力观点贯彻到高等教育事业中时，南纳尔看到了权衡的重要性和政策的成本。以她最重视的多元文化主义为例，她指出，多元文化问题有很强的普遍性，理论上人们不难理解组织或社区的多元文化非常有利于学习。把年轻人圈禁在和他们自身类似的人群中很难让他们学到有意义的东西，外面的世界也未必能理解他(她)们。今天的高校学生需要更清楚地认识到，一个教育机构为什么需要有不同的人、不同的经历和不同的机会。同时，领导者也必须确保把这个主张贯彻到底，而不是停留在说教上，或是以为碰巧把一群看起来不一样的人放在同一个校园里就可以了。学校需要确保学生们有条件了解彼此，并且找到合作的机会。对此，她举了韦尔斯利学院早年的一个例子。那是在20世纪初，当时韦尔斯利学院已开始招收并录取了少量非洲裔美国学生，人数相当有限，但已足以使她们成为每个学生宿舍的重要组成部分。韦尔斯利学院当时还有一项要求，在你一年级的时候，你会在你的宿舍里与同一群人在一张桌子上共进晚餐，然后你将继续和另一群人一起吃饭，等等，直到你和宿舍里的每个人都一块儿吃过晚饭了，你才可以开始与任何你想相处的人共进晚餐。故事发生在一个名叫维吉尼亚·福斯特的女生身上，她来自南方腹地。②在第二阶段，学校让她和一位黑人姑娘同桌用餐的规定令她大为震惊，她找到女舍监说：“我不可能和她一起吃晚餐。我的父亲会完全惊呆的，我必须免除这个要求。”那位女舍监的回答是：“福斯特小姐，你或者遵守韦尔斯利的规定，在你被分配到的桌子上吃晚饭，或者可以打包离开。”于是，满腹忧虑的福斯特选择了前者。谁能料到，随着时间的流逝，福斯特成了一名非常坚定的民权支持者和重要的民权运动领袖。如果韦尔斯利学院没有这样的规定，还会有这样的结果吗？说完这个故事的南纳尔再次强调，

---

① SHUSHOK F, Jr.former Duke and Wellesley President, Nannerl Keohane, offers candid reflections on life, leadership, and the promising future of higher education with executive editor[J]. About campus, 2017(1-2).

② 原词为Deep South，根据新牛津词典，可译为“南方腹地”，指的是美国最具有南方特点、最保守的一片地区。

“我的观点并不在于晚餐时必须分配座位,而是表明教育的重要意义在于:我们需要找到人们真正互动的方式,而不仅仅是打乱名单上来自不同背景的名字。”

## 三、性别平等意识与女性领导力主张

南纳尔在其著作《领导力的思考》中以大量篇幅讨论性别议题和女性领导力趋向,这是这本论著区别于其他领导力研究成果的显著特点。而南纳尔自身的实践、思考和为美国高等教育事业所做的贡献,也令她的性别平权意识和女性领导力的主张得以发挥更广泛的影响。南纳尔认为“女权主义者”这个称号是一个平衡的概念,不同的人有可能会赋予它完全不同的定义,而她的看法涵盖了过去、现状和未来三个层面,“我觉得这三个层面都很重要。女权主义者是这样的一个人:对过去女性的特殊处境敏感,对各种文化和社会中女性的生活形态感兴趣;关注当前为了克服各种不利和歧视状况而发起平权斗争,愿意给予女性充分的机会实现她们个人的目标和才能;愿意参与和建设一个两性都能够利用社会机会,不受制于性别障碍,实现自身价值的社会”。在南纳尔看来,这个定义中尤为重要的一点是,让男性也可以成为女权主义者。

在南纳尔看来,女性和男性都应该思考复杂的追求、希望和梦想。比起其他领域,高等教育领导架构下的女领导增加得很快,但在一些院系和学科中情况却并非如此,其背后的原因莫测难辨。我们可以理解为什么女性担任物理系主任的机会如此之少,因为在女性被接受成为合适的物理学学生和教授之前的过程,是漫长和艰难的。女子大学最伟大的成就之一就是女生在这里不会受到任何有限制性的期待,“没人说你不能学物理,没人说你不能研究经济学”。在这里,女人做了所有的事,并在无形之中被赋予权力。但是在女校之外,很少有其他高等教育机构会在任何一门学科上做出这样的承诺。而最终的结果就是,在学术界,不仅仅是物理系,就连哲学系或其他系科也看不到足够的女性。

担任韦尔斯利学院校长后,南纳尔把她的女性教育理念——大学经历只是许多女性漫长人生的一部分,但它是一种特别强有力和形成性的体验,我们希望通过对这种体验给予更细致入微的关注的方式,为未来的女性带来变化——使她们将收获运用在领导实践中。韦尔斯利学院给予女生最广阔的平台,虽然这里有许多优秀的男性教师和管理人员，但它首先是一个真正重视女性领导能力以及女性在各个学科的成就的地方。从韦尔斯利学院校长到杜克大学首位女校长的经历，使南纳尔具备了比较的视野。她指出，男女同校是一种强大的模式，但它的功效发生在真正的“合作”概念下，这样男生和女生才可以从中获益。而眼下的问题在于，能够赋予男女两性学业相等的重要性的高等教育机构还非常罕见。从这个意义上说，女子学院仍然不可或缺。尽管现在女子学院很难吸引大量学生，但像韦尔斯利学院这样最顶尖、最出色的女子学院还是能受到真正优秀学生的拥戴。这在学校学生的多样化构成上也可以反映出来——更多的留学生、更多的第一代大学生、更多的少数族裔学生。从某种意义上说，女子学院的文化对她们更为重要。

另外，在普林斯顿大学担任女性领导力委员会主任的经历加深了南纳尔对女性领导力生成困境的真实感知。引发校方关注男女教师进入领导层的比例差距的一个原因是，校长注意到很少有女生去参加一年级新生的学生领导选举。例如，她想知道为什么会有 10 位主席候选人（全部为男性）和 8 位财政部长候选人（全部为女性）。这对校园里的许多人来说，是一个“获取知识”的时刻。这个问题可以延伸开来：在选择领导方式和获得领导职位的过程中，男性和女性存在显著差异吗？南纳尔主导的研究发现，统计学意义上的结果可以证明，普林斯顿的女性成为领导者和实施领导力的方式与她们的男性同事存在显著差异。简而言之，普林斯顿大学在 20 世纪 70 年代首次接纳女性时，当时这所大学内的女性都可以清楚地感受到她们正在忍受痛苦。许多校友以及校园里的其他人都认为，女性不属于普林斯顿大学。当然，女人因此觉得必须证明自己。她们努力做好一切，占据了许多重要的办公室。20 世纪 80 年代她们就在董事会中做出了漂亮的成绩。然而由于某种原因，从 20 世纪 90 年代到 21 世纪头 10 年期间，女性不再为领导角色而努力。不仅仅是因为她们尝试后的失败，更是因为她们停止了尝试。事实上，21 世纪的头 10 年里，普林斯顿只有一个女学生会主席，这对于一个男女同校的学校来说是不可思议的。

研究发现，女性并不以学生政府那样的高层领导职位为追求目标。她们对能够有所作为、做出改变的职位更有兴趣，她们倾向于产生实际影响力，而不是高调行事。女性创建和领导着各种有意义的组织——保护环境、引导他人和教育改革。实际上，女性们在深入地从事领导工作，她们只是没有承担那些显而易见的、过时的、传统的

领导角色。最后,南纳尔的报告提出如下建议:

(1)学校应鼓励高年级学生更多地参与到和一年级新生及校园中其他学生的联系中。如果新生与高年级的男生或女生没有太多联系,他(她)们对自己所能获得的种种可能性也就一无所知。也许对年轻学生来说最重要的建议在于前辈的指导。从韦尔斯利学院女校友和现在的学生来看,她们身上体现得最一致的特性是意识到了指导的重要性,指导意味着好的建议,她们会主动与同辈、教师和其他了解普林斯顿生活的人建立密切联系。

(2)学校应提高教师对引导两性学生采取不同方式的认识,并确保女生可以自在地发声,以及开展指导和支持项目,尤其应重视学生主导的活动。

(3)在强调不同类型的领导力都有其重要性的前提下,学校需要意识到,无论女性还是男性都应该拥有领导力,而不是仅仅着眼于学生政府主席之类的职位。正如所谓的“台前”和“幕后”角色,一个真正了不起的副总裁或财务主管会对组织产生很大的影响,而这些角色应该是男生和女生在走上最高领导职位前应该学习扮演的角色,无论他(她)们身处普林斯顿大学还是其他地方。

# 第六章　校园外的韦尔斯利

韦尔斯利是全球女性生活中的变革型力量。

——“韦尔斯利效应”(Wellesley Effect)定义[①]

韦尔斯利学院的校园位于马萨诸塞州波士顿郊外,被誉为北美最美丽的校园之一。校园500英亩的面积包括一个私家湖泊,一个高尔夫俱乐部,成片的针叶树、硬木林,蜿蜒的小径穿过开阔的草地,令人惊叹的砖石建筑矗立在树木繁茂的山丘上。从校园每个窗口,我们几乎都可以看到一幅迷人的画面——目光穿过松树林,校园里的建筑坐落在慰冰湖畔的草坪之上,古老的百年橡树伸展开华丽多节的树枝。美不胜收的自然风光一直是韦尔斯利学院的身份象征,处于学生体验的中心位置。1870年,学院的创立者亨利·杜兰特认为,年轻女性应该在美景中受教育。1902年,景观设计师小弗雷德里克·劳·欧姆斯特德(Frederick Law Olmsted Jr.)这样描述韦尔斯利的景观:“它不仅仅是美丽的,而且具有显著的个性特征,据我所知这是在该国任何其他大学的校园中都没有的。”他认为,冰川地形给了校园一种“奇特的复杂美感”[②]。

如果说校园中的韦尔斯利以直观的美感和浓重的学术气息为培育“有所作为”的

① 韦尔斯利官网:https://www.wellesley.edu/about/wellesleyeffect.

② Wellesley College, outside of Boston, Massachusetts, is one of the most beautiful campuses in North America[EB/OL].(2018-03-30)[2019-09-15].https://www.wellesley.edu/about/campus.

女性营造了象牙塔式的成长环境,搭建起了女性领导力的"生成"体系,那么随着韦尔斯利这所百多年老校的学子枝繁叶茂,其无形、广阔且深远的影响早已扩展到校园之外,在校方、学生、校友和教师们的合力推动下,为女性成才和女性领导力发展建构起了强大而有力的社会支持网络。在韦尔斯利校友中流传着这样一个故事:你可能有过这种经历,当你出席一个聚会、参加一个会议,或是正和孩子们在游乐场玩时,不经意间你和一个陌生人交谈起来,她似乎有些特别——聪明,或许她还有更重要的特质——令你不由得会问她:"您在哪儿上的大学?"她的回答让你展颜:"当然是韦尔斯利!"

这种感觉很难定义,但它准确无误地存在着。那是韦尔斯利的女性们所拥有的东西,是学校留在学生身上的东西。校园外的韦尔斯利,依旧散发着对女性的影响,并通过这些出色的女性影响着整个世界,正如韦尔斯利学院的毕业生努力使它变得更美好一样。

## 第一节 韦尔斯利效应

在吸引潜在的优质生源时,韦尔斯利学院强调,学校的培养目标是"为将会在这个世界上有所成就的女性提供绝佳的文理教育";而对已经入校的学生,学校的激励从个人角度的"有所成就"转向格局更加宏大的社会角度——"韦尔斯利是全球女性生活中的变革型力量"。韦尔斯利学院不仅吸收了 2011 年正式成立的联合国妇女署的核心主张——"受过教育的女性是社会变革的最强大动力",更对其进行了创造性的发展,指出:"我们共享的未来属于头脑聪慧且目标坚定的女性,那就是韦尔斯利女性。我们坚守的价值观,韦尔斯利的灵魂,以及我们努力的事业,所有这些对女性乃至整个世界都有着切实的、持久的影响。"这份影响,在韦尔斯利的师生、校友间已传颂久矣,直到 2015 年在韦尔斯利举行的一场全球性筹款活动上,它被正式定名为"韦尔斯利效应"(Wellesley Effect),用以强调女子大学和文理教育的重要性。面对全球化与地缘政治边界身份的变化,韦尔斯利效应表达了韦尔斯利学院对韦尔斯利学生扮演社会变革与创新的先驱者要求。巧合的是,变革型力量也呼应了领导力理论流派的最高层面"变革型领导"的主导精神,韦尔斯利效应助推女性领导力的深意和用意不言自明。

在韦尔斯利学院官网的“韦尔斯利效应”栏目下，一个个领导力故事构成了对韦尔斯利效应的说明。这些故事有的来自校友的最新成就，有的是在校生的创新故事，也有不少教师在教学、科研和社会活动中的建树。韦尔斯利学院在世界的各个角落和社会的各个层面体现对女性教育和发展的支持，每一个事例都被冠之以“这就是韦尔斯利效应”。下文即择其中数则以展其风采。

## 一、“意大利文化”在线首次亮相成功——韦尔斯利圆满完成第一门在线语言课程[①]

2014 年 8 月 21 日，“韦尔斯利效应”网站发布了韦尔斯利第一门在线语言课程圆满结束的消息。受 edX[②] 邀请，学校为即将入学的一年级新生、未来的学生和远离学校的校友提供了非学分暑期课程“初级意大利语言和文化”。

这门课程由意大利研究系的讲师丹尼拉·巴特勒-格拉芙设计，学生可以在 12 个单元的密集型课程或 6 个单元的非密集型课程两种类型中选择其中一种多媒体课程。只要完成一项，学生就可以获得一份相当于学过一学期或一年意大利语课程的证书。当韦尔斯利学院在 2013 年加入 edX 时，它是第一所通过该平台提供大规模开放式在线课程(MOOC)的文理学院，格拉芙老师从那时就开始考虑在线教授外语的可能性。“当时我已经对在线学习感兴趣，”她回忆道，“学院发出的号召真的让我的大脑运转起来，思考如何运作这件事。”

该课程的实施理念是运用技术手段服务于不同的学习方式，并从多种角度呈现学习资料。每个单元都有描述日常对话的视频短片、可供印刷的 PDF 格式的传统语法图表、与母语人群的音频访谈资料、带有旁白的幻灯片演示、互动式测验以及满足不同学习者需求的其他机制。这其中包括一个名为“语音对照”的新功能，由 WellesleyX 的首席信息官(CIO)和副主任拉维·拉维山卡(Ravi Ravishanker)设计实施。学生们可以把他(她)们的声音录下来，用两种波形的方式呈现出来，并将其与母语者的声音和波形进行对比。

---

① Italian's online debut a success[EB/OL].(2018-04-18)[2019-09-13]. https://www.wellesley.edu/news/2014/08/node/46081.

② edX 是一个由 MIT 和哈佛大学创建的大规模开放在线课堂平台，免费给大众提供大学教育水平的在线课堂，2012 年秋天在 MIT 启动。

格拉芙说，除了课程有多种形式之外，她还想把它变成一门学术课程。大量的商业语言课程可以帮助游客或商人学习说话，韦尔斯利的意大利语课程除了确保这一点外，还教授语言的结构和背后的文化。这门课程还得到了院长办公室、意大利研究系、意大利驻波士顿领事馆和意大利外交部的支持。这些视频全部由韦尔斯利学院的学生在校园中拍摄，这些学生都是在意大利土生土长的人或母语十分近似的意大利语者，校园取景画面从教学楼群、教室内景到宿舍区、洗衣房。教学媒体主任贾拉斯·沃德隆(Jarlath Waldron)花费了大量的时间，和他的学生团队一起拍摄并编辑了 41 个 *Ciak!* [1]视频。高级教育技术专家大卫·奥斯汀(David O'Steen)和图书馆研究与指导专员劳拉·奥布恩(Laura O'Brien)与格拉芙在课程开发的各个方面合作工作了一年多的时间，他们一起研究如何在 edX Edge 在线平台上最好地展示语法、词汇和文化内容，帮助开发并创建测试了和练习的问题类型，确定了录制幻灯片所需的软件和硬件，并讨论了课程向校友和未来学生的延伸。同时，他们还负责在课程运行时回答学生的技术问题。

截至目前，共有 560 人在 edX 平台上注册了这门课程，其中有约 400 人积极参与并使用过学习资料。格拉芙说："考虑到 MOOC 课程的平均退学率是 90%，我认为上述数据是一个很好的数字。"追求证书的学生必须完成每个子单元的测试——密集型的 12 单元课程共包含 41 个测试。该课程目前已完结，但当年的秋季学期，格拉芙会把其融入韦尔斯利学院的第一个混合课程"意大利语强化入门"，该混合课程包括每周三天的课堂教学和两天的线上教学。作为意大利研究系的资深教师，意大利语教授大卫·沃德(David Ward)对于意大利研究系参与这项开创性举措感到非常自豪，因为这是全校第一次尝试在线课程。

迄今为止，教学团队已经收到了大约 100 份学生对夏季课程的评估，他(她)们很快会通过寻求方案对下一次课程进行调整和改进。在评估之外，教学团队也收到了大量积极的反馈，其中一位 1967 年的校友写道："非常感谢你们实现了一个真正的韦尔斯利经验，让我回忆起学院所有的纪律、严谨性和清晰的指导。"

---

[1] *Ciak!* 是一份在米兰出版的意大利语的电影杂志名称，是意大利最受欢迎的电影杂志。

## 二、海恩斯的科学课——高中化学老师点燃学生对科学的热情①

韦尔斯利学院的2008届毕业生希瑟·海恩斯(Heather Haines)一直都以为自己会成为科学家,但在伯克利大学的暑期实习经历改变了她的想法。科学家原本是她梦寐以求的工作,暑期实习经历却让她重新意识到研究工作并不适合自己。大四的时候,海恩斯透露出,她不想读博士,而想去高中教化学,“在韦尔斯利学院说出这样的话是很难的事情”。但当收到一份来自诺尔斯科学教学基金会(Knowles Science Teaching Foundation,KSTF)巨大而厚重的接受信函时,“这是我职业生涯中最好的礼物,”海恩斯说。为了增加高水平的数学和科学教师人数,KSTF资助海恩斯在波士顿学院(Boston College)完成了硕士学位,同时还对她的选择提供了大量的支持、培训。

现在,海恩斯在剑桥社区特许学校教授大学预修化学,并担任科学系主任。她说,这个学校的目标是让它的全部学生(其中92%是有色人种学生)在大学学业中获得成功。韦尔斯利学院1984届毕业生米歇尔·施普伦内特(Michele Sprengnether)在海恩斯的课堂上做过志愿者,这是她的教师培训方案的一部分。她说:“海恩斯正在让她的学生和专业发生变化。”拥有麻省理工学院大气化学专业博士学位的施普伦内特认为:“社会通常会认为教学与进入医学或学术研究的专业地位不同。但希瑟在不断地改进,她在课上讨论跨学科的议题,还在国家层面建立学科网络。医生在实践中会做的事情,她把它们用在教学中。”

海恩斯把她的教室变成了实验室。举例来说,关于讲座,“通过认知科学,我们已经了解到,人们并不愿意静坐一小时来吸收信息,”施普伦内特说。相反,海恩斯要求学生自己安排时间在线观看讲座,再用课上的时间让他(她)们组成小组讨论问题,“他(她)们可以谈论化学平衡,或酸和碱。学生有机会思考问题,向同伴表达自己的观点,并评估彼此的答案。每个学生都准确地了解到达他们需要学习的程度。”

在所有的小组开展工作时,海恩斯会与每一个陷入困境的学生进行一对一的对话,“因为我不是这些知识的保管者,而学生有权利使用所有可及的工具寻找答案。

① Jennifer McFarland Flint. The Wellesley Effect[EB/OL].(2018-04-20)[2019-08-13]. http://magazine.wellesley.edu/fall-2015/the-wellesley-effect.

我只是在那里帮助他们找到自己的方式——如果他们迷路的话。"她说。

海恩斯希望能让她的学生们看到生活周围的科学,"我希望我可以让他(她)们意识到,如果他(她)们愿意,就可以在 STEM 领域取得成功。"在此她指的是科学,技术,工程和数学。"在像韦尔斯利这样的地方,有很多人认为自己必定会成为科学家,我也曾经是其中之一。这可能会令人生畏。但这其实是关于你的动力和你愿意去努力的程度,而不是某种天生的能力。我希望每一位学生,无论他(她)们看上去什么样,或者他(她)们是什么人,都能接受同样的教育,都能进入 STEM 领域并有发言权。"

### 三、莎恩·肯达瓦拉的技术创业故事——登上《纽约时报》的韦尔斯利校友企业家[①]

2014 年 10 月,在《纽约时报》一档题为"你是老板:创办小企业的艺术"的博客系列文章中,最近的一篇文章介绍了韦尔斯利学院 1998 届毕业生莎恩·肯达瓦拉(Shaan Kandawalla),她是创立仅两年的 PlayDate Digital 创始人兼首席执行官,PlayDate Digital 是一家为儿童生产小型教育游戏的公司。

在这篇文章及其相关视频中,肯达瓦拉谈到了她作为一名女性创办和运营科技创业公司时所面临的一些质疑,特别是在她怀孕早期和生孩子期间。正如《泰晤士报》报道的那样,她一直在"昼夜工作",以便让合作者和其他人跟上她的视线。"我在孩之宝参加最后一场比赛时已经怀孕 8 个半月,"肯达瓦拉告诉《纽约时报》的记者,女儿出生的前一周她终于签下了协议。

在那段时间,她感受到了许多男人轻蔑的态度,他们说,一旦有了孩子她就再也不会回去工作了。这听起来并不像她。肯达瓦拉对采访者说:"60 多年前,我的祖母就在巴基斯坦建立了化工制造企业。我的母亲是第一个去韦尔斯利学院上学的巴基斯坦女人。"她本人是巴基斯坦保持国家纪录的游泳运动员,甚至在 1996 年获得过奥运会参赛资格。所以毫不奇怪,生育后肯达瓦拉不仅没有退缩,反而继续奋战在 PlayDate Digital,而且还从为人母后获得的新体验中汲取了力量。她的公司当年实现了巨大的季度增长率,预期收入强劲。

---

① 详见韦尔斯利官网:https://www.wellesley.edu/news/2014/12/node/53116。

肯达瓦拉登上《纽约时报》不久，韦尔斯利学院的学生媒体采访了她，双方讨论了韦尔斯利学院在她的生活和事业中的作用。

韦尔斯利：鉴于您母亲也上过韦尔斯利学院，您是否一直知道您想来这里读书？

肯达瓦拉：我一直都知道我想去一所小型文理学院，但直到高中毕业那年我才确定那是韦尔斯利。由于我妈妈是从韦尔斯利学院毕业的，从小韦尔斯利就是我生活的一部分。我在巴基斯坦长大，但我们在波士顿度过了许多个夏天。从我记事起，我就与我的母亲一块儿参加校友团聚。我的早期记忆中一直保留着自己从山坡草地上滚下来和坐在慰冰湖畔的画面。但是直到高中时代，我才意识到妈妈与她的韦尔斯利校友在几十年里建立的所有这一切友谊的价值，并发现这种联系可以通过时间和距离来维持。这最终吸引我来到韦尔斯利学院。

韦尔斯利：在韦尔斯利学院有没有某个具体的课程、教授或组织，当你回想起来时让你觉得其与你的职业生涯特别相关？

肯达瓦拉：学校有很多我喜欢的课程和组织，但不能说有任何一门具体的课程与我今天的职业生涯直接相关。这正是文理教育的美妙之处。韦尔斯利学院教给我的是一种学习方式，最重要的是，学院给了我一种“我能做”的感觉。我周围有这么多形形色色、聪明出色的女性，她们让我感到鼓舞，获得信心，让我坚信没有任何梦想是疯狂的、无法去追求的。

韦尔斯利：今天，当后辈学生从学术殿堂向潜在的未来和事业展望时，你会给她们什么建议？

肯达瓦拉：我认为接受文理教育对于踏入“现实世界”的观念是一种非常好的准备。在大多数企业里，你可以在工作中学习大部分（如果不是全部）你需要学习的知识。此外，行业和技术的变化速度如此之快，如果你拥有一套工具能让你永远有能力去思考、行动和识别机遇，这将会更加有用。

韦尔斯利：你和其他校友一起工作过吗？韦尔斯利网络在你的工作中扮演过什么角色？

肯达瓦拉：韦尔斯利的校友网络总是能令我惊叹。无论是我在高盛公司的第一份工作，还是我在孩之宝或尼克罗迪恩的工作，韦尔斯利校友总能成为我的导师，并且始终为我提供灵感和指导。即使在我工作过的公司之外，校友网络也在我的生活里发挥了重要作用。她们帮助并引导了我，帮我建立人脉网络，在我的职业生涯中，她们是一个不可思议的可靠的“董事会”。目前，我在 PlayDate Digital 的一名顾问就是韦尔斯利校友和尼克罗迪恩的前高管。

## 四、布鲁金斯学会任命凯瑟琳·穆恩领导韩国学术和政策研究——韦尔斯利教授成为布鲁金斯学会首任韩国研究主席①

2014 年 6 月，在布鲁金斯学会东亚政策研究中心主持的韩国研究院和 SK-韩国基金会成立仪式上，韦尔斯利伊迪丝·斯蒂克斯沃瑟曼亚洲研究会主席、政治科学教授凯瑟琳·穆恩被任命为高级研究员和首位 SK-韩国基金会主席。这个职位于 2014 年 6 月 30 日正式在东亚政策研究中心设立，是布鲁金斯学会外交政策的一部分，并获得了 SK-韩国基金会的捐赠，由韩国国际贸易协会和一位匿名捐助者对其提供关键的运营支持。

成立仪式当天的活动由美国前副国务卿、现任布鲁金斯总裁斯特罗布·塔尔博特(Strobe Talbott)介绍并揭幕。他指出，这个拥有近 98 年历史的机构不仅是一个华盛顿或国家智囊团，还是一个全球智库。塔尔博特感谢赞助者并介绍了其他发言人，其中包括东亚政策研究中心的现任主任理查德·布什，后者向与会者正式介绍了穆恩。他说：“今天是布鲁金斯学会在朝鲜半岛影响力的一次重大飞跃，那里是当今世界最有趣和最重要的部分之一，我们想象不出比穆恩更好的人来担任这个职位。她的专业知识深入、广泛和微妙，她在学界和政界都声名卓著，她体现了布鲁金斯学会的核心价值观——质量、独立性和影响力。”

穆恩在美韩关系的民主化和全球化演讲基于个人和全球观察的形式，涵盖了过

---

① Katharine Moon Tapped by Brookings institution to lead scholarship and policy advising on Korea [EB/OL].(2018-04-22)[2019-07-23].https://www.wellesley.edu/news/2014/06/node/43870.

去几十年来美韩关系多样化的原因，该篇演讲从关注韩国的国防发展到关注经济、政治和文化的动态关系。她提出，双方的国内选民和利益也发生了变化。在这两个社会的民主化和全球化进程中，更广泛的个人和利益集团现在有更多机会来塑造这一关系。

穆恩自1993年起在韦尔斯利学院任教，开设了“世界政治中的性别”“东亚国家与社会”等课程。谈及自己的新角色，她说：“这是我职业生涯中的一个相当重要的过渡时期……自从1994年秋天获得政治科学的终身职位，我就开始思考长期而深入的课题。20年后，当我准备开始担任布鲁金斯学会高级学者和韩国研究主席的新职位时，我意识到我在韦尔斯利学院的教学、学术和服务方面取得了多大的进步。从某种意义上来说，布鲁金斯是我在韦尔斯利学院种植的学术根源上生长起来的新发端。”

穆恩为布鲁金斯学会拓宽了对韩国和东亚研究兴趣的深度和广度，包括民主化、民族主义、身份政治、妇女赋权、区域移民和人权等研究领域。她是《抗议美国：民主与美韩联盟》（加州大学出版社，2013年）和《盟国之间的性：美韩关系中的军事卖淫》（哥伦比亚大学出版社，1997年；韩国版由Samin出版公司2002年出版）的作者。

此外，她还为布鲁金斯学会带来了无与伦比的韦尔斯利校友网络。“我在韦尔斯利的学生是非常宝贵的财富，”她沉吟道，“作为校友的延伸关系，在我与她们保持密切联系的同时，几乎每天我都在继续丰富自己的生活。她们中的许多人都在华盛顿特区工作，为了庆祝在韦尔斯利校园外的情谊，我们已经制定了重聚计划，我们会共进晚餐和咖啡。我觉得在我生命中的韦尔斯利部分将会继续下去，我将与我以前的学生们一起在华盛顿打造另一个充满智慧和创造力的花园。”

穆恩广泛进行了韩国国内政治与美韩联盟制度之间相互作用的研究。她的工作为改善联盟机构和程序提供了丰富的历史分析和政策建议，更好地反映了韩国社会的变化，从而促进了两国战略目标的实现。和韦尔斯利的所有教授一样，她一直积极地从事本科生教学工作，这种教学精神永远不会丢失。穆恩说：“我把自己在布鲁金斯学会的角色看作是公共教授和学者，我试图作为一个更大范围内公众的教育者，在有关朝韩、东亚和美国外交政策的问题上，希望通过更大规模的学术和教学，理解、制定并实施更为准确和有效的政策。比较政治领域的学术训练令我清楚地认识到，要深入了解一个国家和地区，全国和当地的文化都是重要的知识来源。我把重点放在性别、妇女的发展和政治参与上，把它们作为研究和教学的焦点，这些都将在华盛顿得到很好的利用。”

事实上，在过去的10年里，穆恩的研究和专业活动一直致力于使学界和政界以建设性的方式互相参与。“我在韦尔斯利所做的事情与我打算在不久的将来在布鲁金斯学会做的事情之间有一个明确的逻辑关系，”她补充道，“我很感谢韦尔斯利慷慨支持我的朝韩问题研究，感谢我的同事比尔·约瑟夫，他鼓励我申请由卢斯基金会与伍德罗威尔逊国际学者中心和乔治华盛顿大学在21世纪早期共同创建并资助的研究项目。这是第一个鼓励学者将他(她)们的研究与政策相关联的资助项目，当然反之亦然。”2002—2003年，她还曾在华盛顿特区担任研究员。

在布鲁金斯学会的演讲结束时，穆恩感谢了赞助机构和布鲁金斯学会为她设立的新职位。她还感谢了在场观众中的韦尔斯利校友，她说：“一直以来，在韦尔斯利学院教学都是一种巨大的快乐。我很高兴看到，许多我过去的学生都在华盛顿的国家部门和国会工作，希望她们继续努力。”

## 五、学生志愿者的另一种度假方式——“教育是你可以用来改变世界的最有力的武器”①

2018年1月，24名韦尔斯利学院在校本科生利用寒假时间前往北卡罗来纳州的阿什维尔，以及马里兰州的巴尔的摩，参加由学校职业教育部门(Wellesley Career Education)中的公民参与组织支持的志愿者活动，通过直接服务来接触社会。学生们讨论了影响巴尔的摩社区教育公平的问题，参与了促进北卡罗来纳州阿什维尔的环境可持续性活动，在这些过程中亲身体验了非营利组织对社区的积极影响。

“一个人不能接触到每个人，但志愿服务使我明白，小集体的努力可以转化为更大的影响。”前往巴尔的摩的10名学生之一，2018届本科生阿比娜·阿萨(Abina Assa)说。巴尔的摩小组与“生活教室”基金会合作，利用城市、自然和海洋资源帮助社区改善运作，并为当地青年提供实践教育和就业培训。韦尔斯利学院的学生参与了清理乌龟栖息地、为中小学生准备材料来制作鸟食等活动，还为巴尔的摩居民分拣

① Alternative break brings student volunteers to Asheville, N.C., and Baltimore[EB/OL].(2018-04-22)[2019-08-25].https://www.wellesley.edu/news/2018/stories/node/141571.

捐赠的衣物和食物。巴尔的摩活动负责人、2020 届学生艾米丽·瓦格斯(Emily Vargas)体会到,“生活教室基金会告诉我,教育不仅仅是为了孩子,更是为家长、为社区成员、为每个人服务的”。

在北卡罗来纳州的阿什维尔,14 名学生和 2020 届的班级主席丽贝卡·加西亚(Rebecca Garcia)自愿与当地的第一个环保非营利组织“阿什维尔绿色事业”(Asheville GreenWorks)合作。该组织成立于 1973 年,致力于促进可持续性发展,培养居民自给自足、爱护环境的意识并赋予社区权力。他(她)们曾经挖掘了埋在地下的大型金属涵洞,沿法国布罗德河清除了垃圾,还培育了一个小学花园。阿什维尔现场协调员、2020 届学生索菲亚·库里(Sophia Khoury)认为,这座城市充满活力和环保意识,但它必须克服它的工业历史。“我们作为志愿者的工作是加入他(她)们不同的项目,譬如在当地一所小学里进行河流恢复和种植授粉植物。看到一个团体与社区合作,促进可持续发展和提高环保意识。这真是太棒了!”

这种另类的度假方式建立在韦尔斯利长期坚守的服务精神基础上,它鼓励学生把自己看作能够对我们所生活的社会和世界产生影响的变革者。这个体验的核心部分,在于每个服务日的晚上要求学生有意识地反思一段时间,在此期间,学生会思考她们的经历如何影响自己作为未来变革推动者的角色——无论她们将来选择什么样的职业道路。紧接着的春假,公民参与组织围绕可持续生活的问题,与位于肯塔基州哈兰的科珀(COAP)公司合作,以及就关注整体健康议题与位于北卡罗来纳州的林地收获山区农场(Woodland Harvest Mountain Farm) 合作开展了“另类度假”方案。

## 第二节　韦尔斯利与全球化

全球化视角一直以来都是韦尔斯利学院贯彻文理教育多维度路径的体现,也被认为为领导力的成长提供了丰富土壤。韦尔斯利的学生来自 83 个国家,有着不同的种族、宗教和社会经济背景。学校通过提供覆盖面最广泛的课程,鼓励学生跨学科的思维,并通过对学生在海外学习给予经济支持的方式,着重开发学生在相互联系、相互依存的年龄能够具备非常完善的能力,这样学生毕业后才可能会在更大的舞台上有所作为、有所贡献。然而学校做的远不止于此,韦尔斯利学院校方指出,为本校的学生提升志向、培养技能是学校最初的目标,而长期目标是向世界各地的妇女和女童提供发展机会。作为在全球处于领先地位的女性高等教育机构,韦尔斯利学院在推动世界各地的妇女事业方面占有独特地位。韦尔斯利学院在校园中建立了多个拥有全球化视角的机构——从"玛德琳·科贝尔·奥尔布赖特(Madeleine Korbel Albright)全球事务研究所""女性—世界—伙伴"(Women World Partners)倡议到"戴维斯博物馆"(Davis Museum)和"韦尔斯利妇女中心"(Wellesley Centers for Women)等,它们开展的工作和形成的影响已遍布全球。

## 一、主要的全球性举措

韦尔斯利学院对妇女发展事业的担当和贡献不仅仅限于自己的学生,而是延伸到了全球的女性。韦尔斯利学院在培育全世界的女性领导人方面取得的巨大成功,将它的高等教育领导者的影响力辐射到世界各地,令这些妇女和女孩受益。

### (一)奥尔布赖特全球事务研究所

玛德琳·科贝尔·奥尔布赖特全球事务研究所致力于通过培训研究所的学生成为未来的领导者来解决全球性问题。该研究所采取全新的教学方式——理论和实践并重,并为研究人员提供一个密集的研究项目,以探索将会影响和塑造人类社会未来的问题。它聚合了来自政府、健康、商业、军事和非营利部门的韦尔斯利专家,分享他们所预测的未来挑战和机遇。

### (二)女性公共服务项目

该项目由韦尔斯利学院1969届校友、前国务卿希拉里·克林顿以及美国国务院和"七姐妹学院"成员发起并支持,旨在确保女性在2050年能担任所有公民和政府领导职位的半数席位。"女性公共服务项目"为来自全球的新兴女性领导人提供了丰富的知识环境和强化培训。2012年,韦尔斯利学院主办了该项目的首届夏季学院,将50名有前途的年轻女性领导者带入校园,让她们接受治理实践技能方面的指导和训练。

### (三)韦尔斯利妇女中心

韦尔斯利学院是韦尔斯利妇女中心的发源地,该中心是一个以妇女和性别为重点，着重于社会变革的研究和行动的机构。韦尔斯利妇女中心是联合国认定的非政府组织，这一身份有利于其研究人员参与国际工作。韦尔斯利学院的教师和学生们还有机会参加受到联合国赞助、由韦尔斯利妇女中心组织的活动。

#### （四）戴维斯世界联合学者项目

韦尔斯利学院是戴维斯世界联合学者项目的成员。自 2000 年以来，该项目已经资助了成千上万名愿意在美国高等院校学习的国际学生。这项计划通过向有未来的领导者提供最好的教育，将这些学者聚集在一部分学校中，从而促进了国际间的理解，而这些学校也有望创造出更加多样化和全球化的校园社区。韦尔斯利学院是首批被邀请加入该项目的五所大学之一。

#### （五）女性—世界—伙伴

韦尔斯利创造出一种新型教育模式，基于协作、多学科解决问题的方法在全球范围内培训女性担任领导职务。“女性—世界—伙伴”倡议与世界领先的机构分享这一独特模式，帮助其在全球创造下一代女性领导者。

### 二、学术服务

韦尔斯利希望它的学生是思想宏大深远并且具备行动导向的学者。为此学校制定了跨越学术界限和国家标准的课程目录，超过 300 多门课程涉及复杂的跨文化问题，如“全球化与民族国家”“第三世界城市化”和“全球变化生物学”等。每年都会增加新的跨系课程。

无论是华尔街权力经纪人还是研究科学家，通过他（她）们的语言理解世界文化对一个人走向成功都至关重要。韦尔斯利提供汉语、俄语、阿拉伯语、斯瓦希里语等 14 门语言的课程，其数量多于美国任何一所文理学院。还提供校园语言沉浸式的住宿和用餐选择：法国社区、塞万提斯住宅、德国走廊、中国、日本和韩国的午餐桌。超过一半的韦尔斯利学生有机会去国外学习，学校还资助她们前往奥地利、英国、法国、意大利、日本、韩国、墨西哥和西班牙参加校际交流，学生还可以在 100 多个经过批准的外部管理课程中选课或参加密集的寒假游学计划。

### 三、更多学习机会

韦尔斯利认为，教育不应停留在教室中。学校采取各种方式，敦促学生到世界各地寻求知识和体验——或者是寒暑假期间，或者在课后，或者是毕业之后。校方向学生强调实习的重要意义，要求每个学生都参与实习。

每年夏天，有超过300名学生参加由韦尔斯利资助的暑期实习和社区服务项目，范围遍布四大洲的50多项机构。许多在其他地方找到实习机会的学生，如果没有工作收入，学校会提供补助来帮助她们支付费用。学校还设立了50多项研究生奖学金来支持学生在毕业以后到全球各地深造。暑期实习中获得的经验性学习并不会止步于夏季，在秋季的坦纳尔会议(The Tanner Conference)上，学生们一起分享交流她们的课外体验，并公开分享她们的学习心得。由学生在课堂学习中生成问题——将这些问题带到世界各地寻求答案——回到校园进行分析、归纳和分享，这就是韦尔斯利的经验。

## 四、实例分享：韦尔斯利资助实习项目

韦尔斯利资助实习项目是上述的校方全球化举措中的一个具体案例，该项目由韦尔斯利学院的一个校内部门——韦尔斯利职业教育部(Wellesley Career Education)管理。该部门支持学生从一入校开始就积极参与到对自我和社会的探索过程中，引导她们将个体的好奇心与真实的职业世界建立有意义的联系，为每个学生创造发挥潜力的机会，激励她们成为未来的领导者。

每个韦尔斯利的学生在毕业前的每一个暑假中都可以获得学校资助实习项目的支持，在全国以及全球经历8—10周的沉浸式实践学习。校方认为，理论上，学生经历密集的、与职业相关的体验，能够使她们获得专业技能、人脉网络，深入沉浸于她们的社区，以及形成一致的、有目的的职业心态，从而将韦尔斯利文理教育转化为行动。学校通过与各利益相关方的紧密合作来实现这一目标。学校几乎在每个州都建立起了合作关系组织，学生们进入各行各业都可能获得无与伦比的通道。制度方面，韦尔斯利有着长期的非学术学分实习机制，而在课程与学术政策委员会和职业教育部的共同努力下，2016年韦尔斯利启动了暑期实习学分课程，以此强化学生的实习和其他体验式学习资格。由于知道许多雇主需要了解实习学分机制，校方将其作为把职场学习与学术经验相结合的机会。

然而，这其中最为重要的是学校能为这个项目提供丰厚的资源。一方面，校方与

大量前沿性的文化、教育和科学机构，国际、媒体、宣传和社区组织，以及国内和世界各国的企业都建立了持续合作伙伴关系，并且提供了定向的资助项目，为学生提供充分的选择和机会。以 2018 年暑假为例，韦尔斯利在美国国内的实习项目主题是“社会系统和机构”，通过在主要城市的实习定位，学生得以了解美国大城市的生活和文化。她们可以加入私人、公共和非营利组织，甚至得到当地校友的指导。在实习中，学生得以熟悉专业职责，为未来的就业建立网络，学习与不同的团队建立关系的重要性，同时探索美国城市空间的文化和意义。校方提供的国内合作机构包括南卡罗来纳州的沿海保护联盟组织、旧金山的当代犹太博物馆、芝加哥的拉什大学医学中心等。国际实习项目的主题是“全球公民机会——发展中的问题”，无论来自哪个国家，每个韦尔斯利学生都应该认为自己是世界公民。世界人口预计 2025 年将上升到 80 亿，其中大多数人生活在亚洲和非洲大陆的发展中国家。随着人口结构的变化，发展具有文化能力的领导力对于全球组织和社区的整体成功至关重要。通过与国际合作伙伴全职的、身临其境式的实习，学生可以接触到不同的文化、语言和组织模式，体验不同的跨文化互动，认识到自己的伦理观点和敏感性、作为社区成员和新兴领导者的实践决策技巧、通过工作和生活经验对文化智力和动态能力的自我探究。校方提供的合作伙伴遍布非洲、亚洲、南美洲和中美洲。

另一方面，学生参与学校提供的网络实习项目，可以得到捐助者各种类别的资助，而如果学生参与的是韦尔斯利既定计划之外的无薪暑期实习项目，校方也会提供津贴。根据项目、生活费用和财务证明需求等材料，学校设有不同额度的资助金额，大部分学生将获得大约 4,000 美元的实习资助。每年，仅韦尔斯利职业教育资助就有 60 万美元以上的实习津贴，以支持这些通常为期两个月的全职体验。2017 级韦尔斯利毕业生中有 85.6%的学生获得了至少一次的实习资助。通过继续发展项目和扩大资助规模，学校努力确保每一位韦尔斯利学生都与职业教育建立联系，并在毕业时获得至少一个由大学资助的实习机会。

2017 年 8 月 14 日，韦尔斯利校内媒体《韦尔斯利每日镜头》上登载了 2019 届化学专业学生光明金城(Lumi Kinjo)对暑期实习经历的描述，她通过职业教育部参与了生物医学健康研究领域的实习，这次实习得到了琼 · 卡恩(Joan Kahn)基金的支持。金城写道：

亲爱的韦尔斯利：

你能猜出美国最常见的癌症类型吗？如果你说是皮肤癌，那就答对了！

今年夏天，我有机会在波士顿塔夫茨(Tufts)医疗中心的皮肤科实习，在那里我参与了一个研究项目，探索皮肤癌检查诊疗的有效性。每天，许多患者来诊所咨询和治疗皮肤问题。虽然任何人都有可能罹患皮肤癌，但某些因素，例如日晒、皮肤白皙、皮肤癌的个人和/或家族史以及免疫抑制等，会使一些人更容易受到伤害。因此，专门的皮肤癌检查诊疗相当重要，可以让高风险患者及时获得适当的护理。

过去两个月的大部分时间中，我的任务是建立一个来到皮肤癌诊所检查的病人数据库。这一过程涉及审查数百条医疗记录，以收集有关患者的人口背景、诊所访问和受伤信息资料。审查医疗记录最吸引人的方面是可以了解其他人的生活，通常是在非常私人的层面。这是因为这些记录不仅包含严格的"医疗"信息，还包含社会和家庭病史，其中可能涉及病人的职业、性关系和他/她去过的地方。审查病历就像阅读各种背景的人的故事。尽管我从来没有亲自见过这些患者，但我发现他们非常有趣。一位参与生物医学研究和健康实习项目的韦尔斯利朋友说，医学是关于研究生命如何运作的，但医学实践也在通过治疗他人了解生命。我很高兴今年夏天获得这样的体验机会。

除了临床研究外，我还通过影像环节接触了临床皮肤科。我实习的一天中，通常早上有手术，下午去皮肤癌检查诊所。我从这两方面学到了很多东西。首先，我非常喜欢观察手术，皮肤的弹性，平静而刻意的切口和缝合，以及病变被移除和结束的美妙，使我在上午8点醒来时非常清醒和兴奋。其次，我很惊讶患者语言的多元化和医院为了克服语言障碍配备的资源。例如，我遇到了讲西班牙语、广东话、普通话、越南语、俄语和亚美尼亚语的患者。为了协助医生和非英语患者之间进行沟通，口译员会亲自或通过电话翻译。语言和文化多样性及其产生的潜在挑战是美国医疗保健服务的独特特征。

实习结束，我已经回到日本。我特别想念沿着查尔斯河奔跑的日子，它平静开阔的水域，超然的游艇以及大西洋的轻微气息是我爱上这座城市的原因之一。尽管如此，仅仅是医院这个地方不会让我的夏季变得特别。虽然我是在塔夫茨大学实习的唯一一个韦尔斯利学生，但大波士顿地区的新老韦尔斯利朋友让我在这里的时间变得无比珍贵。我们一起跑步、做饭、看电影、逛博物馆，真是太有趣了！

我会在9月份再次见到你，韦尔斯利！实际上，今年夏天你一直和我在一起，并将继续成为我生活中重要的部分。

祝愿，

光明。

## 第三节 韦尔斯利的校友网络

韦尔斯利校友网络有“世界上最强大的女性网络”之称。在学校的蓝图中，韦尔斯利是创造世界女性领导者的杰出文理学院。女性领导者与文理教育的关联，并不是巧合，因为领导力需要的不仅是最好的教育，还需要具备建立联系和追问假设的能力，这正是韦尔斯利文理教育的特性。最好的文理教育课程必定是跨学科的，并专注于现实世界的问题，这也促成韦尔斯利的校友得以进入传统的权力机构并取得卓越的成就。①多元化的校园社区是育人资源的另一个重要部分。韦尔斯利的学生成长在各种文化、种族、宗教和社会经济背景中，毕业时她们已经拥有了敏锐的文化智慧和突出的社交才能。无论在课堂还是在餐厅，学生们都在练习协作、说服和谈判的技巧，培养自信心，于是当她们进入社会后，很快就能脱颖而出。

韦尔斯利长期主张“领导就是服务”的信念，这意味着韦尔斯利的校友致力于在世界各地做出有意义的贡献。许多毕业生为公共服务和外交事务贡献着才智。“我

---

① Wellesley is the preeminent liberal arts college for educating and empowering women world leaders[EB/OL].(2018-04-28)[2019-08-22]. https://www.wellesley.edu/about/intheworld/alumnaeleaders.

们的毕业生组成了世界上最强大的女性网络，包括两位美国国务卿、外国政府高级成员和国际人权倡导人士——尤其是妇女和儿童权利倡导者。”

由韦尔斯利校友协会主办的季度刊物《韦尔斯利杂志》(*Wellesley Magazine*)，是承继了韦尔斯利学院历史上最早的两份新闻刊物《新闻》(*Courant*)和《前奏》(*Prelude*)，于 1892 年 10 月 15 日首发的校级刊物，每期寄送给全球 36,000 名校友，成为毕业生与母校联系的纽带。这份杂志力求捕捉韦尔斯利社区的活力和多样性，通过呈现学校的学术项目、教师和学生、校友对世界的影响，反映韦尔斯利的全球性教育范围。校友协会希望，所有的校友都能在杂志上看到自己：年轻的全职父母、退休教师，还有企业 CEO 或职业外交家。该杂志也力求激励学生终身学习——常常通过学院教师和专家校友的视角，探讨当今世界备受关注和关切的问题，并推动校友们开展充分的思考和讨论活动。

2018 年冬季刊上，《韦尔斯利杂志》主编艾丽斯 · M. 亨默尔(Alice M. Hummer)这样介绍这一期杂志中的内容：

> 2001 年 9 月 11 日，我在《韦尔斯利杂志》工作才 4 年半。当被劫持的飞机撞入世贸大厦，那天校园中的所有细节都深深印刻在我的记忆中：与同事们一起不可置信地盯着电视机，给学生们发电子邮件确认她们的安全，在校友办公室接听响个不停的电话。这些电话来自我们的校友。我们同时寻找着其他校友，希望获知她们亲爱的朋友是否安全。在那个前社交媒体时代，我们花了数天的时间确认定位和联系相关人员。
>
> 正是这次经历让我意识到，韦尔斯利女性无处不在，并且大多数重大新闻都有着和韦尔斯利的某种联系。不幸的是，在过去的几年里，我们经历了森林火灾、飓风、地震和海啸、恐怖袭击和大规模枪击事件，以及世界许多地区的选举、政变和抗议游行。在这所学校工作一段时间后，只要我听说了世界某个地区的新闻，就会想到，“那里的韦尔斯利人是谁？她们怎么样？她们需要帮助吗？”通常联系到她们时，这个新闻就被赋予了一种全新的人格。
>
> 以哈维飓风为例，无论看多少次立交桥消失在洪水中的片段，都及不上

听一位2000届的校友诉说她和家人经历数个小时等待救援时感受到的紧迫和揪心。眼看脏水从一个房间渗入另一个房间,她们不得不将尖叫的2岁孩子放在高脚椅上扣了5个小时。[参见本期黛比·布隆伯格(Debbie Blumberg)分享她的故事"水位升起"。]

还有另一个例子——这个国家在移民问题上的激烈争论。听一个学生或一个校友的故事,有助于把讨论从抽象的话题转向我们所关心的人,她们是我们社区的一部分。

最近我认识了一位特别的学生,她来自移民家庭,不久前成为美国公民。她让我看到了农场工人在西海岸农田里采摘水果的生活。当她还是个孩子的时候,她害怕被父亲扔给她的杏子打晕,一直闭着眼睛。"害怕是可以的,"她说,"但不能让恐惧蒙蔽了你。"

从这位学生那里,我了解到来自世界各地的农场工人——俄罗斯人、墨西哥人和许多其他人——他们在足球场上建立了一个社区。"我们决定不需要说同一种语言,"她说,"我们只需要踢球。"(也许我们成年人应该学一学?)我也是从她身上了解到了一份善意的礼物所能带来的影响。自孩提起,她就努力学习英语,一位小学老师看到了她的困难,给了她一本英语字典,这成了她永恒的陪伴和生命之光。她成为一个真正贪婪的读者,当然,最终,她来到了韦尔斯利。她充满了求知欲、活力和真正的热情,绝对是一个快乐的人。

我们的扩展社区里到处是有故事的移民,这些故事与我们社区本身一样多样和复杂。它们是分离和团聚的故事、重塑身份的故事和重建家园的故事。你会在本期"移民之旅"中找到其中的六个。

这些故事,还有其他许多类似的故事,都很重要。我们不要忘记新闻报道背后的人。①

寥寥朴实的文字和故事,勾勒出这架联结校园和校友的桥梁,无时无刻不在闪耀

① HUMMER A M. From the editor[EB/OL].(2018-05-01)[2019-07-22].http://magazine.wellesley.edu/department/from-the-editor/winter-2018.

出韦尔斯利与它的校友依存共生的情感与价值取向。从学校的角度来看,校友是学校哺育的女儿,即使放飞到天涯海角,她们也牵动着学校的关注。学校为她们的成就骄傲,也关心她们当下的状态。从校友的角度来看,学校是随时可以回来和求助的娘家,自己点滴的成长、进步和挫折都可以与母校分享,通过校友协会的平台和其他校友交流,为她们的人生道路提供了一个永恒的大后方,她们可以从这里随时汲取力量、获得支持。韦尔斯利校友网络的强大不仅是韦尔斯利精神力量的体现,更有赖于一整套成熟的运转机制。

## 一、校友协会的历史、结构和活动模式

韦尔斯利学院校友协会(Wellesley College Alumnae Association,以下简称WCAA)是一个独立的组织,1880年由韦尔斯利学院的校友创建,并于1916年注册成立。最初的WCAA结构遵循当时“七姐妹学院”的所有校友协会共享的传统模式。根据1998年修订的校友协会章程,WCAA的使命是“通过将校友纳入学院和彼此之间的联系中,继续提高韦尔斯利学院及其校友的利益。本协会是校友的终生资源,鼓励校友为学院的持续卓越贡献力量”。如今,校友协会在韦尔斯利学院董事会中保持着实质的代表性,协会中有四位校友董事会成员、一位年轻的校友成员和协会主席,她们依据职权参加投票。在行政和程序方面,协会志愿者和工作人员与入学办公室、职业教育办公室、资源办公室、校长办公室以及其他的学校部门紧密合作。

随着校友协会规模的扩大和多样性的增长,其活动模式也在发展。

- 1881年开始,协会每年举行年会,时间通常定在重聚的那个周日,所有的校友都被邀请到学校讨论学校和协会的业务。同时,班级重聚以5年为周期,时间是毕业典礼后的第一个周末。校友协会负责印制所有的校友名录,仅供韦尔斯利社区和校友协会使用。
- 1887年,校友志愿者与学校资源办公室协调合作,以帮助激励校友捐赠并提高参与率,自1952年以来,学校所有筹款活动一直由学校的国家发展和外联委员会监督。
- 1889年,新组织的“韦尔斯利俱乐部”(Wellesley Clubs)出现了,为了保持WCAA的使命和章程,四散在世界各地的校友可以在特定地理区域内投票组

织当地校友俱乐部,至今在美国本土和海外已有100多个注册俱乐部。

- 1911年,协会成立校友领导委员会,每年秋季举行校友领袖会议,介绍有关学校的最新信息,讨论校友政策,指出未来的校友活动路线,并为俱乐部、班级和基金计划的志愿者提供培训。
- 1927年,班级和地区网络中的校友志愿者与学校的年度捐赠办公室合作,鼓励校友参与捐赠。
- 1946年,协会推出教师讲座活动,作为实现教师—校友互动的主要方式,教师和管理人员受全国各地和国外的校友俱乐部邀请,在她们组织的活动中发表演讲,为校友提供追求学术兴趣的机会。
- 1969年,校友协会设立"校友成就奖",通过每年颁发这些奖项,"表彰在各自领域取得成就、为她们自己和韦尔斯利学院带来荣誉的杰出校友"。
- 1983年,由校友协会与学生政府社团联合支持,现由韦尔斯利工作和服务中心管理的"校友职业选择早期支持系统"(Alumnae Career Choices Early Support System)成立,将校友和学生联系在了一起。其中两个最受欢迎的项目都是帮助毕业班学生为她们离校之后的人生做准备。"新人和前辈的网络之夜"将来自各行业、各领域的校友带到校园,与高年级女生聊聊职业选择、谈谈"韦尔斯利之后的生活",和学生讨论有关租赁公寓和管理个人财务等现实世界的问题并给出建议。
- 1988年,协会举办了首届地区论坛,之后每年都会主办1—2个区域论坛。这些为期一两天的周末活动将来自特定地区的校友汇聚起来,开展知识碰撞、联络、志愿者培训以及会见新老朋友。
- 1993年,根据韦尔斯利种族多样性工作组的建议,成立了"多样性基金",它是连接各种背景的校友和学校对所有毕业生承诺的一部分。它的主要功能是支持地方和区域性活动,加强种族、民族和文化多元化的校友与学院、校友协会和当地校友网络之间的联系。
- 1996年,韦尔斯利校友协会网站建成。进入网络空间后,协会的网页信息呈指数级增长。今天,校友们可以在线上更新她们的联系信息就她们的专业问题和志愿者领域的校友交流、与班级和同学聊天并发布消息、获得永久电子邮件地址、注册特殊活动、搜索她们的朋友，以及更多——只要点击鼠标就能实现。

目前，韦尔斯斯利校友协会分布在全球的会员约有36,000人，会员分为三种类型：(1)活跃会员。她们分别是韦尔斯斯利学院毕业生，整个班级已经毕业的、曾经至少有一个学期是学位候选人的往届学生，在一个学期结束前由于荣誉的理由离开学校并在毕业后申请会员资格的学位候选人。(2)准会员。她们是申请入学的非学位候选人和继续教育/戴维斯学者，在项目结束前她们已经完成了三门课程。(3)荣誉会员。她们是由董事会提名并在协会年会上选出的成员。其中，所有活跃会员都可以竞选学校公职，在选举中投票，免费获得校友杂志，以及参加各种各样的项目和获得成为志愿者的机会。

校友网络也有三种结构供校友选择，以确保所有校友无论毕业自何时、居住在何地、有着什么样的兴趣爱好或归属团体，都可以在韦尔斯斯利的校友网络中找到组织。一是班级。它是最早的校友组织，自1879年至今，已经形成最成功和完善的校友结构。班级以每届学生毕业年份为命名单位，一届"班级"包括当年毕业的所有学生，不论她们是传统或非传统的学生，也不论她们是否拿到了学位。二是俱乐部。1889年开始出现的韦尔斯斯利校友俱乐部是校友文化向全国和全世界辐射的机构，至今全球各地已有100多个俱乐部、俱乐部分部和主要校友联系人。每个俱乐部都是独一无二的，都服务于当地的校友联系和网络。俱乐部的功能包括：提供职业和生活体验及交流的机会；通过教师讲座、读书小组和教育活动促进学生终身学习；协助学校招生办公室招募新生；以志愿服务的方式回馈社区。三是兴趣小组。这是除了根据毕业年份和生活方位提供校友连接方式外，校友协会新建的一种通过共享兴趣或亲密关联的方式，扩大其影响范围、吸引更多校友，并进一步加强校友网络的团体组织。在这里，小组根据各自不同的活动、目的、背景或兴趣，为校友提供联系其他校友和学院的机会。目前已经设立的共享兴趣小组有韦尔斯斯利非洲裔校友、韦尔斯斯利拉丁裔网络、韦尔斯斯利亚洲校友联盟、韦尔斯斯利校友骄傲联盟、专业共享兴趣小组、加入韦尔斯斯利的导师网络、韦尔斯斯利职群等；共同兴趣讨论组包括：自闭症谱系障碍影响校友组、韦尔斯斯利企业家、军队中的韦尔斯斯利校友、和平组织中的韦尔斯斯利校友等。校友协会欢迎新的小组成立，并愿意为其提供支持和服务。

## 二、校友激励机制

1969 年起，校友协会开始设立“校友成就奖”，之后逐渐发展出多种奖项，这些奖项被颁发给对弘扬韦尔斯利精神做出卓著贡献的校友和教师。距今已发展到以下八项：

- 校友成就奖。韦尔斯利学院校友成就奖表彰通过她们的杰出成就为自己和韦尔斯利学院带来荣誉的校友。
- 图书奖励计划。韦尔斯利学院的主要目的是培养学业突出或在其他领域取得杰出成就的优秀青年女性，“韦尔斯利图书奖励计划”是校友协会为俱乐部和个人捐助者提供和部分担保的年度项目，用以扩大学院的知名度，宣传学校的教育理念。
- 教职员服务奖。韦尔斯利校友毕生追求和热爱教育事业，这个奖项是对韦尔斯利教职人员通过参与协会项目为校友提供优质服务的认可。
- 韦尔斯利学院荣誉校友。荣誉校友是那些通过对韦尔斯利学院和协会的奉献而与韦尔斯利校友终生建立联系的个人，该奖项在每年重聚期间的协会年会上颁发。
- 凯瑟琳·马龙(Katharine Malone)学术卓越奖。该奖项用以表彰和奖励那些在思想、身体和精神上表现出杰出品质的韦尔斯利学者。
- 玛丽·埃尔维拉·史蒂文斯(Mary Elvira Stevens)旅行奖学金。该奖学金支持校友前往美国以外的地方旅行或学习，使她们得以从全球性教育的知识中获益。
- 赛琳娜·斯塔克波尔(Syrena Stackpole)奖。每年颁发一次，以表彰校友对韦尔斯利学院的终身奉献和热忱服务。
- 校训志愿者奖。这是校友协会最新设立的一个奖项，强调对杰出的志愿者服务的表彰和赞扬。获奖校友或是做出过重大或创新的贡献，或是表现出卓越的领导能力，或是特别体现了“助人而非受助于人”的校训。

以历史最悠久、影响力最大、代表韦尔斯利校友最高荣誉的“校友成就奖”为例，其设立的初衷是校友协会出于向成就卓越、登上各自事业顶峰的校友表示敬意。每一位在自己的领域取得杰出成就、能够对学生产生有效激励以及能够反映出韦尔斯利多样性及其价值的校友,都是受到奖励委员会欢迎的提名对象。除了学校的在职雇员、在学校董事会任职的校友以及在校友协会董事会或奖励委员会任职的校友外,任何曾经或现在的韦尔斯利校友都有资格获得提名。被提名者无须从韦尔斯利毕业,对学校的志愿服务和财政支持也不是委员会必须考虑的因素。任何时候委员会都可以向校友办公室提出提名或更新的要求,每年截至 9 月前收到的提名将由校友协会董事会任命的一个由 7 位校友组成的轮换委员会在接下来的秋冬两季进行评估,委员会将在来年 6 月的董事会会议上提交一份提名批准名单,假定批准生效,获奖者将在下一个秋季(即 15 个月后)获得此项奖励。提名是严格保密的,由于韦尔斯利学院有幸拥有一大批杰出校友,候选人可能需要通过一系列审议。一旦获得提名,候选人的信息将被存档在校友办公室,以便定期审阅和更新。委员会十分乐于看到曾经被提名校友的任何新信息。提名者可以去校友协会网站上查阅以往获奖者的传记,以了解该协会所倡导的奖励精神。提名者也应该尽可能提供所有可用的信息,即使并不完整。一份完整的提名信息包括有关候选人背景的详细介绍、对她成就性质的清晰描述以及同事和其他人的联系信息,这些人将被要求为候选人撰写机密的推荐信。通常每年有 3 位获奖者。从 1970 年至今,共产生了约 140 位获奖者。

2017 年 10 月 13 日,校友协会向当年三位获奖者颁发了“校友成就奖”,她们分别是 1975 届校友、非营利机构“波士顿社区资本”的首席执行官伊利斯·谢丽(Elyse Cherry),1974 届校友、传染病专家黎智英(Kwan Kew Lai)和 1955 届校友、艺术家、文化评论家洛林·奥格雷迪(Lorraine O'Grady)。《韦尔斯利杂志》在不同期目上已经介绍过她们的成就。

(一)伊利斯·谢丽建立“健康社区”的故事①

起初,伊利斯·谢丽还不能确定这是个好主意。那时是 1984 年,她只是一个律师事务所的二级助理,她和一群朋友想在波士顿成立一个社区贷

① GARRETT J E. Building healthy communities[EB/OL].(2018-05-01)[2019-08-15]. http://magazine.wellesley.edu/summer-2017/building-healthy-communities.

款基金。“项目启动时我们只有3,500美元，”谢丽说，“谁都没有意识到，用这笔钱可以做多少事。”然而，从这个微弱的起点开始，该基金现如今已经发展成为“波士顿社区资本”。这是一家非营利性企业，在服务资源不足的社区投资超过10亿美元，主要为经济房提供资金，在低收入社区创造就业机会，防止取消抵押品赎回权，营建社区儿童保护设施等。谢丽的职责也从兼顾法律职业与基金工作转变为在一个不断成长的多元化组织中担任首席执行官。波士顿社区资本正在将最初的基金工作与其他举措结合起来，不仅帮助波士顿的社区，还辐射到从马萨诸塞州到佛罗里达州的各个地区。公司的业务线从一个增长到六个，但有一点始终未变，那就是组织的核心任务。“我们的使命是帮助低收入人群建立得以安居乐业的健康社区，这一点从一开始就没有改变过。”谢丽说。

这个使命不但极大地影响了谢丽的职业生涯，多年来还令她产生了很多其他方面的变化。在韦尔斯利主修政治科学时，她认定未来自己将从事法律行业，但毕业后她没有直接入读研究生院。谢丽说：“我很清楚，从财务的角度来说，在重返校园之前我需要几年的时间在现实世界扎根。”因此从韦尔斯利毕业之后，她在田纳西州担任了一年的美国VISTA志愿者。“这是一个很好的过渡年，我在这一年中学到了很多东西。在另外一个地方，我能创造一些新的网络和人脉，做一些很好的事情，并且引导我找到通往未来的方向。”她说。

正是在那段时间，谢丽对劳工和劳工史产生了兴趣。之后的几年，她在国家劳资关系委员会担任劳资审查员，了解合同谈判和劳工问题。她说：“我去了法学院，打算成为一名劳工律师。当然，后来又发生了变化。”在获得美国东北大学的法学博士学位后，谢丽必须重新调整自己的想法以适应市场需求。“我的目标是做原告方面的劳动法，但是毕业后我找不到工作。”她说。波士顿当时正在经历一场房地产热潮，在那个领域也有一些机会。“作为一名VISTA志愿者，我做过大量的城市规划和公共规划，我参与了制定社区设施法案，所以对房地产法律很熟悉。”谢丽说。于是她加入了当时的“黑尔和多尔”(Hale and Dorr)，即现在的“威尔玛霍尔”(WilmerHale)的房地产部门。“在职业生涯的早期阶段，像登上火箭一样快速地学习和承担责任是一种很好的方式。”谢丽说。该公司还有着很长的公益服务历史，这对谢丽来说很有吸引力。“在那里我可以进行的不仅仅是一个商业实践，而且也是一段廉价房的建设实践，”她说，“这两者完全可能相互影响。”

随着谢丽开始进行商业房地产融资和发展实践，最终她成了“黑尔和多尔”的合伙人。之后她又继续与波士顿社区资本展开合作。她说：“从一开始这就是一种非常有吸引力的关系。我曾担任该组织的董事会成员，并最终成为该组织战略愿景代言人。”1992年房地产市场陷入严重低迷的状态。“有时候，我花了一上午时间向银行董事会成员解释，为什么起诉开发商客户拖欠贷款是没有意义的，下午我却在坚持不管谁欠款于波士顿社区资本，都由波士顿社区贷款基金支付。”这种经济衰退让谢丽有机会考虑职业生涯的下一个目标。“律师往往难以避免地要跟随别人的脚步，”她说，“我已经达到了只追随自己的目标的境界。”

凭借交易律师背景和谈判经验，谢丽加入了普利茅斯洛克家族的保险公司，将她的技能带到了商业领域。“我当时正在经营保险业务，而我之前对此一无所知，”她笑着说，“如果你的生活中要做的不止一件事，那么你就不能先爬上山，然后下山，然后再爬上去，”谢丽继续说，“一旦上山了，你必须从山顶跳到山顶。”在普利茅斯洛克公司工作四年后，谢丽又一次转向其他领域。她决定尝试创业，并开始与一个试图将环保技术推向市场的团队合作。但是不久之后，波士顿社区资本向她发出邀请，请她管理该组织。“我很不情愿换挡。”谢丽说。在关于是否要接受邀请的思考中，她曾一度认为可以写下20个否定它的理由。“所以我写下了20个理由，但问题是，当我写到最后时，我已经可以解决其中的18个问题。”她说。剩下的两大挑战是：她希望组织发展壮大，以及她们需要找到资金来源。“每个人都在关注增长，我意识到我可以找到资金，”谢丽说，“然后我就真的没有任何借口了。”

1997年，谢丽成为波士顿社区基金会首席执行官，从那以后，她就再也没有回头。“当时我们的市值约为3,000万美元，现在已经超过10亿美元大关，正在向20亿美元的方向发展，”她说，“事实证明，这是我做过的最有趣、最具挑战性、最有价值的工作，能够引领一种价值观驱动的生活，让工作、公民领导和生活之间的界限变得模糊，这是我生命中最大的特权之一。”

波士顿社区资本在谢丽的领导下迅速发展。这不仅表现在财务方面。除了用于为经济适用房和医疗保健中心等社区设施提供资金的社区贷款基金，该组织还投资了一些其他项目。谢丽说：“随着社区需求的不断变化，有效的机构会相应发生变化，我们一直在发展。”为此，该组织增加了一个风险投资基金，将资金投入为低收入社区或低收入企业的服务之中，比如帮助低收入社区获得太阳能设施、帮助公用事业基准公司等。

事实上，2007年房地产泡沫和金融危机爆发后，谢丽推动了稳定城市社区(Stabilizing Urban Neighborhoods，以下简称SUN)计划的启动。这是一项取消赎回权的项目，即以当时的市场价格从赎回机构那里回购抵押贷款，然后向最初的房主发行新的抵押贷款。“我们了解如何做好贷款以及如何与借款人长期合作，因此我们不仅考虑交易的货币方面，还考虑交易的人性方面。”谢丽说。这个项目已得到众多住房社区研究领域专家的支持，其中包括巴利·布鲁斯通(Barry Bluestone)，他是杜卡基斯城市和地区政策中心的创始主任、高级研究员和美国东北大学公共政策与城市管理教授。“在伊利斯的领导下，波士顿社区资本在帮助人们留住房子并找到避免丧失抵押品赎回权的方面发挥了重要作用，”布鲁斯通说，“当有人被取消抵押赎回权时，他(她)们失去的不止是房子，还失去了生活的社区。她与波士顿社区资本所做的工作帮助的不仅是个别家庭，还有整个社区。”SUN计划目前在七个州开展工作，谢丽估计她们已经为大约800个家庭完成了约1.5亿美元的贷款。她说：“我最希望的是止于破产，但他们仍然看到取消止赎的需求，这还被称为重大的经济复苏……我有时把这个描述成两个复苏的故事。”谢丽说：“如果你住在一个中上层阶级社区，你的房价就很高；但如果你住在低收入社区，你往往还会处于困境，因为各社区经济复苏的程度并不一致。”

从一开始，关注社区的真正需求就是谢丽和波士顿社区资本的目标。“我们开始明白我们服务的社区和人群的真实需要是什么，同时也真正弄清了如何使用这些商业性的、为中产阶级和华尔街的富人们积累财富的技术，并将其应用于低收入社区和解决穷人的问题，”她说，“如果我们把这些商业经验和商业技术结合起来，并将它们与社区推动自己未来发展的理念相结合——在某些方面，这确实是一个创新的想法。”这只是谢丽与波士顿社区资本合作的原因之一。该组织还将鼓励推选公民领导作为其战略计划的一部分。谢丽说：“如果我们想要建立我们理想的世界，那么我们不仅需要通过在这里的工作去实现，还需要通过在非营利组织中服务、参与当地政府的方式，去追求公民权利。”

“从我的职业生涯一开始，我便很清楚自己想要建立一个营利的生活和一个非营利的生活，而我认为说‘我要等’是没有意义的，我真正想做的是同时建立它们。”谢丽说。这意味着，无论是在律师事务所还是在保险公司，或者是在波士顿社区资本公司，她都参与了各种各样的相关工作。在马萨诸塞州历史性的争取同性婚姻平等期间，她担任了“麻省平等”(MassEquality)活动的董事会主席和董事；她也曾担任马萨诸塞州文化委员会主任和主席；目前还在担任“LGBTQ 法律支持正义基金”的联合主席。美国马萨诸塞州公民自由联盟执行主任卡洛斯·罗斯曾在 2003 年与谢丽见面，那时她们都在为婚姻平权而努力。“这可能是过去 20 年来最伟大的民权胜利。伊利斯为平等婚姻权利的斗争带来了真正的创造力和坚持不懈的精神，”罗斯说，“虽然我们在马萨诸塞州赢得了一些非常微薄的利润，但是伊利斯从未失去重心，她从不犹豫。”

谢丽也与其他非营利组织合作。她表示：“人们已经认识到，LGBTQ 社区、有色人种、女性以及经济弱势群体的问题都是真正联系在一起的。”作为首席执行官，她为组织提供了领导力和战略眼光，为此，她需要“进行创意交流”。她说：“我真的认为，许多社区的交叉点是最有趣的地方。”她指出，领导力的挑战之一是放下日常业务需求，并能够向前看。“因此，无论是通过旅行，还是接触各种社区，或者结交各种朋友，或者参与各种行业，都可以开发更多的视角……从长远来看，马赛克越复杂，视角越精确。有能力的人能够站在角落环顾四周，然后做出决策。”谢丽说。她目前正在制定几项新举措，以确定组织的未来走向，包括一个关于未来工作的计划和一个关于如何为获得公民身份融资的计划。“在白宫和国会里，有一些人会剥夺那些没有合法身份的人的权利，剥夺同性恋者、女性、有色人种和穷人的权利，伊利斯·谢丽不会仅仅因为反抗而感到满足。她将继续推进建设她想要看到的世界，”罗斯说，“她没有时间把事情推翻，她正在建设。”

虽然谢丽和她的组织的举措确实产生了效果，但更重要的是，她们创造了机会。“我们在波士顿社区资本所做的工作，其核心在于努力建设我们想要的世界。”谢丽说。虽然她可能一开始并不确定自己的选择是否正确，但事实证明这是一个不错的主意。

（二）志愿者医生黎智英的故事[1]

2014年，1974届校友黎智英有六周时间在利比里亚医院治疗埃博拉病毒患者，为免于感染，她必须配备三副手套、全身防护服、面罩、围裙和护目镜。直面近年来爆发的最可怕的疾病，这是她对韦尔斯利校训“Non Ministrari sed Ministrare”（助人而非受助于人）的诠释。“不得不承认，在一个ETU[2]中照顾埃博拉病人是一件非常具有挑战性的事情，无论在情感上还是身体上，”智英在她每天更新的博客中写道：“我们每个人都受到患者的极端痛苦和死亡人数的影响。”作为一名传染病医生，智英自愿参加12小时轮班——让垂死患者好过一些。当疑似病人被检测为阴性或照顾病人早产的新生儿时，都能令她欣喜。

虽然埃博拉病毒可能对她自身的健康造成了最直接的威胁，但这早已不是黎智英第一次向需要额外医生的社区提供专业医疗服务。她充满热情地投入志愿者服务中，以至于选择到在马萨诸塞州尼德姆的贝斯以色列女执事医院（Beth Israel Deaconess Hospital）兼职做临床工作，这样她就可以离开家中舒适的环境去海外帮忙。她曾在越南、马拉维和乌干达指导与培

---

① MAYER A. Volunteer, M.D.[EB/OL].(2018-05-05)[2019-08-02].http://magazine.wellesley.edu/volunteer-md.

② ETU, Ebola Treatment Unit,“埃博拉治疗病房”的缩写。

训艾滋病临床医生，并在海地地震及霍乱疫情期间参与救济服务。

结束利比里亚的工作之后，智英甚至还未完成马萨诸塞州家中的强制隔离，就再次前往疫区支援。“我的存在可能不会使埃博拉病毒出现改变，但会缓解我所接触的那些人的痛苦，”她给塞拉利昂诊所的申请信中这样写道。“我每天都会在别人的生活中发挥作用。”智英说。她对乐于助人这一品质的追求可以追溯到她的少年时代，而大学经历使之变得更强烈。来韦尔斯利之前，她生活在马来西亚，通过当地的美国信息服务处的图书馆，她了解了世界另一端的这所大学。那时，她的家庭是负担不起本地图书馆的费用的。一位老师向她和她的同学介绍了美国信息服务处的图书馆。“我们得到图书证，每两周可以免费借两本书。”智英说。临近高中毕业时，智英和朋友利用图书馆的资料研究美国高等教育，了解到有的学校向国际学生提供奖学金，于是将她们的搜索范围缩小到这些学校。“韦尔斯利给予我全额奖学金，这是别的学校都没有的。”她说。1970 年，她来到韦尔斯利上大学。

然而，在 1974 年的毕业典礼上，智英没能坐在毕业席上。她还没有完成学业，倒不是因为落后，而是她在还差 4 个学分就可以获得分子生物学学位的大三期末时，离开了韦尔斯利，进入哈佛大学的牙科学院，并计划以哈佛的学分完成韦尔斯利的学位。“学校一直没有给我学位，直到我完成了在哈佛第一年的学业。”她说。牙科学生在医学院学习的头两年让智英的志向不止于治疗嘴巴和下巴。“我决定完成牙科学业，”她说，“我认为到那时我会做一些更具挑战性的事情，比如做口腔外科手术。”

她接受了几次口腔外科住院医师的面试，但因为在范德比尔特大学(Vanderbilt University)的面试中有些医生表现出的高傲和不屑使她感到非常沮丧，她取消了其余的面试，决定完成医学学位，而不是直接从事口腔外科手术工作。最终，她在芝加哥医学院(Chicago Medical School)的努力使她获得了内科住院医师资格，并走上一条与她之前想法完全不同的道路。她想要进入一个具有挑战性的行业，其中需要评估和考量的不仅仅是一个特定的器官或系统。“感染性疾病涉及整个人，”她说，“你在诊断时需要站在整体的角度。”

她回到波士顿，完成培训，之后进入伍斯特地区的马萨诸塞大学医学院执教。2001年，黎智英获得全职教授职位。然而，一些因素却吸引她离开了全职职位。自从十多岁时在美国信息服务处的图书馆读过汤姆·杜利(Tom Dooley)医生无私的人道主义服务生活的故事之后，她就想象着拥有类似的生活和职业生涯。韦尔斯利的座右铭孕育了这种冲动。“韦尔斯利鼓励学生‘助人而非受助于人’，”她说，“我的教育实际上是从韦尔斯利开始的。如果没有韦尔斯利，我今天不会成为一名医生。”回馈他人帮助智英完成了一个人生的良性循环。

2004年之前，她曾做过一些志愿者工作，但不是医生，那年的印度洋海啸转移了她的注意力。“我看到了关于海啸的可怕的照片。”智英说，“亲身经历这些会有多么痛苦?”“我觉得作为医生我应该去帮忙，”她说，“但我不知道怎么做。”她很快就明白，这并不像她想象得那么简单。“实际上你很难找到一个组织来接纳你。”她说。即使国际援助组织在新闻中谈到需要志愿者，她也发现真正接触到需要护理的患者时还是会出现很多障碍。但她已经找到答案，自2005年以来，除了印度、尼泊尔、菲律宾、越南和海地外，她还在非洲的十几个国家自愿担任过志愿者。这也是她于2008年离开马萨诸塞州大学医学院，到贝斯以色列女执事医院做兼职临床医生的原因。

她的埃博拉博客经美国国家公共电视台报道后广受关注，许多新读者的进入令智英的博客知名度大增。“几年前的某一天，我决定开始写博客，”她说，“这一定意义上是为了我的家人，他们可以去博客上了解我的近况，这样他们至少可以知道我是安全的，我没有发生什么意外。”她从当地医护人员的奉献中汲取灵感，他们在自己生活的环境里做着与她类似的工作，治疗着他们不认识的病人。“他们给予我勇气，鼓励我日复一日地工作，不去想自己的安全，”她说，“这让我对人性有了很大的希望。”其他人也从智英的工作中获得了类似的灵感。“她代表着人文主义者和医生对社会最好的贡献。”同为1974届校友的传染病医生卡丝琳·穆雷·雷谢尔说，“埃博拉病毒具有高度传染性和无法治愈的本质，为之努力的志愿者非常了不起。”

雷谢尔记得智英曾经是一个害羞、安静的学生，但今日看到她对最脆弱的病人的奉献和付出，雷谢尔深感敬佩。她说："智英是一名临床医生，特别是在对这些可能伴有社会歧视的艾滋病、埃博拉或其他传染病患者进行治疗时，她是一位积极的行动者。"雷谢尔表示，当地和全球当局并没有立即意识到埃博拉疫情的严重性，但"黎智英非常勇敢地来到了这里"。

最近，智英刚从希腊回来，在那里，她为叙利亚难民服务，那是她长期以来一直想要服务的人群，还有一些来自伊朗和阿富汗的难民，他们正等着进入欧盟国家。虽然她的埃博拉病毒工作获得了最广泛的关注，但智英现在认为，这并不是最具影响力的志愿者活动。"做艾滋病患者心理疏导工作时是我感觉自己最有用的时候，"她说，"我在几个不同的国家中，帮助医疗机构的人变得更善于照顾脆弱的、经常受到歧视的病人。"

"助人而非受助于人"，的确如此。

（三）评论艺术家洛林·奥格雷迪的故事[①]

当韦尔斯利1955届校友洛林·奥格雷迪在45岁那年声称自己是一位视觉艺术家时，她已经体验了很多种职业：政府分析员、翻译家、摇滚乐评论家、教育家和作家。如今，82岁的她和她的作品对艺术世界产生了深远的影响，尽管那是一个并不总是欢迎她的领域。随着对艺术的兴趣不断增强，2017年，奥格雷迪参加了由伦敦泰特现代美术馆和纽约布鲁克林博物馆举办的两场巡回展览。她的一个主要设计将于2019年在伦敦国家肖像画廊展示，此外她还忙于为2018年秋季的纽约当代艺术画廊亚历山大·格雷协会（Alexander Gray Associates）的单独展览创作新作品。奥格雷迪的作品正在吸引新一代的策展人和艺术家，他（她）们欣赏她激烈的独立性、敏锐的才智和对艺术创作的热情。作为一名概念艺术家，她创作表演作品、摄影作品，制作摄影装置和视频，以及撰写随笔和批评等。

"洛林游走在表演、写作、图像和文字之间，"作家贾勒特·欧内斯特

① AUSTIN A. The artist as critic[EB/OL].(2018-05-05)[2019-08-25].http://magazine.wellesley.edu/the-artist-critic.

(Jarrett Earnest)说,“她擅长处理复杂的问题,从不会将其简单化。这是一个可以激励年轻艺术家的范例,尤其是那些被社会边缘化的艺术家。”奥格雷迪致力于探索自身西印度群岛移民女儿的身份。她的族谱包括受奴役的非洲人和白人奴隶主,她的父母是定居在波士顿中产阶级黑人社区中的牙买加移民,他们对两个女儿有很高的期望。奥格雷迪天赋甚高,接受过精英教育,先后就读于女子拉丁学校和韦尔斯利学院。

大学期间她怀孕,然后结婚,接着继续完成学业,她比1955年的同学晚了一年毕业。之后奥格雷迪就开始了多姿多彩的职业生涯。无论走到哪里,奥格雷迪经常发现自己是那里唯一的黑人。她说,在学术界和政府部门,她的成就已经能得到客观衡量,然而进入更具有文化主观色彩的艺术领域时,她意识到精英教育并未给她带来任何不同——她被自己的肤色所定义。“艺术界似乎对黑人知识分子没有什么概念,更不用说黑人女性知识分子了。”她说。20世纪70年代,她在纽约视觉艺术学院教授文学,她觉得自己和那里的艺术家有一种亲近感,这是她以前从未经历过的。

在为她的视觉创意寻找一个框架时,奥格雷迪遇到了一本关于艺术概念的书,即露西·利帕德(Lucy Lippard)的《六年:从1966年到1972年对艺术品的去物质化》。她说:“我非常确定这是我所理解的艺术类型,我可以自己创作。”不过从说到做,她又花了三年的时间。“我不知道怎么做和在哪儿做。”她说。那段时间,她频繁地出入表演艺术中心和展览,其中包括当代艺术中心(现在的MoMA PS1)1980年的演出“美国黑人抽象派”。“那个节目真的让我大吃一惊,”她说,“在开幕式上,我发现自己周围有200名黑人,他们和我有着一样的思考方式。我想,这就是我想要生活的世界。”与此同时,她觉得节目中的艺术表达有过多的自我意识,太过小心翼翼。“作为一个以黑人中产阶层身份长大的人,我很了解那种谨小慎微。”她说。

奥格雷迪曾在黑人先锋画廊“Just Above Midtown(JAM)”担任志愿者,这是一个经常展览“非裔美国人抽象艺术家”作品的画廊。当她了解JAM的一场展览即将开幕时,她知道机会来了。奥格雷迪设计了一个角色:一个虚构的选美皇后。她赢得了1955年“Mlle Bourgeoise Noire”(黑人中产阶级小姐)的冠军。她的服装包括一件礼服,一个由180双白色手套、饰带和皇冠组成的斗篷。开幕当晚,奥格雷迪穿上这身服装,震惊了这场派对的所有人。她的表演包括用九条猫尾巴鞭打自己,并在最后高喊一句"黑人艺术家必须冒更大风险"。

"人们目瞪口呆,他们不知道该怎么做,"奥格雷迪说。在鼓足勇气摆脱"过度良好的教育,过度良好的背景"时,她同时也嘲笑自己的成长背景,批评黑人艺术家戴着手套进行创作的倾向。奥格雷迪解释说,"白色手套"象征着内化压抑,而"九条猫尾巴"则是外部压迫的显现。

几个月之后,在曼哈顿的新博物馆,奥格雷迪再次以"Mlle Bourgeoise Noire"形象现身。这次她开始批评市区里的白人艺术界忽视黑人艺术家,她在诗歌中宣称:"现在是入侵的时候!"艺术家、设计师和教育家罗伯特·兰斯克认为,"洛林是一位有平等意识的评论家"。20世纪80年代他在视觉艺术学院学习摄影时就认识奥格雷迪。"她的天才之处在于她从不说教,她相信你有能力从她的作品中看到、理解并学习。"JAM画廊的创始人琳达·古德·布莱恩特(Linda Goode Bryant)说。而且在布莱恩特看来,奥格雷迪的表演既具有建设性,又具有挑衅意味。在Mlle Bourgeoise Noire入侵JAM之后,布莱恩特邀请奥格雷迪代表该艺廊参加一个包括城市周边艺术家在内的表演艺术系列活动。

1983年,奥格雷迪指挥着一架花车参加了在哈莱姆举行的一年一度的"非裔美国人日"游行。她雇请了十几名黑人舞者和演员同游。花车两侧是"艺术是……"的字样。由Mlle Bourgeoise Noire带领的表演者走到人群中,在围观者面前举起许多镀金的相框。"从这次活动的照片中,我们看到年轻的和年老的黑人用相框互动。有的摆姿势,有的只顾叫喊。"奥格雷迪表示:"他(她)们不需要有人告诉他(她)们花车的用意或解释相框的含义,他(她)们立即就明白了:他(她)就是艺术。"在奥格雷迪看来,这次活动的成功反驳了所谓"先锋艺术与黑人无关"的观点。"洛林表示,一件作品既可以在街头也可以是前卫的,这两者从来都不是互相排斥的。"共同策划了伦敦泰德现代艺术展的佐伊·惠特利(Zoe Whitley)说。这个展览题为"一个民族的灵魂:艺术在黑人权力的时代”,其中包括了奥格雷迪在“艺术是……”事件中创作的40幅照片。

布鲁克林博物馆的展览“我们想要一场革命:黑色激进女性(1965—1985)”中展出了Mlle Bourgeoise Noire的照片和她的服饰。该展览的策展人之一露耶可·霍克利(Rujeko Hockley),现在是惠特尼博物馆的助理馆长,她把奥格雷迪的表演称为一个无所畏惧的例子。“她探索出了自己的经验,但她也在突破艺术与生活、自我与家庭、个人与政治之间的界限,”霍克利说,“这让她非常入时。”表现个人与政治的冲突的“种族通婚(1980/1994)”是奥格雷迪最著名的作品之一。种族通婚被定义为“同居、性关系或涉及不同种族的人的婚姻”。在一系列双联画中,奥格雷迪将埃及女王纳费尔提蒂(Nefertiti)的照片与奥格雷迪的姐姐德波尼亚·伊万杰琳(Devonia Evangeline)的照片搭配,画面中还有成对出现的姐妹、女儿和丈夫。长期以来,她一直对古埃及的历史感兴趣,并于1963年前往埃及。古埃及人脸上的混血血统迹象令她与自己家族的历史产生共鸣。

“洛林用这些对比来建立对话,”旧金山加州艺术学院美术系主任詹姆斯·沃洛斯(James Voorhies)说,“她希望我们看到两位女性之间的相似之处和不同之处,同时也要认识到我们的文化如何构建了这两种身份。”关于身份的对话,特别是杂居和流散问题继续激励着奥格雷迪的工作。她最具自传色彩的作品是名为“第一手掌(1991/2012)”的蒙太奇照片,显示的是加勒比海棕榈树的树干,却被新英格兰冷杉的树枝覆盖。最近,她制作了一段视频,用特写镜头表现她的混合人种头发,题目叫作“风景(西半球,2011)”。

写作是奥格雷迪工作的重要组成部分。1992年,她写了一篇里程碑式的文章《奥林匹亚的女仆:重新找回黑人女性主体性》,该文已编入大学艺术史课程的教材。“她用这些文字把人们进一步带入她所问的政治问题中。”沃洛斯说。今天,奥格雷迪通过她不断更新的网站和她在韦尔斯利学院的档案,来与新的、更多元化的观众交流。她希望能够激发其他的有色人种艺术家,他(她)们太难在艺术世界里见到同类了。“很多人在挣扎,然后就放弃了,而我是永不会放弃的那个。”她说。

## 三、职业进阶支持

韦尔斯利并不是只重视“成功”校友，或者说，并不是只有那些已经在职场中有所建树的校友才能赢得母校的关心和注目。终身学习作为韦尔斯利重要的教育精神，不仅是学校对在读学生强调的理念，更体现在校友协会的实践环节。前文曾提及，韦尔斯利的职业教育部门为在校学生提供丰富的职业教育指导和资源。在职业教育部门，这部分功能被称为“职业探索”(Career Expolration)。不过，毕业后的学生也能得到学校的持续关心，职业教育部门的另一部分功能就是“职业进阶”(Career Advancement)。它依托校友协会，共同为校友的职业生涯服务，无论她们在什么年龄、什么阶段，有过什么样的职业经历，都能够得到母校持续终身的职业教育资源和职业发展支持。

职业进阶支持项目“配备专职校友职业顾问和职业领域顾问，帮助校友在职业生涯中找到自己的位置，与社会建立有意义的联系，克服障碍，并在每个阶段为她们庆祝成功”①。在这里，校友可以获得一对一的咨询、关于简历和求职信的建议、面试练习，甚至还有关于行业新趋势的指导。经验丰富的顾问可以为校友提供全方位的职业指导服务，包括进行职业转换/变更，在现有职业领域晋升发展，暂时离开之后重返职场，或在退休后尝试“职业返场”(Encore Career)②。2002 届学生阿米娜 · 斯瓦内普尔(Amina Swanepoel)这样评价母校的职业进阶支持项目对她的帮助：“韦尔斯利为我的职业生涯做出了巨大贡献，其重点是赋予妇女改善健康状况和获得信息及服务的权利。我的女权主义意识在母校得到了巩固，并且每天在我所做的工作中引导我前进。”

两种类型的顾问有各自的侧重点。三位校友职业顾问以一对一的形式提供关于

---

① Career advising & support, mentorship, events, & more[EB/OL].(2018-05-20)[2019-07-14]. https://www.wellesley.edu/careereducation.

② Encore Career，本书将其译为“职业返场”，指的是在人生后半生的工作，可以和持续的收入、更大的个人意义及社会影响相关联。这些工作通常集中在公共利益领域，如教育、环境、卫生、政府部门、社会服务和其他非营利组织等。“encore career”这个词出自马克 · 弗里德曼(Marc Freedman)的著作《返场：在人生的后半段找到重要的工作》(*Encore: Finding Work That Matters in the Second Half of Life*)。

职业转折点、重返职场、简历和求职信撰写、面试练习等方面的建议。八位职业领域顾问覆盖了六个职业领域，每位顾问都可以为校友提供专业知识、帮助她们探索特定的职业道路。无论她们是打算进入一个新领域还是希望通过竞争优势在行业中取得进步，都可以从这些职业领域顾问那里获得指导。

韦尔斯利认为，职业发展对不同的人来说意味着不同的事情。对于某些人来说，进阶意味着在公司或领域内达到领导阶层；而对于另一些人来说，进阶意味着在某个特定角色中的出色表现；有时候进阶也可能意味着完全转换职业生涯，在一个全新的领域中学习，或者专注于回馈某个领域或群体。因此，“职业进阶支持”项目通常涵盖以下几个部分：

### （一）自我评估

如果缺乏自我认识，不了解自己的长处和短处，她们便很难在自己的职业生涯中取得进步。自我评估环节推荐几种工具来帮助校友更全面地了解自己，提供表达建议，展示她们可以为组织做出的贡献，并为其职业方向提供更加清晰的体验。自我评估也有助于改善情商。如果我们想改善他人对我们的理解和合作方式，应该首先从自己做起。第一步是主动寻求上司、同行和直接下属的反馈，了解别人如何看待我们与我们如何看待自己。校友可以通过正式和非正式的方式来获得这种反馈。一些公司也会为员工提供参与此类评估的机会。

在这个评估体系中，你需要问自己这样一些问题：

- 我对自己在哪些方面不太确定？
- 我收到的哪些反馈意见是亟须改进的？
- 在我向往的榜样身上，有哪些我欣赏的技能或特质？
- 我能清楚地表达我的价值观和职业兴趣吗？

校友可以与顾问预约讨论，开展评估，也可以免费进行在线评估，以帮助其专注于职业发展的价值观。

### （二）专业发展

在哪个领域投入多少发展专业的时间、精力和资金，是一个很有挑战性的问题。有时你需要的可能只是一次短期课程，但有的时候，这个问题的答案可能是去就读研究生院。更多时候，人们需要向比他们更有经验的人学习，而在线学习也成为越来越常见的选择。职业领域顾问提供的是有关特定项目、资格和学校信息的绝佳资源。校方还建议学生在“韦尔斯利职群”和“领英”中查找前辈校友,她们可能已经获得你所感兴趣的学位或是培训经历。咨询她们是如何决策的、那段学习经历的价值是什么以及她们作为过来人的看法,这些咨询可以为你提供有用的信息,从而做出自己的决定。

深入学校和课程本身也可能对你的专业发展有所帮助。许多学校会提供愿意与潜在申请人交流的毕业生的信息,招生办公室的代表人员也可以回答很多问题。如果有感兴趣的研究生院,不妨与相近领域的韦尔斯利教授接触(无论你是否上过这些教授的课),这绝对是明智之举。他(她)们可能可以提供一些视角和信息帮助你更好地了解感兴趣的学校。对于某些特定领域职业进阶所需的认证、资格或学位,专业协会往往也是很有价值的信息来源之一。

对于已经离开职场一段时间,或是长期从事相同工作,或是有意寻求职业变化的校友,可能会在运用最新的技术方面遇到挑战。我们的技术资源可以帮助她们改善和提高对于新技术工具的理解及使用能力。

在这一机制中,你需要问自己这样一些问题:

- 我是否需要进一步的培训或教育来提升专业水平?
- 我现在可以花多少时间和精力来进行培训及教育?
- 在我考虑的选项中,财务成本如何?预期的“投资回报”是什么?
- 我的技能或教育在哪些方面存在差距?具体情况是怎样的?

### (三)领导力/管理培训

从个体贡献者转变为管理者,对任何人来说都是一次跨越。有的人可以无缝过渡;有的人却可能会感到难以应付这种全新的责任。一些公司或组织可能会为新管理层提供培训,与所在领域的其他人进行交谈也会非常有帮助。你也可以选择通过博客或自传,阅读或听取你所敬仰的领导者的故事,这会帮助你激发灵感。当你做出这个尝试时,你需要确保拥有自己的支持网络。如果遇到任何问题,你需要了解在组织中可以去哪里求助,并尽早寻求及时的反馈,给自己一些犯错的空间,从中成长。

在这一机制中,你需要问自己这样一些问题:

- 我对承担管理和领导责任感到兴奋吗?我的职责是什么?

• 我知道自己想成为什么样的领导者吗？

• 我将如何评估自己作为领导者的表现？

• 谁是我的领导榜样？

（四）职业返场

对于一些已经有过一段成功的、长期的职业生涯的人来说，如果还想继续保持投入和忙碌的状态的话，职业返场可能是个好主意。这是一种比每周通常工作40或50多个小时更灵活的工作模式。有的人希望在一定条件下继续原来的职业，有的人想去教书或追求艺术兴趣，也有的人可能希望以某种方式回馈社会或进行慈善事业，咨询人员向求职者推荐的许多策略也适用于这个阶段的人群。你不太可能会在求职公告上找到理想的职位描述，以此成为返场的职业角色。但是通过你的社交网络，寻找你所有的校友以及那些与你有共同职业兴趣的人，都是了解组织和企业需求的最佳途径。有了这些信息，你可以回答如何为它们的使命做出贡献或参与解决一些问题。

目前的研究发现，学习新事物、坚持参与社会活动、有目标、保持良好的社会关系都会在预防老龄化过程中起到很好的作用。你需要开阔而富有创造性地思考你生命中的这段时光，尝试从广泛的人群中获取信息，与家里或邻居家的年轻人交谈以了解最新的技术或趋势。你要相信自己的能力，并对从别人那里获得的帮助或想法心怀感激。

在考虑职业返场时，你需要问自己这样一些问题：

• 目前阶段我的工作重点是什么——灵活性、使命、收入，还是人员？

• 赚钱对我的重要性是出于实用还是哲学的理由？

• 我能接受收入下降吗？

• 薪水多或少的税务意义是什么？

• 我能否接受零工经济形态，在一些临时性的岗位上工作？能否自己负担医保？

综上来看，韦尔斯利的校友“职业进阶支持”体系已经建立得相当成熟，足以覆盖一位女性人生中的每个阶段。在韦尔斯利学院的官网和校友刊物上，也常常可以看到这些项目所发挥的实效。虽然它们的服务对象——校友们，早已不再生活在校园里，却享受着母校所提供的持续的、终身的职业发展服务。也许韦尔斯利的做法并不是美国私立大学的特例，但这对于受过良好教育且笃信“助人而非受助于人”的韦尔斯利女性,却有着不同寻常的意义。2016 年夏季刊的《韦尔斯斯利杂志》上,2003 届校友、作家萨拉·利根(Sarah Ligon)采访并书写了数十位在职业道路上经历“再次出发”的校友的故事,她们都曾经属于美国劳工部所称的 200 多万名介于 24—54 岁、失业和正在寻找工作的妇女群体。其中许多人主动选择把时间用于照顾孩子或生病的父母。而对于另一些人,其困境是高昂的儿童保育费用以及难以灵活兼顾工作环境与家庭生活责任的现实困境所造成的。她们当然明白这是个冲突的选择——她们的母校强调女性的职业成功,并强调学校的座右铭是“为更广泛的社群服务”。无论她们把时间看作奢侈品还是必需品,都不得不承认它是大多数职业女性无法分享的特权。她们中的一员,1999 届校友丹亚·里夫林(Danya Rivlin)在从韦尔斯利毕业后的几年间,把她的职业生涯搁置在做照料孩子们的全职妈妈上。七年后她打算重返职场,开始面试,在脸书校友群里,她“呼叫帮助”,却同时困惑着:“我还能获得一份有价值的职业吗？我该从哪儿开始呢?”对她来说,全职妈妈的时光根本不是“休息”。“什么时候休息?”她问,“我觉得过去七年中我的工作比以往任何时候都更加辛苦。”

无论她们对职业生涯中断有何感受,她们都希望重返工作岗位,然而统计数据却令人沮丧。《下坡道和上坡道》(*Off-Ramps and On-Ramps*)一书的作者、经济学家西维亚·休利特(Sylvia Hewlett)创立的人才创新中心于 2004 年和 2009 年经济衰退之后对数千名“高素质女性”进行了调查,结果显示,89%的受访者表示她们想要重返工作岗位,但其中只有 73%的人获得了成功,而仅有 40%的人找到了全职工作。2013 年的一则 CNN 头条更直白地说明了这一点:“妈妈选择去‘上班’,却发现门已经关上了。”当然,再次进入劳动力队伍不仅仅是母亲的难题,甚至不仅限于女性。在今天的经济形态中,任何形式的职业中断似乎都是不可避免的。但正如韦尔斯利的校友因在事业上取得成功而赢得声誉一样,她们在再次启动职业生涯的过程中也遇到了不小的困难。许多校友发现,通过做一些诚实的自我评估、建构人际网络并主动承担一些风险,有可能让自己再次走上一条比中断前更好的职业道路。

**附录:《再出发》原文**

## 再出发[①]

### 韦尔斯利学院2003届校友萨拉·利根[②]

• 信心的鸿沟

“重新进入职场的最大障碍是信心不足,”1986届校友凯特·格鲁辛(Kate Grussing)说,“很多女性在中断工作的时候当然不会忘记她们所拥有的知识,但她们却很可能失去了某种魔力。”作为伦敦一家高级搜索咨询公司“蓝宝石合作”(Sapphire Partners)的创始人,她曾建议公司雇用因生育而离职后重返劳动力市场的女性人才,并亲自面试了数百名这样的女性,其中有一位在最终找到工作之前申请了81个职位,这令她印象深刻。“上帝保佑,她一直在努力!”

1983届校友乔迪·富兰克林(Jody Franklin)从来没有缺乏信心或魔力的时候。她在1992年总统竞选期间担任1969届校友希拉里·罗德姆·克林顿(Hillary Rodham Clinton)的幕僚长,然后在劳工部担任通信顾问。但在2000年,当她的双胞胎女儿2岁时,富兰克林辞职了,消失在与孩子玩耍的世界里 。“待在家里是我做过的最棒的事情,”她说,“我完全成为一个全心全意的妈妈,基本上放弃了所有的工作关系。”当她的婚姻在2005年结束时,为了再次赚取薪水,她广为联系,到处面试,得到了大量帮助。然而她的职业中断正赶上历史上最迅速的技术变革时期之一。“我差点就失去了这份工作,”她回忆道,“对方说得很清楚,‘我们非常犹豫,因为这是一份沟通工作,你真的不知道推特(Twitter)是什么?’我只能对他们说,我很聪明,和10年前一样聪明,所以我会弄清楚的。”富兰克林的信心得到了回报,在担任代笔作家几年后,她于2009年再次获得全职职位——经济政策研究所的通信主管,并在布鲁金斯学会升任高级职位。现在她的女孩们已经上大

---

① LIGON S. ’03. On the relaunch pad[EB/OL].(2018-05-22)[2019-07-14]. http://magazine.wellesley.edu/summer-2016/on-the-relaunch-pad.

② 在印刷和电视行业工作10年之后,萨拉·利根选择待在家里,花更多时间和三个年幼的孩子在一起,但她以自由写作的方式保持着工作状态。

学了，她很感激富有意义的工作，她的职位、薪水和资历都没有因为10年的职业中断而显得不够理想。

• 尝试，再试一次

但是对1993届校友苏珊·班农(Susan Bannon)来说，信心并不是唯一重要的事情。她花了10年时间在家陪伴孩子，之后来到一家新的网上古董店担任营销总监。她本以为，小型创业公司会是完美的“软”重返，毕竟她曾在联合利华获得市场营销冠军，曾为多芬这样的大型国际品牌工作。但三个月后，她放手了。“我意识到，当我再进入时就已经落后了。”她解释说，“事实是，10年太久了，营销业早已是一个全新的赛场。”

2002届校友洛里尼·艾克尔(Loriani Eckerle)也发现重返工作岗位比她预期的要困难得多。作为一名拥有10年以上经验的律师，她在2013年离开了她的公司。当时她有了第二个孩子，第三个婴儿也紧随其后出生了，她与家人还从西海岸搬到了中西部。“当我第一次决定回去工作时，我想不管怎么样总能找到一个吧！”她回忆道，“我开始申请，在头三四个月，我简直……像无头苍蝇一样乱撞。”她的信心直线下降。当终于通过校友关系获得了一个面试机会时，她“轰地炸了”。她说：“回家路上，我就收到了拒信邮件。”

对于这两位女性来说，再次进入全职工作，需要她们重新编写简历，并调整她们的期待。班农在一个小型创业公司的经历可能会很艰难，但这让她萌生了想法去创办自己的小型企业——一个在今年四月推出的在线室内设计公司。艾克尔的面试技巧翻了一番，“上一次的面试让我非常震惊，这次我做了充分的准备”。她参考流行博客“面试专家”(The Interview Guys)推荐的策略，并学会将她的时间作为一种资产去营销。这招见效了，她于5月开始在富国银行(Wells Fargo)担任内部律师。

• 40岁的实习生

1994届校友伊迪·比尔(Edie Beer)在生了三个女儿、于2001年决定再次就业时，她明白自己面对的不只是信心问题，还有难以填平的巨大技能差距——她曾是一名电脑程序员，但10年来她没写过一行代码。

比尔做出了大胆的举动。她把最小的两岁孩子送进日间托儿所，腾出时间学习新技能。她学习了 MITx 在线免费编程课程，然后申请了高盛(Goldman Sachs)公司的“重返实习”(returnship)项目。“我不得不跑到马歇尔去买一件适合面试的西装，”她笑着说，“当我得知他们会付钱给我的时候，我以为我会晕过去。”

企业的“重返实习”是一个相对较新的现象，但正变得越来越活跃，特别是在金融服务和工程领域。卡罗尔·科恩(Carol Cohen)在她题为“40 岁的实习生”的热门 TED 演讲中说：“这种做法的优势在于，公司可以基于近期的工作样本做出聘用决定，而不是根据一系列面试决定。这是一个试验过程，可以消除感知到的风险。”

科恩是 iRelaunch 的联合创始人，该公司称自己是“领先的职业重返资源”。

10 周的时间里，比尔和其他 20 名“重返实习生”直接进入技术、运营和财务方面的运营团队中。“我带着令人难以置信的自信心走出来了，因为我做到了，我回归了，我做得很好。”她说。然而，从事一份全职工作仍非易事，比尔认为她的技能并不能让她得到自己想要的工作。于是比尔又报名了 Hacker School，这是一个面向程序员的自主学习小组。项目结束时，她学会了一门新的编程语言，建立了许多新的人脉，并在编程网站 Github 上发布了最新的代码组合。“这是一个转折点，”她说。虽然职场再次出发后的第一份工作、职级和薪资都不及她职业中断前的水平，但现在她已经回升到之前的高度了。

“另一个障碍是吞噬了自我，”猎头格鲁辛说，“要意识到：‘好吧！我可能曾是一家律师事务所的合伙人，但很难再回到那个位子上了。所以我需要坦然地参与一个项目或者重新实习，或者加入一个比不上我原来那家蓝筹股企业的公司。’但我可以把之前的经历看作是一块踮脚石。”

“找到第一份工作真的很难，”比尔说，“但克服困难之后，就好像我从没有离开过我的职业。”

• 网络,网络,网络

拥有人力资源背景的2005届校友阿密塔·拉奥(Amita Rao)并非不明白人际关系网络对找工作的正面作用,但即使是她,还是在重返职场时对人脉网络的重要性感到吃惊。2013年5月,当她还有一个月就要从亚特兰大的一个人力资源硕士项目中毕业时,她接到了母亲因车祸遭受创伤性脑损伤的电话。她放弃一切,搬回纽约,生活仅围绕着照顾母亲和医疗预约。"这非常像快速地养一个孩子,非常非常快。"她说,"母亲需要从头开始重新学习一切:从如何在床上坐起来、到如何拿叉子,到如何吞咽。我还教她ABC。"一年后,母亲恢复了一些独立能力,拉奥也为自己重返职场做好了准备,她决定无论从事什么工作都需要待在纽约,并且工作还要有很大的灵活性,因为她仍然是母亲的支持者和法定监护人。她开始告诉每个认识的人她正在找工作。"这是我一直跟别人说的:如果你想找到工作,那么80%的精力应该花在亲自接触,网上联络只应占20%。"她在描述她所寻找的工作类型时也很具体。

"再怎么强调关系网的重要性也不为过,"韦尔斯利新助理教务长兼职业教育执行总监克莉丝汀·克鲁兹佛格拉(Christine Cruzvergara)说,"这在你第一次找工作时就很重要,而且每次都是这样,尤其当你在考虑重新进入这个领域时更是如此。"韦尔斯利以其校友网络的强大和毕业生互相帮助的意愿而闻名。如今,通过学院的职业教育办公室、在线校友名录、地区和特殊兴趣校友组织以及积极活跃在社交媒体上的校友社区,建立关系网变得比以往任何时候都容易,所有提供给学生的服务都可以提供给校友。

拉奥长期活跃在脸书中的"韦尔斯利社区"和"职场上的韦尔斯利"小组。"几乎每个人都知道我在找工作。"她说。一位2004届校友阿沙·桑达拉曼(Asha Sundararaman)向她发信息,告知自己所在的单位"奥比斯眼科飞机医院"(Orbis Flying Eye Hospital)有一个空缺的人员职位,这是一家致力于终结失明症的国际性非营利组织。

"我知道人力资源系统是如何工作的,"拉奥说,"最好有人引荐你,人际网络令你的简历脱颖而出,而不是落入黑洞。"当天早上她在招聘经理的语音邮件上留言，下午就被录用了。总而言之，此前她已经申请了五六个职位，这次她终于获得了这个薪水和灵活性都让她满意的职位。最终，拉奥的职位成为长期职位，并且在2016年晋升为高级人才经理。她说："这种机会是一种侥幸，对我的职业生涯来说确实太棒了！"

• 承担风险

1981届校友凯利·库姆斯(Carrie Coombs)可能是在职业道路上再次出发的典范，她有过两次这样的经历。1997年时，她已经专注于金融和专业服务领域，走出一条线性发展的职业生涯。她从纽约走到了伦敦，直到——用她的话来说——"四年来的第四位保姆又搞砸了！"接下来的一周，她辞了工作和两个小儿子待在家里。当时库姆斯离合伙人之位只有一年工作时间的距离了，这次错过的遗憾在她心头萦绕了20年之久。

在家期间，她为前雇主做了一些兼职的合同工作，以免在简历中留下空白时段。两年后，她最小的孩子开始上学时，她已准备好开始新的职业生涯。上坡道的机会来自另一位伦敦的韦尔斯利校友、1992届的萨姆莎·拉娜(Shamsa Rana)。库姆斯说："她是拯救我到达生命最奇妙境地的桥梁。"在接下来的六年里，她每周花四天从上午9点15分到下午3点01分在毕马威工作，不包括假期，这份时间表一直坚持到孩子们离开家。

库姆斯的经历沿袭了"手风琴生涯"的模板，即根据需要扩大或缩小自己的职业空间。"这个故事的意义在于我一直没有放弃，韦尔斯利所提供的网络让我有能力保证自己的技能得到磨炼、使用，并找到一个愿意和我一样灵活使用它们的老板。"

但她的故事并没有结束。在毕马威期间，库姆斯遇到了一位高管，这位高管对她明智的建议印象深刻，以至于请她去做他的"高管教练"。她最初提出异议，但几个月后他又向她发出正式邀请。这个领域是如此的新鲜，整个伦敦只有两本关于该主题的书。库姆斯用周末读完它们，周一开始工作。接下来的10年，她把客户和战略工作联系起来，并在转向全职教练之前获得了专业认证。现在，她在伦敦经营着自己的高管培训公司"库姆斯·马丁"(Coombs Martin)，在董事会和高级管理层都有全套客户名单。

“去冒险!”她叮嘱道,“当一扇门打开时,如果你感觉像进入真空般无助,一定是有原因的。很少有人的职业生涯是计划好的。大多数人就像在打高尔夫球,你只需击中球,看它落在哪里,哪里就会有机会。”

**·认识你自己**

在这篇报道中接受采访的女性,很少能回到她们当初离开的事业中。对一些人来说,旧的职业已经不再令人满意,或者一开始就不适合她们。对另一些人来说,中断职业那段时间改变了她们,她们需要去寻找新的、适合当下状态的职业。

1983届校友谢丽尔·迪尔(Cheryl Dill)解释了作为四个孩子的妈妈,在家待了20年后,她是如何权衡“下半辈子”的选择的:“在重新选择职业时,我考虑的是,我从生活经历中得到了什么;什么工作可以让我做很多年,而且不会对身体造成太大的负担,也不会让我在65岁时被迫退休;什么样的职业不受年龄的束缚。”最后,她选择了临床心理学。在获得硕士学位后,六年前,她在罗得岛的一个私立非营利性心理健康机构找到了工作。

迪尔曾做过“技能评估”——在韦尔斯利职业教育执行总监克鲁兹佛格拉的推荐下,“技能评估”作为再次进入职场的第一步。“这是和你自己的对话,评估你想如何前进,”克鲁兹佛格拉解释说,“因为这是你制定其他策略的基础。”许多测试和评估工具都可以在线获得,包括人生价值清单、盖洛普能力探测仪或者许多衡量情商的清单。

**·打破常规**

尽管韦尔斯利以培养目标驱动、雄心勃勃的毕业生而闻名,然而许多接受采访的校友却近乎羞愧地表示,她们的职业生涯既没有目标,也没有动力。但还是有少数人,她们在职场再出发中的成功是因为打破了所有的规则。

1999届校友蕾切娜·福尔切姆(Rachna Fruchbom)没有保持职业参与状态,没有人际网络,没有通过课程或重返实习学习新的技能,也没有利用早期的职业生涯在某个特定的行业中打下名声。那么她是如何闯入好莱坞最棘手的领域之一——电视喜剧领域的?

“我认为主要是运气和时机——非常好的时机。”福尔切姆说。她的简历“非常复杂”，作为一名国际关系专业的学生，她在韦尔斯利度过的几年只是让她弄明白了她不想当医生。一开始她在旧金山从事IT工作，然后去了洛杉矶一家人才机构。出于“内疚感”，她在加州大学欧文分校获得了工商管理硕士学位，之后在各种电影制作公司担任助理。但是2009年她的儿子出生后，她试图成为一名全职妈妈。几年之后，她才意识到自己并不是“待在家里的魔法独角兽”那样的母亲。

她从那时开始写作，主要是给自己每周雇10个小时保姆找个理由。出于责任感，她在另一位作家朋友的咖啡店里写作。不久之后，她们写了一个电视剧剧本，接着又写了一个。当她和搭档觉得她们找到了自己的定位时，她们找了一名经纪人，加入了热门喜剧《公园与娱乐》(*Parks and Recreation*)最后两季的写作团队中，这两季都是艾米·波勒(Amy Poehler)主演的。2014年节目播出结束后，福尔切姆独自承担了美国广播公司喜剧《初来乍到》(*Fresh Off the Boat*)的第二季创作工作。

尝试喜剧写作，这种在20来岁的人看来十分好玩的事情，对36岁的人来说可能是一个巨大的风险。“(因为)即使是最有才华的人，也很少能一举成功。”职场再出发充满风险，但也会带来难得的机会，除非账单来敲门，否则人们就只能在梦中享受冒险的特权了。

**• 重新设计职业**

值得记住的是，大多数伟大的职业生涯都不是事先设计好的。历史上充满了后起之秀和二度成功者：朱莉娅·查尔德(Julia Child)、埃莉诺·罗斯福(Eleanor Roosevelt)、托妮·莫里森(Toni Morrison)、桑德拉·戴·奥康(Sandra Day O'Connor)等。40岁以前，她们都还没有开始从事令她们后来名声大噪的工作。1959届校友马德琳·科贝尔·奥尔布赖特直到30多岁才进入政界。

当了七年全职妈妈的1999届校友丹亚·里夫林(Danya Rivlin)在脸书校友群发出请求的几个月后，开始参与创业公司爱彼迎(Airbnb)在她所在社区的登记、设计和短期租赁管理事务。她很后悔在韦尔斯利上学时没有花更多时间考虑设计一个适合人生各个阶段的职业规划。“对于如何创造能为我们即将成为的女性带来幸福和平衡的生活的问题，几乎没有什么讨论的机会，”她说。

当克鲁兹佛格拉重新构想改进职业教育办公室时，她认为这个问题非常重要。经过学院内部结构调整和项目范围扩大后，克鲁兹佛格拉希望经过数年努力，改变韦尔斯利的学生对生活和工作的认识。“这将是一种生命周期方法，”她解释说，“（我们将）创建一个体验式学习团队，从学生踏入校园的那一刻开始，与她们一起工作，让她们进行自我探索，了解她们自己的价值观和偏好，以及自我与社会之间的交集。”

“幸运的是，我有丰富的职场经验，”里夫林说，“最大的意外之一是，当你中断某个职业后，就不可能再回到原来的轨道上了。但这也许是一件好事，我觉得在再次出发的职业道路上，我拥有了更多技能、更多耐心、更广泛的关于人性的看法，以及更多的同情心、理解力和温柔。”

# 第七章　终章:发现与思考

我们创造了一个女性可以加入、可以学习的空间。我们无法控制她们在一天结束时或离开学校时所领会的内容。但我们可以希望。希望什么?希望在今天这个文化氛围中的工作,可以为明天的女性和女孩创造更多的选择。

——阿联酋中东女子学院院长[①]

在这一章,让我们回到本书主题"女校教育的领导力培养与效能探究"。

这个书名是丛书项目设计时决定的,我十分认同。我在构建本书的结构和框架时,也一度考虑过将"女性领导力的培养机制"与"女性领导力的效能探究"作为两大编目,分别进行研究、撰写。

但是我在考察韦尔斯利学院的过程中发现,这样一种清晰区分的思路似乎并不合适。94 年前鲁迅先生已讲道过"天才并不是自生自长在深林荒野的怪物,是由可以使天才生长的民众产生,长育出来的。"[②]这里的"天才"可以替换成任何一个成功标签。韦尔斯利学院的办学如此成功,教育出的学生如此出色,培养出的女领导如此之多,以及她们的影响力是如此之大,堪称完美的女性领导力"发源地"研究样本。然

① RENN K A.Women's college & universities in a global context[M].Baltimore: Johns Hopkins University Press, 2014:157.

② 鲁迅.未有天才之前:一九二四年一月十七日在北京师范大学附属中学校友会讲[M]//鲁迅全集:第一卷.北京:人民文学出版社,1981:166.

而,我们很难说是这些选择了并被韦尔斯利选中的学生天赋异禀,无论在哪都会发光,还是在韦尔斯利的求学经历在她们心中埋下了“有所作为”“成为领导者”的宏愿,从此汲汲奋斗;也很难说那些由于家庭中的生育、照料事务一度中断职业历程的中年甚至老年校友,是因为从来就有一颗不甘退缩、不惧挫折的心,还是受到母校完善的校友支持系统激励,才能够在职场再次出发,甚至走得更远、上升得更高。研究女性领导力,归根结底,是研究一个个具体的人,她们是具备领导力意志和实践的女人,而每一个个体的人生和成就,都是一部交织着各自必然性和偶然性因素的历史。人生的悲喜剧就在于,每一次只能做一个不可逆的选择。我们无法猜度这些韦尔斯利姑娘去上另一所大学会变成什么样,也不可能把基于近150年历史形成的独一无二的韦尔斯利经验复制到其他任何一个国家、地区或是学校,看看会产出什么样的人才。女性领导力的萌芽、成长和生效本质上是一个相辅相成的系统,催生女性领导力生成的基本要素本就与社会中的支持力量密不可分;女性领导力的成长机制,也需要不断与社会效能网络互动,才能够走向成熟和有效。韦尔斯利的成功经验恰恰表明,并不存在某一个可以决定女性领导力能否产生或能否发展的单向维度,我们需要以系统的视角看待女性领导力的培养和效能。

当韦尔斯利的创立者提出“助人而非受助于人”的校训;当校园兴建于文明积累深厚、名校云集且自然风光远近闻名的麻省一隅;当建校时确立的女校长治校和两性教师比例平衡的原则历尽岁月不改其初;当一代代韦尔斯利学生在校友网络中从受惠于前辈到施惠于后辈……韦尔斯利从不直接宣称,走出校门后有一条名为“领导者道路”的康庄大道铺陈在它的女孩们面前。它只是一遍遍地告诉她们,“你们将是这个世界上有所成就的女性”。日复一日,韦尔斯利成为全美毕业生获得职业成功比例最高的大学,为社会奉献了比例最高的杰出女性和女性领导者。我们从对韦尔斯利的考察中可以发现,它作为一所女子学院,对女性领导力产生和发展的作用表现在以下五个方面。我们在社会建构的各个方面均应加以参考借鉴,以促进我们生活的社会中女性领导力的蓬勃生长。

## 一、为女性提供发展的“入场券”

诺贝尔奖得主、经济学家阿马蒂亚·森(Amartye Sen)曾说过:“当今世界很少有什么目标比女性教育有更大的社会意义。”[①]增加对女童和成年女性的教育是全球范围内共识的、改进社会形态的途径。一个地区中女性获得的教育资源越多,健康、人权和经济指数的状况越好。女性受教育程度的提高,伴随着儿童识字率提高,产妇和婴儿死亡率下降,艾滋病感染比率下降,女性参政活跃、收入增加,这一切都对儿童的健康、教育和营养水平有积极影响。[②]联合国千年发展目标提出把女性的教育和赋权作为两项可测量的重要成就,同时也作为实现其他成就的基本战略。美国女性主义哲学家玛莎·努斯鲍姆(Martha Nussbaum)认为,“女性教育问题既紧迫,又复杂,且在一个全球发展的世界里长期处于被忽视的不良境地。即使是这个领域重要的思想者和行动者,也会为了经济增长的唯一目标而忽视该问题的存在,但经济增长本身对解决发展中国家的贫困问题收效甚微”[③]。

毋庸置疑,如韦尔斯利学院这样的女子高等教育机构,其诞生之初就意味着拥有为女性提供高等教育的功能。正是由于当时仅接受男性的大学拒绝招收女性,而男女混合的机构既不被社会大众所接受,也不被想上大学的女性所欢迎,于是只面向女

① SEN A.What's the point of women's education? remarks at women's education worldwide 2004: Unfinished Agenda Conference[R]. South Hadley: MA,2004.

② HERTZ B,SPERLING G B.What works in girls' education:evidence and policies from the developing world[M]. New York: Council on Foreign Relations,2004.
ROUDI-FAHIMI F,MOGHADAM V M.Empowering women, developing society:female education in the Middle East and North Africa[M]. Policy Brief. Washington, D.C.: Population Reference Bureau,2003.
UNESCO.(n.d.). Better life, better future[M]. Paris: United Nations.
United Nations. We can endpoverty 2015: millennium development goals[M]. New York: United Nations,2013.

③ NUSSBAUM M C.Development cultures:new environments, new realities, new strategies[J]. Signs,2004,29(2):325-355.

性的单性别教育机构应运而生。① 女性获得高等教育的机会是在社会大范围对性别角色产生争议的背景下发展起来的。在北美和欧洲，女子学院有着深植于19—20世纪私立高等教育的精英传统，②尽管这些机构和毕业生的数量在高等教育的整体图景中都居于少数，但不可否认，如果没有这些女子学院，今天许多令母校和后辈骄傲的女校友恐怕不会有上大学的机会。时移境迁，当下美国女子学院已成为“濒危生物”，过去40年间，美国四分之三的女子院校或是接受男性学生，或是与其他机构合并，或是关闭。1960年，美国约有230所女子学院，至今已不足45所。③选择女子学院成为非主流的举动，不符合美国各级教育中男女同校的标准。然而通过对韦尔斯利的描述，人们发现，正是这些非主流的机构，在个人和性别赋权层面上发挥着更广泛的作用。

---

① HASAN Z. A college of one's own[J]. India international centre quarterly, 2008, 34(3/4): 208-221.

INDIRESAN J.Education for women's empowerment: gender-positive initiatives in pace-setting women's colleges[M]. Delhi: Konark,2002.

JAYAWEERA S.Women, education and empowerment in Asia[J].Gender and education,1997,9(4):411-424.

MILLER-BERNAL L. Coeducation: an unevenprogression [M]//MILLER-BERNAL L, POULSON S L.Going coed: women's experiences at formerly men's colleges and universities, 1950—2000.Nashville, TN: Vanderbilt University Press,2004:3-21.

SOLOMON B M. In the company of education women[M]. New Have: Yale University Press,1985.

THELIN J R.A history of American higher education[M].Baltimore: Johns Hopkins University Press,2011.

WOLF-WENDEL L E.Women's colleges[M]//ALEMAN A M M, RENN K A, Eds.Women in higher education: an encyclopedia. Santa Barbara, CA: ABC-CLIO,2002:120-122.

② HOROWITZ H L.Alma mater: design and experience in the women's colleges from their nineteenth- century beginnings to the 1930s[M].New York: Alfred A. Knopf,1984.

HOROWITZ H L.The power and passion of M. Carey Thomas[M].New York: Alfred A. Knopf,1994.

KODATE N, KODATE K, KODATE T.Mission completed? Changingvisibility of women's colleges in England and Japan and their roles in promoting gender equality in science[J].Minerva, 2010(48):309-330.

ROWOLD K.The educated woman: minds, bodies, and women's higher education in Britain, Germany, and Spain, 1865-1914[M].New York: Routledge,2010.

THELIN J R.A history of American higher education[M].Baltimore: Johns Hopkins University Press,2011.

③ 数据来源：www.womenscolleges.org。

而在全球范围内,却有着成千上万所女子院校正在为女性高等教育服务,仅印度一地就超过2,500所。[①]澳大利亚、北美、西欧地区的女性获得高等教育的机会已经与男性持平,甚至超过男性;但在其他地区,尤其是某些人口稠密的国家——如印度和巴基斯坦——女性的受教育机会依旧远低于男性。[②]单性别高等教育机构很可能是这些仅仅由于性别原因无法升读大学的女孩们唯一的机会。在关于两性高等教育参与率不平衡的大量原因中,女性的参与率高于男性的原因包括女性从教育中获得的经济回报率高于男性、女性的学校表现优于男性、男性追求和完成高等教育的动机低于女性;[③]而在女性参与率低于男性的情况下,文化、社会和宗教信仰成为限制女童和妇女的教育及社会经济选择的主要原因。[④]具有世界普遍性的现象是,女性在精英机构和传统"男性领域"中的参与度仍然严重落后,这些领域包括科学、技术、工程和

---

① RADHA N N.A review on women's education in India[J].Pragati,2011,5(118):32-50.

② EDSTATSs.Education statistics[M].Washington, D.C.: World Bank,2013.

③ GOLDIN C,KATZ L F,KUZIEMKO I.The homecoming of the American college women:the reversal of the college gender gap[M].NBER working paper 12139. Campridge, MA: National Bureau of Economic Research,2006.

LEPPEL K.Similarities and differences in the college persistence of men and women[J].Review of higher education,2002,25(4):433-450.

MCDANIEL A.Women's advantage in higher education:towards understanding a global phenomenon[J].Sociology compass,2012(6/7):581-595.

VINCENT-LANCRIN S.The reversal of gender equalities in higher education:an on-going trend [M]//VINCENT-LANCRIN S,ed..Higher education to 2030, vol.1, Demography.Paris: OECD Centre for Educational Research and Innovation,2008:265-298.

④ ALTBACH P G. Preface [M]//PURCELL F B, HELMS R M, RUMBLEY L. Women's universities and colleges:an internationall handbook. Rotterdam: Sense,2004:ix-x.

BUCHMANN C,HANNUM E.Education andstratification in developing countries:a review of theories and research[J].Annual review of sociology,2001(27):77-102.

KNIGHT L W.Educating Asian women in women's colleges and universities:a world perspective [J].Asian journal of women's studies,2004,10(4):79-86.

MALIK S,COURTNEY K.Higher education and women's empowerment in Pakistan[J].Gender and education,2011,23(1):29-45.

MORLEY L. Introduction: including women: gender incommonwealth higher education [J]. Women's studies international forum,2006(29):539-542.

NUSSBAUM M C.Development cultures:new environments, new realities, new strategies[J]. Signs,2004,29(2):325-355.

QURESHI R,RARIEYA J F A.Gender and education in Pakistan[M].Karachi: Oxford University Press,2007.

SAHNI R,SHANKAR V K.Girls' higher education in India on the road to inclusiveness:on track but heading where? [J].Higher education, 2012(63):237-256.

数学,即 STEM。[①] 而韦尔斯利学院的历史和现状表明,在这些问题上女子学院的作为既有效又成功。即使是今天的美国女子学院,它对女性通过高等教育获得这张“入场券”的重要性一点不亚于其在历史上曾经发挥的作用。只要高等教育分配不均的现象依然存在,性别因素就会在其中扮演一个显著的角色。当然,兴建和维持女子学院绝对不是解决教育资源分配中两性不平等现象的最重要、最有效和最快速的途径,其根本性的改进力量必然来自占主导地位的两性混合学习机构。但韦尔斯利的经验足以启发我们,使我们明白,在通往女性领导力成就的发展道路上,无论怎么强调教育,尤其是高等教育对女性的价值,都不为过。

## 二、创造友善的环境

女子学院的友善环境表现为,这里欢迎每一个女性,无论她的身份是学生、教师,还是行政领导。女子学院设立的明确目标就是教育女性。不难理解,这个环境最低限度上可以保护女性不受骚扰,另一端则是最大限度地支持女性成为学习者、领导者和教育者。在全球范围内考察过多所女子大学的密歇根州立大学教授克莉丝汀·A.伦恩(Kristen A. Renn),分别与在混合院校和女子学院任职的男教师和女教师进行访谈,发现女教师和学生领导者在混合院校学习的经历不及在女子学院的愉快。她指出,关于女子院校的理想情况很大程度上是真实的:学生自由学习,她们所得到的身体和心理上的安全感在一般社会情境中往往无法保证。[②]许多情况下,这些机构提供的不仅是安全保障,更多是一种校园氛围,促进女性进入传统上由男性主导的领域学习。

---

① BARONE C.Some things never change: gender segregation in higher education across eight nations and three decades[J].Sociology of education,2011,84(2):157-176.

CHARLES M,BRADLEY K.Indulging our gendered selves? sex segregation by field of study in 44 countries[J].American journal of sociology,2009(114):924-976.

MCDANIEL A.Women's advantage in higher education: towards understanding a global phenomenon[J].Sociology compass,2012(6/7):581-595.

VINCENT-ANCRIN S.The reversal of gender equalities in higher education: an on-going trend[M]//VINCENT-LANCRIN S. Higher education to 2030, vol.1, Demography. Paris: OECD Centre for Educational Research and Innovation,2008:265-298.

② RENN K A.Women's college & universities in a global context[M]. Baltimore: Johns Hopkins University Press,2014:53.

要想理解女子学院的环境究竟“友善”在何处,我们需要对男女混合教育机构的氛围有所认知。今天在世界各地——甚至在女性的大学入学率已经超过男性的地区——许多高校中针对女性的校园氛围仍然存在着敌意、侮辱甚至暴力。20 世纪 80 年代初,美国学者罗伯塔·霍尔(Roberta Hall)和柏尼斯·桑德勒(Bernice Sandler)创造了“校园寒意”(Chilly Campus Climate)这个词来描述女大学生的经历。①在美国大学协会关于“女性地位和教育”的报告中,霍尔和桑德勒描述了冷冰冰的教室和校园环境,他们声称,尽管女性正在成为美国高等教育的“新多数”,但“女大学生和研究生经常不能在校园里享受到充分的教育机会。学生的访谈与研究双双证实,在包括本科生、研究生和专业机构的各级教育层次上,女学生与男学生往往被区别对待,即使他(她)们进入同一所学校、在同一个教室、与同样的导师一起工作、住在同一个宿舍楼以及使用同样的学生服务”②。具体来说,女性更经常地被忽视、被打断,不被鼓励参与课堂讨论,失去导师指导和研究的机会,在学生领导和体育运动等课外活动中受到歧视等。

由于霍尔和桑德勒的研究发现是基于对一些文献、校园报告和趣闻轶事的评论,他们也受到了一些批评。最初的报告发布后的 30 年间,他们引发了大量的实证研究和校园氛围的个例研究。③大量的文献也许是原初报告最持久的遗产,这吸引了教育者和学者的注意,引发他(她)们对校园中的性别不平等现象开展调查。这种关注已

① HALL R M,SANDLER B R.The campus climate:a chilly one for women? report of the project on the status and education of women [M]. Washington, D.C.: Association of American Colleges,1982.
HALL R M,SANDLER B R.Out of the classroom:a chilly campus climate for women? report of the project on the status and education of women[M].Washington, D.C.: Association of American Colleges,1984.

② HALL R M,SANDLER B R.Out of the classroom:a chilly campus climate for women? report of the project on the status and education of women[M].Washington, D.C.: Association of American Colleges,1984:2.

③ HART J,FELLABAUM J.Analyzing campus climate studies:seeking to define and understand [J].Journal of diversity in higher education,2008,1(4):222-234.

经延伸到美国之外，孟加拉国[①]、加拿大[②]、尼日利亚[③]、斯里兰卡[④]、瑞典[⑤]、乌干达[⑥]和英国[⑦]及其他英联邦国家都对相关问题展开过探讨。[⑧]除了关注女性的处境，"校园寒意"的概念进一步提供了一个基于学术、政策以及实践立场的平台，考察低代表性的少数族裔人群以及近年来受到关注的性取向和性别身份处于少数的人群，包括女同性恋、男同性恋、双性恋和跨性别者。[⑨]

那么在这里，校园环境究竟指什么？为什么它对女性的高等教育经历很重要？哈特和费勒鲍姆在回顾 20 多年来对各种校园环境焦点(性别、种族、性取向、能力)的

---

① ROZARIO S.Claiming the campus for female students in Bangladesh[J].Women's studies international forum,2001,24 (2):157-166.

② OSBORNE R L.The continuum of violence against women in Canadian universities:toward a new understanding of the chilly campus climate[J].Women's studies international forum,1995(18):5-6,637-646.

WALL S. Of heads and hearts: women in doctoral education at a Canadian University [J]. Women's studies international forum,2008,31(3):219-228.

③ ODEJIDE A,AKANJI B,ODEKUNLE K.Does expansion mean inclusion in Nigerian higher education? [J].Women's studies international forum,2006,29(6):552-561.

④ GUNAWARDENA C,RASANAYAGAM Y,LEITAN T,BULUMULLE K,ABEYASEKERA-VAN D A.Quantitative and qualitative dimensions of gender equity in Sri Lankan Higher Education[J].Women's studies international forum,2006,29(6):562-571.

⑤ BRON-WOJCIECHOWSKA A. Education and gender in Sweden: is there any equality? [J]. Women's studies international forum,1995,18(1):51-60.

⑥ KWESIGA J C,SSENDIWALA E N.Gender mainstreaming in the university context:prospects and challenges at Makerere University, Uganda[J].Women's studies international forum,2006, 29(6):592-605.

⑦ MORRISON Z,BOURKE M,KELLEY C."Stop making it such a big issue":perceptions and experiences of gender inequality by undergraduates at a British University[J].Women's studies international forum,2005,28(2):150-162.

⑧ MORLEY L.Hidden transcripts:the micropolitics of gender in commonwealth universities[J]. Women's studies international forum,2006,29(6):543-551.

MORLEY L. Introduction: including women: gender in commonwealth higher education [J]. Women's studies international forum,2006(29):539-542.

⑨ HART J,FELLABAUM J.Analyzing campus climate studies:seeking to define and understand [J].Journal of diversity in higher education,2008,1(4):222-234.

HURTADO S,GRIFFIN K A,ARELLANO L,CUELLAR M.Assessing the value of climate assessments:progress and future directions[J].Journal of diversity in higher education, 2008,1(4):204-221.

研究时,将校园环境的定义总结为几个方面[①]:"观念、态度和期望"[②];"制度历史、结构多样性、心理和行为环境的维度"[③];"当前组织生活重要维度的共同模式或其成员对这些维度的看法和态度"[④]。换言之,校园环境指的是组织的特征以及学生、教师、领导者和其他参与者对这些特征的感知。研究环境需要区分客观角度和主观感受的考察。例如,校方可能会出台聘用女教师的平权政策,客观上可以被视为校园环境的积极信号。但是,通过这项政策聘用的女性可能会在评估和晋升上受到同事们的歧视,后者认为,应聘者是被雇用来"填补配额"的,或者"取代了更有资格的(男性)候选人"。相反,一个机构可能并没有支持女性教师的明晰政策,但是某些院系中的女性或许能感受到具有支持性的部门领导和同事共同营造的积极环境。理想情况下,校园的组织特征不偏不倚,能够创建和维护性别平等,各级层次的校园参与者(学生、员工、教师、领导)都感到受欢迎、被支持和被良好地对待。

不过,在创造一个对女学生、女教师和女领导都带有公平结果的校园环境方面,全世界的高等教育机构都还有一定的距离。绝大多数女性在混合大学接受高等教育,这些学校中的大部分是从纯男性环境中发展起来的,在政府、法律、医学、商业等社会领域有着相当漫长深厚的培养男性领导者的传统。基于这样的事实,即使在女性已经成为大多数学生的情况下,也很难实现平等。而在那些从一开始就接受女性的男女同校机构里,情况也未必就好。还有报告显示,美国一些早年的女校自从开始接受男学生后就失去了性别平等的基础。正如普尔森和米勒贝纳尔所指出的,"在意识没有转变的情况下,仅仅实施混校教育,并不会带来性别平等"[⑤]。研究发现的混

---

① HART J,FELLABAUM J. Analyzing campus climate studies: seeking to define and understand [J]. Journal of diversity in higher education,2008,1(4):222-234.

② CRESS C M.Campus climate[M]//MARTINEZ A M,RENN K A.Women in higher education: an encyclopedia.Santa Barbara, CA: ABC-CLIO,2002:390-397.

③ HURTADO S,MILEM J F,CLAYTON-PEDERSEN A R,ALLEN W R.Enhancing campus climates for racial/ethnic diversity: educational policy and practice[J].Review of higher education, 1998,21(3):279-302.

④ PETERSON M W, SPENCER M G. Understanding academic culture and climate [M]// TIERNEY W G.Assessing academic climates and cultures, vol. 68, New directions for institutional research. San Francisco: Jossey-Bass,1990:3-18.

⑤ POULSON S L, MILLER-BERNAL L. Conclusion: coeducation and gender equal education [M]// MILLER -BERNAL L,POULSON S L, eds..Going coed: women's experiences in formerly men's colleges and universities, 1950-2000. Nashville, TN: Vanderbilt University Press,2004:309-316.

合院校中对女性的不友善环境包括：教室、实验室和其他学术环境中的不平等待遇；招聘、晋升和任职期间的歧视；领导层的低代表性；一系列的骚扰、欺凌、敌意、性侵犯和身体虐待所造成的不受欢迎、存在威胁或暴力的环境。①显然，在这样的环境中，女性很难成长。有时歧视文化甚至表现得十分微妙，用索洛萨诺等学者的话来说，那是一种“微型侵略”②——日常的、无意识的歧视行为堆积起来就像“成吨重的羽毛”③，形成一种普遍的负面环境，影响女性的自尊、学术表现和抱负。④

高等教育是社会形态的反映，校园里发生的事情可能并不比校园外更糟。但是，在旨在促进学生学习和发展的机构中，为人与人的互动和发展提供最好的可能性、处于创造新知识的最前沿，并保持公正和平等的更高标准，即使不能完全实现，至少应该是可能的。韦尔斯利学院的模式表明，女子学院的学生不会遭受到不友善的对待，

---

① INDIRESAN J.Education for women's empowerment: gender-positive initiatives in pace-setting women's colleges[M]. Delhi: Konark,2002.

INDIRESAN J.Moving beyond academics: gender positive initiatives in pace setting women's institutions in India[M]//DASS V N,RANI T A.Universities for women: challenges and perspectives.Delhi: Women Press,2011:31-53.

KODATE N,KODATE K,KODATE T.Mission completed? Changing visibility of women's colleges in England and Japan and their roles in promoting gender equality in science[J].Minerva, 2010(48):309-330.

MORLEY L. Hidden transcripts: the micropolitics of gender in commonwealth universities[J]. Women's studies international forum,2006,29(6):543-551.

MORLEY L.Sex, grades and power in higher education in Ghana and Tanzania[J].Cambridge journal of education,2011,41(1):101-15.

NAJAR N.On India's campuses, female students speak out about "deep rooted" gender discrimination[J/OL].[2013-04-22].Chronicle of higher education(p.A12).http://chronicle.com/article/Female-Scholars-Describe-Deep/138659/.

NCHERM. National center for higher education risk management. (2012-2013).Title IX Office for Civil Rights (OCR) case letter database. http://www. ncherm. org/ resources/legal-resources/ocr-database/.

② SOLORZANO D,YOSSO T,CÉJA M.Critical race theory, racial microaggressions, and campus racial climate: the experiences of African American college students[J].Journal of negro education,2000,69(1/2):60-73.

③ CAPLAN P J.Lifting a ton of feathers: a woman's guide to surviving in the academic world[M]. Toronto: University of Toronto Press,1994:52.

④ CAPODILUPO C M,NADAL K L,CORMAN L,HAMIT S,LYONS O B,WEINBERG A.The manifestation of gender microaggressions[M]//SUE D W,ed..Microaggressions and marginality: manifestation, dynamics, and impact.San Francisco: John Wiley & Sons,2010:193-216.

SUE D W.Microaggressions in everyday life: race, gender, and sexual orientation[M]. San Francisco: John Wiley & Sons,2010:37.

在这里,教师会认真地对待她们,并保证她们不会在STEM和其他男性主导的学科中成为少数。在这样的环境中度过三四年的时光后,女生可以获得一个专注于学习和个人发展的机会,而不必为了提起"成吨重的羽毛"感到气馁和分心,女教师和女领导也可以摆脱掉这些"羽毛"的负荷。或许我们需要进一步思考,这样一种友好的环境,有多少是女性高等教育机构的性质导致的,又有多少是由诸如大学的规模或是课程体系造成的,从而引导我们继续去探索何以为女性创造一个如女子院校般友善的成长和发展环境。

### 三、培育年轻的女性领导者

进入21世纪以来,女子院校越来越凸显的重要作用是把青年学生培养成为领导者。诸多研究表明,女校学生可以通过学生政府、学生出版物、体育、公共服务和其他组织(社会、政治、共同利益等)获得领导力发展的途径。在由全球女性教育(Women's Education Worldwide)举办的2008年学生领导力会议上,伦恩和莱特尔对来自各国的23所女子大学/学院的参会学生进行开放式问卷调查发现,在男女同校教育属于常态的地区,学生选择女子大学/学院,往往是因为她们认为在女校比混合学校有更多的机会成为学生领导,①而女校确实不会令她们失望。研究覆盖的每一所女校内的学生和教职人员都承认,正是由于没有男生,女生得到了放开手脚、大显身手的机会,尤其在那些传统上被认为不属于女性的领域,诸如公开演讲、政策制定、主持宗教仪式,甚至为体育赛事、戏剧制作和政治集会运送重型设备等。通过在学生政府的会议室和校际辩论比赛中的一次次锻炼,女生们建立起了领导力、自信心和自我效能感。

在美国,大学生参与课外活动和增加诸如就业满意度、领导能力和公民参与度等理想结果之间的联系已经得到证实。②学生领导力本身与许多令人向往的培养成就

---

① RENN K A,LYTLE J L. Women student leaders worldwide:global perspectives on gender, leadership, and student involvement[J].Journal of student affairs research and practice,2010,47(2):215-232.

② PASCARELLA E T,TERENZINI P T.How college affects students:a third decade of research[M]. San Francisco: Jossey-Bass,2005.
RENN K A,REASON R D.College students in the United States:characteristics, experiences, and outcomes[M].San Francisco: Jossey-Bass,2013:78-79.

相关，包括公民责任感、多元文化意识以及个人和社会价值观。①女性担任学生领导者的受益尤为突出。②不止韦尔斯利，总体上美国女子学院培养女性领导者成就斐然。③无论是被选举还是任命，女子学院毕业生在商业、法律、教育和政府部门担任领导职位的比例都高得惊人。④即使到了20世纪70年代，那些产生出高比例的男性领

① CRESS C M, ASTIN H S, ZIMMERMAN-OSTER K, BURKHARDT J C. Developmental outcomes of college students' involvement in leadership activities[J]. Journal of college student development, 2001(42): 15-27.

② KEZAR A J, MORIARTY D. Expanding our understanding of student leadership development: a study exploring gender and ethnic identity[J]. Journal of college student development, 2000(41): 55-69.
RENN K A, LYTLE J L. Women student leaders worldwide: global perspectives on gender, leadership, and student involvement[J]. Journal of student affairs research and practice, 2010, 47(2): 215-232.
ROMANO R C. A qualitative study of women student leaders[J]. Journal of college student development, 1996(37): 676-683.
SAGARIA M A D. The case for empowering women as leaders in higher education[M]//SAGARIA M A D. Empowering women: leadership development strategies on campus, vol. 44, New directions for student services. San Francisco: Jossey-Bass, 1988: 5-12.
TIDBALL M E, SMITH D G, TIDBALL C S, WOLF-WENDEL L E. Taking women seriously: lessons and legacies for educating the majority[M]. Phoenix: American Council on Education and Oryx Press, 1999.
WOLF-WENDEL L E. Women-friendly campuses: what five institutions are doing right[J]. Review of higher education, 2000, 23(3): 319-345.

③ HARDWICK-DAY. What matters in college after college: a comparative alumnae research study [M]. West Hartford: Women's College Coalition, 2008.
KINZIE J, THOMAS A D, PALMER M M, UMBACH P D, KUH G D. Women students at coeducational and women's colleges: how do their experiences compare? [J]. Journal of college student development, 2007, 48(2): 145-165.
MILLER-BERNAL L. Separate by degree: women students' experiences in single-sex and coeducational colleges. New York: Peter Lang, 2000.
MILLER-BERNAL L. The role of women's colleges in the twenty-first century [M]//STULBERG L M, WEINBERG S L, eds.. Diversity in American higher education: toward a more comprehensive approach. New York: Routledge, 2011: 221-231.
TIDBALL M E, SMITH D G, TIDBALL C S, WOLF-WENDEL L E. Taking women seriously: lessons and legacies for educating the majority[M]. Phoenix: American Council on Education and Oryx Press, 1999.
WHITT E J. "I can be anything": student leadership in three women's colleges[J]. Journal of college student development, 1994(35): 198-207.

④ HARDWICK-DAY. What matters in college after college: a comparative alumnae research study [M]. West Hartford: Women's College Coalition, 2008: 74.

导人的美国顶尖大学仍然只接受男学生,但女子学院的这种影响依然存在。如哈佛大学、普林斯顿大学和耶鲁大学,都是培养出最多的美国公共领导人的顶级名校,在它们向女性开放后,其女毕业生升至重要领导职位的比例依旧不及女子院校。伦恩和莱特尔的研究中有三分之二的受访者认为,在女子院校担任学生领导的经历显然不同于混合院校。一位受访者写道:"我认为一个女校机构,仅仅是女性成为领导者的可能性就比混合学校多得多。正是这一点使我成为领导者。在东亚国家,父权制是社会主流。因此,在男女同校的机构中,男性更可能成为领导者,这意味着我在其中的机会也会更少。"韦尔斯利学院的学生和校友都表达过这样的观点,在纯女性环境中,她们摆脱性别角色期待和性别刻板印象更容易,学校也为她们领导能力的发展提供了更多支持。还有学生认为,单性别的环境"极大地影响了领导经验的丰富性、力度性和专注性,因为在这里有更多的机会、支持和整体关注,以及对我作为女性在成长环境中的身份认同"①。虽然我们现在预言在校女生是否会继续成为社会中的领导者还为时过早,也无法将她们已经实现的成就与在混合院校就读的同龄女生进行比较,但她们在女校中确实有机会成为领导并获得帮助。

不止美国,其他地区女子院校发展领导力的潜力也已受到广泛认同。正如英迪蕾沙在对印度女子学院的分析中所发现的那样,女子院校尤其擅长性别赋权。"简言之,其中一个主要议题是赋予女性建立自信和自立的能力,实现经济和心理上的独立,建立更好的自我形象和认同,最终提高她们的社会地位。因此,被赋予权利的女性可以在所有领域中发挥领导作用,并为社会发展做出贡献。"②梅特卡夫在考虑推动阿拉伯海湾国家女性领导力发展潜力时提出,"一个与现有商业文化配套的领域就是女性领导力教育,其目标在于构建知识女性的全球领导力和在混合性别环境中工作的信心"。女子院校提供的正是这样的训练。③虽然关于女子院校所培养的美国之

---

① RENN K A, LYTLE J L. Women student leaders worldwide: global perspectives on gender, leadership, and student involvement[J]. Journal of student affairs research and practice, 2010, 47(2): 225-226.

② INDIRESAN J. Education for women's empowerment: gender-positive initiatives in pace-setting women's colleges[M]. Delhi: Konark, 2002: 59.

③ METCALFE B D. Women, empowerment and development in Arab Gulf States: a critical appraisal of governance, culture and national human resource development (HRD) frameworks[J]. Human resource development international, 2011, 14 (2): 131-148.

外的女性领导者的相关研究并不多见，但许多著名的领导人的确都是女子学院的校友。缅甸最著名的女领导人昂山素季毕业于印度的什里拉姆女士学院(Lady Shri Ram College)；国际爵士乐音乐家松居庆子(Keiko Doi)和知名建筑师妹岛和世(Kazuyo Sejima)是日本女子大学的校友；世界卫生组织总干事陈冯富珍来自加拿大布雷西亚(女子)学院。韩国梨花女子大学也是多位杰出女性的母校，其中包括韩国宪法法院的第一位女法官孙永世(Sohn Byoung-Ok)和韩国首位女总理韩明淑(Han Myung-sook)。有限的案例却反映出女子院校发展的女性领导力领域并不狭窄。

在两性混合教育占据主流模式的高等教育领域中，女性教育机构对培养校园和社会中的女性领导者不仅发挥了重要作用，而且已取得与其数量不成比例的成功，它们向商业、政府、教育、医学等领域输送的领导人才远远超出人们的期待。一个显而易见的原因是，女子学院的校园里没有男性竞争领导职位，所以女性必须在一系列学生组织中实施领导力，而在更细微的层面上，学生也摆脱了男性化的视角，她们可以从事体育、治理或其他任何工作，而不用担心男性同侪会如何看待她们。这种现象某种意义上可以解读为，女校中的学生不得不参与到领导力发展的过程中去，因为没有男性可以替代，也没有男性可以依赖。一个女人可以向所有持怀疑态度的外人：父母、男友、兄弟姐妹、潜在雇主等，解释自己承担的所谓“男性化”的任务——必须有人去这么做，而她一定是这个学校中的女生。对此，女校的经验可以启发我们，在大多数情境下，针对女性的领导力开发计划，需要有明确的针对性、指向性甚至强制性，领导职位的配额制和单一性别的培训项目在当今的性别文化世界中既有必要，也有效果，是培育年轻的、未来的女性领导者需要实施的战略。

## 四、推动性别赋权

除了提供发展机会、友善的环境和领导力资源外，女子学院普遍呈现出在学生和教师中促进性别赋权的特性。无论是作为社会或经济发展战略的一部分(如印度次大陆、中东和东南亚)，还是基于当地的利益需求，女性高等教育机构在历史上和当代社会都为性别平等和女性参与劳动力市场的发展进程做出了贡献。从诞生之初至今，这些女子院校一直扮演着为女性、女性研究与性别平权运动提供知识、文化、社会和政治家园的角色。

"性别赋权"这个词有许多定义,其中一些定义在女权主义学者、社会活动家和国际发展专家中引发了激烈的讨论。联合国开发计划署使用性别赋权指数(Gender Empowerment Measure)评估各国的性别赋权程度,考察"无论男女能否积极参与经济和政治生活的决策"。该指数由三个部分组成:女性在国家议会中的席位比例;女性在经济领域决策层的比例;女性在所有经济受益中的份额。性别赋权指数在一定意义上被认为是机构指数,联合国开发计划署将其进一步与性别发展指数(Gender-related Development Index)结合,后者以人类发展指数(Human Development Index,包括健康、教育和生活标准)为维度衡量性别不平等状况。有批评意见认为,无论是性别赋权指数还是性别发展指数,本质上都体现了欧洲中心主义,它们过于关注经济措施,缺乏对复杂性以及全球北方与南方之间的不平衡的考量。[①]斯托姆奎斯特在为联合国教科文组织写就的一份报告中总结了过去的研究,她指出,"赋权包括四个维度,每一个维度都同样重要,但都不足以使女性获得充分的自主能力。这些维度分别是认知(对个人现实的批判性理解)、心理(自尊感)、政治(权力不平等的意识和组织、动员的能力)以及经济(产出独立收入的能力)"[②]。这个更为丰富的赋权定义也十分适用于我在韦尔斯利学院观察到的性别赋权状况。女子院校促进了女性的认知、心理、政治和经济发展,对其社区内外的性别平等都有积极作用。

女子院校从其诞生之初就具有性别赋权(尽管可能并不总是被贴上这样的标签)的功能,它们为受过教育的女性提供知识家园和社会环境,为世界各地的妇女运动做

---

① KABEER N.Gender equality and women's empowerment:a critical analysis of the third millennium development goal[J].Gender & Development,2005,13(1):13-24.
KLASEN S.UNDP's gender-related measures:some conceptual problems and possible solutions[J].Journal of human development,2006,7(2):243-274.
LEE M.A feminist political economic critique of the human development approach to new information and communication technologies[J].International communication gazette,2011,73 (6),524-538.
SYED J.Reconstructing gender empowerment[J].Women's studies international forum,2010,33(3):283-294.

② STROMQUIST N P.Education as a means for empowering women[M]//PARPART J L,RAI S M,STAUDT K.Rethinking empowerment:gender and development in a global/local world. London: Routledge,2002:22-38.

出过贡献。[①]虽然拥有大学学位并不是投身社会变革的前提，但韦尔斯利与诸多女子学院一样，在女权运动和其他妇女运动历史上履行了即便不是不可替代的，也是极其重要的职责。女子院校内部环境的特殊功能表现在主办女性研究项目和研究中心，正如伯德所称，“女性研究”被认为是北美和英国妇女解放运动的学术分支。[②]甘古丽-斯科拉斯也以女子大学为例，论证了其在印度政党之外为妇女团体创造空间的重要价值。[③] 20 世纪 70 年代后，“关于妇女地位的学术研究越来越多，从积极的行动转变为学术课程是印度的妇女研究中心所取得的显著进步和贡献”[④]。20 世纪 80 年代中期，韩国大学的女生和 20 世纪 70 年代劳工运动的女性组织者，联合一群梨花女子大学(韩国第一所正式女子教育机构)的教授，成立学习组织，设计了第一批女性研究课程，成立了女性研究协会。[⑤]这些行动并非没有遭遇外界的压力，因为“女性研究中心

---

① BATSON J G.Her Oxford[M].Nashville, TN: Vanderbilt University Press,2008:35.
COATS M. Women's education[M].Buckingham: Society for Research into Higher Education and Open University Press,1994.
HARWARTH I B,ed..A closer look at women's colleges[M]. Washington, D.C.: US Department of Education Office of Educational Research and Improvement, National Institute on Postsecondary Education, Libraries, and Lifelong Learning,1997.
HOROWITZ H L.Alma mater:design and experience in the women's colleges from their nineteenth-century beginnings to the 1930s[M].New York: Alfred A. Knopf,1984.
HOROWITZ H L.The power and passion of M. Carey Thomas[N].New York: Alfred A. Knopf,1994.
PALMIERI P A.In Adamless Eden: The community of women faculty at Wellesley[M].New Haven: Yale University Press,1995.
SEAT K K.Providence has freed our hands: women's missions the American encounter with Japan[M]. Syracuse, NY: Syracuse University Press,2008.
SOLOMON B M.In the company of education women[M].New Haven: Yale University Press, 1985.

② BIRD E.The academic arm of the women's liberation movement:women's studies 1969-1999 in North America and the United Kingdom[J].Women's studies international forum,2002,25(1): 139-149.

③ GANGULY-SCRASE R.Diversity and the status of women: the Indian experience[M]//EDWARDS L,ROCES M,eds..Women in Asia: tradition, modernity and globalization.Ann Arbor: University of Michigan Press,2000:86-111.

④ LAL M.Women's issues in India: An overview[M].Intersections: Gender and sexuality in Asia and the Pacific, 2009:22.

⑤ LOUIE M C Y.Minjung feminism:Korean women's movement for gender and class liberation[J]. Women's studies international form,1995,18(4):417-430.

经常陷入究竟属于主流学术界,还是属于非政府组织自治议程的身份认同危机"①,在这样的情势下工作是一个持续不断的挑战。在美国,女子学院如何使校内的女性研究及其机构不被认为是一种"遏制策略",以免那些超前、进步的理念吓跑大量观念保守的学生,其实并不容易。②在研究项目和系科中是否应该隔离女性学生和女性研究的辩论由来已久,一些性别主流化的倡导者认为,在常规的学科领域和女性研究中进行分性别的跟踪考察仍然是女性赋权的障碍。③拉尔则提出反驳观点,认为面向女性的大学学术活动是促进性别赋权的一种可行手段,"女性研究机构网络通过大学覆盖了这个庞大的国家,它可以成为识别问题的工具,用来确定需要优先注意的(印度)女性研究议题"④。无论在历史上还是今天,女性研究机构作为开展女性或是其他与性别平等相关学术工作的知识中心(书面或象征意义),其所包含的特定功能,都对提高女性地位具有重要意义。此外,女子院校还具有创建"女性社群"的功能。历史学家莱拉·鲁普指出,"埃斯泰勒·弗里德曼曾建议通过女性社群保持妇女运动的活力,她关于分离主义必要性的论述,隐含在女子学院、定居点、工会和妇女组织中女性社群存在的意义之中"。"尽管女权主义学者不赞同女性文化和政治之间的关系,但显然社群建设在美国历史上的妇女运动中发挥了核心作用"⑤。韦尔斯利等女子院校的研究也表明,女子高等教育机构的物理空间、知识空间和象征空间也为美国以外的当代妇女文化和政治做出了贡献。

可见,女子学院的历史使命支持它们在校园和当地社区为培养性别赋权持续发挥效用,无论是内在的、受到使命驱动的力量,还是更大的、作为赋权和发展战略的一部分,它们都为妇女运动提供了大量智力、文化、象征和行动者。或许,并不是每一所

① LAL M.Women's issues in India:an overview[M/OL].Intersections: Gender and sexuality in Asia and the Pacific,2009:22[2011-08-12].http://intersections.anu.edu.au/ issue22/lal.htm.

② SAHLIN C L.Vital to the mission and key to survival:Women's studies at women's colleges[J].National women's studies association journal,2005,17(2):164-170.

③ JAYAWEERA S.Higher education and the economic and social empowerment of women—the Asian experience[J].Compare:a journal of comparative and international education,1997,27(3):245-261.

④ LAL M.Women's issues in India:an overview[M].Intersections: Gender and sexuality in Asia and the Pacific,2009:22.

⑤ RUPP L J.The women's community in the National Woman's Party, 1945 to the 1960s[J].Signs,1985,10(4):715-740.

女子院校在上述的每一个类别中都有所建树,但归纳来看,每一个女子高等教育机构都会有一些各自的贡献。如果没有女子学院,性别赋权当然也会发生和发展,但某些女子学院对性别赋权的贡献,在男女同校的大学或以社区为基础的组织中恐怕很难复制。具体而言,整个学院或大学作为一个物理和知识空间的概念,是为了教育女性——并且仅仅只有女性——而形成的一种不同于混合高校或是社区内女性组织的状况。在一般大学或社区里,女性组织是更大的、混合世界中的女性化的绿洲。而在女子学院,女性中心(或妇女研究部门,或妇女节纪念活动)存在于已赋予女性权利的环境中,具有专注、集中的效应,甚至可以被看作是女子高等教育最具影响力要素的凝聚和核心。虽然今天大多数国家的大多数学生都是女性,但人们的总体趋势是远离单性别教育,然而没有一个社会在政府治理、就业和家庭结构上实现了真正的性别平等。女子学院的存在和功能提醒我们,性别赋权的道路还很漫长。女子学院为此目标提供的诸多项目、服务和活动,值得整个社会借鉴。

## 五、成为女性潜力和成就的象征

上文提出的这几项女子学院的作用:提供个体发展的"入场券"、创造友善的环境、培育领导者和性别赋权功能,对当今时代下具体的、可衡量的现象有着不同程度的影响。而女子学院开发女性领导力的第五个方面,相较而言显得抽象,但却有着同样的真实性。女子学院本身就是既引发争议、又体现矛盾的象征,这些争议和矛盾反过来又会引发对当代女性生活、工作和教育的质疑。而所有这些质疑及解决的方案——在本质上与当地环境有关,夹杂了跨文化、国家和地区背景的影响。

从历史角度来看,高等教育机构——学院、大学、研究所和神学院——在其所在的社会中都是具有象征意义的。欧洲大学的早期历史表明,在剑桥建立大学某种程度上是政府与牛津镇竞争的象征性举措,法国人意识到在博洛尼亚拥有一所大学所能带来的的声望,然后在巴黎建立了自己的大学。而在东京、伊斯坦布尔、独立后的加纳首都阿克拉、乌干达的马凯雷雷、印度城市孟买和肯尼亚首都内罗毕建立的现代

(即西方式)大学,也是对当地声誉的象征性提升。[1]当欧洲白人西迁到北美开展农耕时,当地大学是这些小城镇合法性的标志,尽管当时一些所谓的大学里的学生仅有区区十余人,并且还都没有完成中学教育。[2] 随着这些学院或大学的发展扩大,人们也逐渐有了一种自豪和提升的感觉。大学像是发出了某种信号,表明当地的家园社区正在蓬勃发展(即使事实并非如此)。[3]

除了作为繁荣和自豪的象征,高等教育还充当着社会变革和凝聚价值观的象征。拉吉认为,“1947 年独立后,印度的高等教育事业发展迅猛。在学者总理尼赫鲁的领导下,新兴民主国家认为大学的理想目标是成为进步、人文主义和宽容的象征”[4]。在对中东欧、撒哈拉以南非洲、中亚和拉丁美洲的 15 个国家进行的一项研究中,布伦南、金和勒博发现“大学经常被认为是社会变革和发展过程中的关键机构”,“特别是在更激进的变革时期,它们在建立社会中的新机构、鼓励和促进新的文化价值以及培养和社会化新的社会精英成员方面都在发挥作用”[5]。在跨国非政府组织内部,高等教育既是发展战略,也是进步的象征。增加接受高等教育的机会是达到这些目的的一种手段,甚至对入学机会的衡量都是进步的标志。[6]具体到女子教育,女性参与高等教育也有着相当深厚的象征意义,它是两性平等进程的标志。[7]上文已反复述及,

① PERKIN H. History of universities [M]//FOREST J J F, ALTBACH P G. International handbook of higher education, part one: Global themes and contemporary challenges.Dordrecht: Springer,2006:159-205.

② THELIN J R.A history of American higher education[M].Baltimore: Johns Hopkins University Press,2011.

③ CHURCH R L, SEDLAK W. The antebellum college and academy [M]//CHURCH R L, SEDLAK M W.Education in the United States: an interpretive history. New York: Free Press, 1976:23-51.

④ RAJ C K S S.A new paradigm in management of higher educational institutes of government sector, India[J].International journal of management,2012,3(2):32-42.

⑤ BRENNAN J,KING R,LEBEAU Y. The role of universities in the transformation of societies: an international research project[M].Synthesis Report. London: Association of Commonwealth Universities,2004.

⑥ International Bank for Reconstruction and Development and the World Bank. World development report 2012:gender equality and development[M].Washington, D.C.: International Bank for Reconstruction and Development and the World Bank,2011.
UNDP. MDG progress reports[M]. New York: United Nations Development Programme,2013.

⑦ STROMQUIST N P.Gender inequality in education: accounting for women's subordination[J]. British journal of sociology of education,1990,11(2):137-153.

在漫长的高等教育历史长河中,女性的入学机会是一个相当晚近的成就,并且是在有关女性是否可以或应该与男性接受共同教育的充满焦虑的公众辩论中才得以实现的。入学资格最初只能算是个象征性的胜利,因为只有相对少数的女性能够在取得教育权的那些地区上大学。直到大多数地区普遍接受了这个观念,人们才开始思考是否有必要为女性建立专门的大学。

总体上,女子学院和大学的存在,在整个社会尤其是在高等教育领域具有超越校园现实层面的意义,它们的存在以象征性的方式提醒人们,性别平等尚未实现,而女性教育是朝着这个目标迈进的一种方式。女子学院在通过象征性的手段促进性别赋权的同时,也扮演了象征教育的可能性、进步性和反抗性的角色,意味着女孩和女人发展的可能性。甚至在肯尼亚,一个相对较新的、非常小的私立女子大学——一所"属于她们的大学"的存在——也足以引起周围人对女孩将继续上完中学、进入大学的潜力的关注和期望。[①] 在进入"属于她们的大学"之后,社会对她们更进一步的期望是,她们会在受教育的过程中有所作为——如果一个女人不打算成为化学家、工程师、计算机科学家以及领导者,为什么还要学习化学、工程、计算机科学和接受领导力教育与培训?在高等教育的象征性空间里,女子学院占据了一个向女孩、女人和社会传递女性潜力和成就信息的立场。

因此,女子学院在女性的教育机会方面发挥了确实的作用,作为对女性个人和群体赋予权利的手段,它有助于改变地方、国家和全球背景下的性别文化建构及制约因素。或许并不是女子学院的所有校友都会参与公共领导层对性别平等的呼吁,但是在她们自己的生活、家庭、职业和社区中,她们将有机会通过她们的教育获得平等对待。女性领导力的发展根基,是一个公正、人道、可持续的性别平等社会,其实现不仅需要女子院校和它们的校友的努力,更需要主流的高等教育机构、男女混合院校,以及社会各个层次、各个领域为这个共同的目标做出必要的改变。

---

① HASAN Z. A college of one's own[J]. India international centre quarterly, 2008, 34(3/4): 208-221.

# 后记　韦尔斯利一年

2017年10月底，我初抵韦尔斯利，时值秋末，新英格兰自然风光虽翠艳深幽，毕竟在一日日萧瑟下去。接着该地就迎来两百年不遇的严酷之冬，出现各种极端反常的气候，让我看足半年雪景。我想我应该感谢这个气候特别恶劣的冬天。每每看着被冰封的窗户和窗外齐膝高的积雪，我就不得不收起心猿意马的情绪，坚韧、耐心地坐在电脑前码字。

初抵韦尔斯利时，这本承接已有两年之久的书稿任务仍处于模糊的设计和草略的开章，我不敢设想能否如期完成。而今回想起来，继续写作的灵感和激情无疑来自全身心融入这座校园后的体会，但加上"以韦尔斯利女子学院为例"的副标题的决定，很大程度上却是由于去年圣诞节收到神交老友、《中华女子学院学报》董力婕编辑的问候和约稿邀请，建议我透过韦尔斯利考察美国女性高等教育所带来的启发。"韦尔斯利—女性高等教育—女性领导力"这条思路一旦打开，理论、实例、历史、成就，源源涌来，成为文字。只恨自己英语不够好，时间不够用。

初抵韦尔斯利，我虽然早已完成最高学历教育，却从未有过留学和长期国外生活的经历。虽然硕士阶段攻读高等教育学，博士阶段研究女性领导力，且过去的研究和论述中常涉及美国大学培养女性或女性成才的议题，我却从未有身临其境、一手体验的机会。一年的访学生活，让我沉浸在分析和想象了无数次的真实气氛中。我一面自幸做一个"不清贫的女学生"是何其美妙、快乐的求知生活，一面自责学习条件如此优越，怎么才可以再多看、多学、多思、多写一些呢？考虑到从确定框架到截稿期限仅有6个月的写作时间，我对这本书的目标最初只是刚达标的10万字，后又按要求增加到12万字，孰料进展至今，需要及时收尾以免刹不住车(此处应有“捂脸”表情包)。

交织着欣慰与遗憾，在本书即将付梓的时刻，我需要表达诸多由衷的谢意。

感谢我的供职单位上海对外经贸大学提供的公派访学机会；感谢在我出访前后负责联系的时任人事处挂职副处长朱心明老师每次都及时回应我的各种问题，提供一切支持之举；感谢法学院领导和同事的帮助，尤其是公共管理学系的邵德兴主任和各位好同事，既关心我在海外的生活，又协助我解决一系列国内的工作和事务。

感谢中国传媒大学现代女性领导力研究院的邀约；感谢刘继南老校长的信任和支持；感谢研究院的阮婕妤老师三年来一贯的专业管理能力和服务精神；也要感谢与我同组的“写友”，我们在互动互勉中顺利完成了项目。

感谢韦尔斯利学院的慷慨接纳和充分周到的关怀与帮助；感谢联系、落实我访学工作的魏爱莲(Ellen Widmer)教授，细致地为我安排了前往韦尔斯利的全部事宜；感谢我的导师罗斯安娜·赫兹(Rosanna Hertz)教授，允许我进入她的课堂，享用她所有的资料资源，分享她的最新成果和犀利创见，为我树立了一位性别研究学者不知疲倦、探索前沿的典范；感谢妇女与性别研究系所有成员的热情和友好，尤其是学术主管贝蒂，从工作到生活，一应俱全地支持我；感谢那些我在韦尔斯利结识的华人老师：欣然接受我的采访并经常指导我了解美国以及韦尔斯利镇上生活的胡越教授，幽默风趣的查尔斯·步教授，经常与我交流国内外生活体验的陈岱老师、宋明炜老师，以及韦尔斯利校内许多行政部门、图书馆、国际交流中心等机构的老师。所有在韦尔斯利遇到的老师们，都让我一再地感受到他(她)们对待职业的卓越习惯，对待学生的专业素养和对待教育的敬业态度。就像书中提及的韦尔斯利与出色的女领导之间相辅相成、互生互促的关系一样，我想韦尔斯利的教育工作者与这所顶尖学府的关系亦是如此，互相影响，互相促进。

感谢在韦尔斯利新结交的朋友、与我同为罕有地来自中国的访问学者、湖北工业大学的白阳明教授，我们不仅频繁传递着异国生活的经验，也进行了既深且广的学术切磋，白老师的英语专长常将我从迂回曲折的原版文献中“解救出来”，为我的文作增添点睛之笔；感谢互联网时代的便利和博大，感谢通过网络联系到的访谈对象、韦尔斯利学生的家长“歪酷草梅”，以及她为我引介的韦尔斯利校友、中国人民大学的王鹤菲教授，是她们为本书的进展提供了巨大的帮助；感谢韦尔斯利里优秀的中国女孩吴晓帆、宣畅，让这座老名校在海外华人和国内的影响力相传不息。以韦尔斯利为基点，我有幸结识了许多出色的人和有趣的灵魂，不仅开拓了我的眼界，还让我获得更多心灵的滋养和正能量的汲取。

感谢家人的支持，这是我这个从小到大从未远离故乡上海的“魔都人”第一次在异地长期生活。对一个社会科学研究者来说，这份经历似乎来得太迟，或许也是为了给自己的中年危机打开一个新的出口。感谢儿子的陪伴，作为母亲，毕竟不复有女学生的优游自在，而一个青春期男孩陡然跌入完全陌生的环境与要求颇高的美国知名公立学区之中，学习中学课程的同时，却只能与摩羯座老妈朝夕相对，可以理解这对孩子来说也不是容易的事（好吧，此处的表情包为“哭笑不得”）。还好，卢同学尚算顺利地完成了这场挑战，在这本书中还帮我完成了一丢丢的翻译工作（有酬！），希望经此一役，他能更好地认识自己和这个世界。

最后，我要特别感谢我的前领导、职业生涯中的导师和典范、亦师亦友的前辈——复旦大学的王颖教授，她的联系和推荐，是我的韦尔斯利之旅和这本书能够成形的前提。这本书为我的职业道路和人生旅程打筑下新的起点，这份意义和分量，此刻竟找不到合适的语汇来表达。旁观王老师处事能力的出色、强韧，为人的善助、蕙质，时时让我感受到温暖和激励的力量。人生版图中有这样一位灯塔式的引领者，就像韦尔斯利熠然灿烂的前辈校友对后辈学生的召唤一样，是受用一生的宝贵财富。唯有继续努力，不懈思学，执着所爱，释放所能，才是对韦尔斯利一年最好的纪念。

蒋莱于韦尔斯利 Weston Terrace 寓所

2018 年 6 月 4 日

# 参考文献

**英文文献**

ALTBACH P G.Preface[M]//PURCELL F B,HELMS R M,RUMBLEY L, eds.. Women's universities and colleges: an international handbook. Rotterdam: Sense,2004:ix-x.

ARONSON J,STEELE C M.Stereotype threat and the intellectual test performance of African Americans[J].Journal of personality and social psychology,1995,69(5): 797-811.

ASTIN A W.What matters in college:four critical years revisited (1st ed.)[M]. San Francisco:Jossey-Bass Publishers,1993.

ASTIN H S,KENT L.Gender roles in transition:research and policy implications for higher education[J].The journal of higher education,1983,54(3):309-324.

BADER E.College government constitutes three new organization[N/OL].The Wellesley new, 2015-10-07. http://thewellesleynews. com/2015/1007/college-govement-constitutes-thennew-organizations.

BALLENGER G. Student government: then and now[N/OL]. The Wellesley News, 2015-04-08. http://thewellesleynews. com/2015/04/08/student-goverment-then-and-now/.

BARONE C.Some things never change:gender segregation in higher education across eight nations and three decades[J].Sociology of education,2011,84(2):157-176.

BATSON J G. Her Oxford[M]. Nashville, TN: Vanderbilt University Press, 2008.

BIRD E. The academic arm of the women's liberation movement:women's studies 1969—1999 in North America and the United Kingdom[J].Women's studies international forum, 2002,25 (1):139-149.

BRENNAN J,KING R,LEBEAU Y.The role of universities in the transformation of societies:an international research project.Synthesis Report[R]. London: Association of Commonwealth Universities,2004.

BRON-WOJCIECHOWSKA A.Education and gender in Sweden:is there any equality? [J].Women's studies international forum,1995,18 (1), 51-60.

BUCHMANN C,HANNUM E.Education and stratification in developing countries:a review of theories and research[J].Annual review of sociology,2001(27):77-102.

CANADA K,PRINGLE R.The rol of gender in college classroom interactions:a social context approach[J].Sociology of education,1995,68(3):161-186.

CAPLAN P J.Lifting a ton of feathers:a woman's guide to surviving in the academic world[M].Toronto: University of Toronto Press,1994.

CAPODILUPO C M, NADAL K L, CORMAN L, HAMIT S, LYONS O B, WEINBERG A.The manifestation of gender microaggressions[M]//SUE D W, ed.. Microaggressions and marginality:manifestation, dynamics, and impact.San Francisco: John Wiley & Sons,2010:193-216.

CASEY S.Women's studies has changed over the years—and it's more popular than ever[N/OL]. USATODAY COLLEGE, 2017-03-05. http://college. usatoday. com/2017/03/05/womens-studies-popular/.

CHARLES M,BRADLEY K.Indulging our gendered selves? Sex segregation by field of study in 44 countries[J].American journal of sociology,2009(114):924-976.

CHURCH R L, SEDLAK M W. The antebellum college and academy[M]//CHURCH R L, SEDLAK M W, eds.. Education in the United States: an interpretive history. New York: Free Press, 1976: 23-51.

COATS M. Women's education[M]. Buckingham: Society for Research into Higher Education and Open University Press, 1994.

COHEN A. Wellesley college, the campus history series[M]. Charleston, SC: Arcadia Publishing, 2006.

CRESS C M, ASTIN H S, ZIMMERMAN-OSTER K, BURKHARDT J C. Developmental outcomes of college students' involvement in leadership activities[J]. Journal of college student development, 2001(42): 15-27.

CRESS C M. Campus climate[M]//MARTINEZ A M, RENN K A, eds.. Women in higher education: an encyclopedia. Santa Barbara, CA: ABC-CLIO, 2002: 390-397.

DOBRZYNSKI J H. How to succeed? Go to Wellesley[N]. New York Times, 1995-10-29.

DUNCAN L E, WENTWORTH P A, OWEN-SMITH A, LAFAVOR T. Midlife educational, career, and family outcomes of women educated at two single-sex colleges[J]. Sex roles, 2002, 47(5): 237-247.

EDSTATS. Education statistics[M]. Washington, D.C.: World Bank, 2013.

ERHART J K, SANDLER B R. Looking for more than a few good women in traditionally male fields. Project on the status and education of women[M]. Washington, D.C.: Association for American Colleges, 1987.

FLEMING A. Alice Freeman Palmer—Pioneer college president[M]. Rutledge Books, Inc, Prentice-Hall, Inc., 1970.

FLORENCE H. Myths of coeducation[M]// Myths of coeducation: selected essays, 1964—1983. Bloomington, IN: Indiana University Press, 1984: 206-220.

GANGULY-SCRASE R. Diversity and the status of women: the Indian experience[M]//EDWARDS L, ROCES M, eds.. Women in Asia: tradition, modernity and globalization. Ann Arbor: University of Michigan Press, 2000: 86-111.

GOLDIN C,KATZ L F,KUZIEMKO I.The homecoming of the American college women:the reversal of the college gender gap. NBER Working Paper 12139[M]. Campridge, MA: National Bureau of Economic Research,2006.

GORDON L D.Gender and higher education in the progressive era[M].New Haven: Yale University Press,1990.

GUNAWARDENA C, RASANAYAGAM Y, LEITAN T, BULUMULLE K, ABEYASEKERA-VAN D A.Quantitative and qualitative dimensions of gender equity in Sri Lankan Higher Education[J]. Women's Studies International Forum,2006,29(6):562-571.

HALL R M,SANDLER B R.Out of the classroom:a chilly campus climate for women? Report of the project on the status and education of women[M].Washington, D.C.: Association of American Colleges,1984.

HARDWICK-DAY.What matters in college after college:a comparative alumnae research study[M].West Hartford: Women's College Coalition,2008.

HART J,FELLABAUM J.Analyzing campus climate studies:seeking to define and understand[J].Journal of diversity in higher education,2008,1(4):222-234.

HARWARTH I,MALINE M,DEBRA E,eds..Women's colleges in the United States:history, issues, and challenges[M]. Washington, D.C.: U.S. Government Printing Office,1997.

HASAN Z.A college of one's own[J].India international centre quarterly,2008,34(3/4):208-221.

HERTZ B,SPERLING G B.What works in girls' education:evidence and policies from the developing world[M].New York: Council on Foreign Relations,2004.

HOFFNUNG M.Career and family outcomes for women graduates of single-sex versus coed colleges[J].Sex roles,2011,65(9):680-692.

HOROWITZ H L.Alma mater:design and experience in the women's colleges from their nineteenth-century beginnings to the 1930s[M].New York, NY: Knopf, 1984.

HOROWITZ H L.The power and passion of M. Carey Thomas[M].New York: Alfred A. Knopf,1994.

HURTADO S,GRIFFIN K A,ARELLANO L,CUELLAR M.Assessing the value of climate assessments:progress and future directions[J].Journal of diversity in higher education,2008,1(4):204-221.

HURTADO S,MILEM J F,CLATON-PEDERSEN A R,ALLEN W R.Enhancing campus climates for racial/ethnic diversity:educational policy and practice[J]. Review of higher education,1998,21(3):279-302.

INDIRESAN J.Education for women's empowerment:gender-positive initiatives in pace-setting women's colleges[M].Delhi: Konark,2002.

INDIRESAN J.Moving beyond academics:gender positive initiatives in pace setting women's institutions in India[M]//DASS V N,RANI T A,eds..Universities for women:challenges and perspectives.Delhi: Women Press,2011:31-53.

International Bank for Reconstruction and Development and the World Bank. World development report 2012:gender equality and development[M].Washington, D.C.: International Bank for Reconstruction and Development and the World Bank, 2011.

JAYAWEERA S.Women, education and empowerment in Asia[J].Gender and education,1997,9(4):411-424.

JEAN G.Wellesley College 1875—1975:a century of women[M].Wellesley, MA: Wellesley College,1975.

Jennifer McFarland Flint. The Wellesley Effect[EB/OL].(2017-05-12)[2019-08-01].http://magazine.wellesley.edu/fall-2015/the-wellesley-effect.

KABEER N.Gender equality and women's empowerment:a critical analysis of the third millennium development goal[J].Gender & development,2005,13(1): 13-24.

KEZAR A J,MORIARTY D.Expanding our understanding of student leadership development:a study exploring gender and ethnic identity[J].Journal of college student development,2000(41):55-69.

KIM M, ALVAREZ R. Women-only colleges: some unanticipated consequences [J]. The journal of higher education, 1995, 66(6): 641-668.

KIM M. Cultivating intellectual development: comparing women—only colleges and coeducational colleges for educational effectiveness[J]. Research in higher education, 2002, 43(4): 447-481.

KIM M. Institutional effectiveness of women—only colleges: cultivating students' desire to influence social conditions[J]. The journal of higher education, 2001, 72(3): 287-321.

KINZIE J L, THOMAS A D, UMBACH P D, KUH G D, PALMER M M. Women students at co-educational and women's colleges: how do their experiences compare? [J]. Journal of college student development, 2007, 48(2): 145-165.

KLASEN S. UNDP's gender-related measures: some conceptual problems and possible solutions[J]. Journal of human development, 2006, 7(2): 243-274.

KNIGHT L W. Educating Asian women in women's colleges and universities: a world perspective[J]. Asian journal of women's studies, 2004, 10(4): 79-86.

KODATE N, KODATE K, KODATE T. Mission completed? Changing visibility of women's colleges in England and Japan and their roles in promoting gender equality in science[J]. Minerva, 2010(48): 309-330.

KWESIGA J C, SSENDIWALA E N. Gender mainstreaming in the university context: prospects and challenges at Makerere University, Uganda[J]. Women's studies international forum, 2006, 29(6): 592-605.

LADIKA S. Women's universities around the world develop global leaders[J]. International educator, 2017(1/2): 35.

LAL M. Women's issues in india: an overview [M]. Intersections: Gender and sexuality in Asia and the Pacific, 2009: 22.

LANGDON E A. Women's colleges then and now: access then, equity now[J]. Peabody journal of education, 2001, 76(1): 5-30.

LEE M. A feminist political economic critique of the human development approach to new information and communication technologies[J].International communication gazette,2011,73(6):524-538.

LEPPEL K. Similarities and differences in the college persistence of men and women[J].Review of higher education,2002,25(4):433-450.

LIVEZEY E T. Wellesley's new president; Nanneri Keohane has made her life count double[N].The Christian Science Monitor,1981-11-05.

LOUIE M C Y. Minjung feminism: Korean women's movement for gender and class liberation[J].Women's studies international form,1995,18(4):417-430.

MABEL N. A century of higher education for women[M].New York, NY: Harper,1959.

MALIK S,COURTNEY K. Higher education and women's empowerment in Pakistan[J].Gender and education,2011,23(1):29-45.

MARINE S B. "Our college is changing": women's college student affairs administrators and transgender students[J].Journal of homosexuality,2011,58(9):1165-1186.

MARTHERS P P. Did the women's colleges founded in the progressive era represent a new model? [J].American educational history journal,2013,40(2): 221-239.

MCDANIEL A. Women's advantage in higher education: towards understanding a global phenomenon[J].Sociology compass,2012(6/7):581-595.

METCALFE B D. Women, empowerment and development in Arab Gulf States: a critical appraisal of governance, culture and national human resource development (HRD) frameworks[J].Human resource development international,2011,14(2):131-148.

MILLER-BERNAL L. Coeducation: an uneven progression[M]//MILLER-BERNAL L, POULSON S L, eds.. Going coed: women's experiences at formerly men's colleges and universities, 1950—2000. Nashville, TN: Vanderbilt University Press,

2004:3-21.

MILLER-BERNAL L.College experiences and sex-role attitudes:does a women's college make a difference? [J].Youth & society,1989,20(4):363-387.

MILLER-BERNAL L.Separate by degree:women students' experiences in single-sex and coeducational colleges[M].New York: Peter Lang,2000.

MILLER-BERNAL L.Single-sex versus coeducational environments:a comparison of women students' experiences at four colleges[J].American journal of education,1993,102(1):23-54.

MILLER-BERNAL L.The role of women's colleges in the twenty-first century [M]//STULBERG L M,WEINBERG S L,eds..Diversity in American higher education:toward a more comprehensive approach.New York: Routledge,2011:221-231.

MOCK G.Nannerl O. Keohane:her presidency has changed Duke's sense of the possible [ N/OL ]. Duke today, 2003-10-02. http://doday. duke. edu/2003/10keoranemeda1003.html.

MORLEY L.Hidden transcripts:the micropolitics of gender in commonwealth universities[J].Women's studies international forum,2006,29(6):543-551.

MORLEY L.Introduction:including women:gender in commonwealth higher education[J].Women's studies international forum,2006(29):539-542.

MORLEY L.Sex, grades and power in higher education in Ghana and Tanzania [J].Cambridge journal of education, 2011,41(1):101-115.

MORRISON Z,BOURKE M,KELLEY C."Stop making it such a big issue": perceptions and experiences of gender inequality by undergraduates at a British University[J].Women's studies international forum,2005,28(2):150-162.

MOSS-RACUSIN C A, DOVIDIO J F, BRESCOLL V L, GRAHAM M J, HANDELSMAN J.Science faculty's subtle gender biases favor male students[J].Proceedings of the national academy of sciences, 2012,109(41):16474-16479.

NAJAR N.On India's campuses, female students speak out about "deep rooted" gender discrimination[J/OL]. Chronicle of Higher Education (p. A12).[2013-04-22].

http://chronicle.com/article/Female-Scholars-Describe-Deep/138659/.

NCHERM. National Center for Higher Education Risk Management[M].(2012-13). Title IX Office for Civil Rights (OCR) case letter database[EB/OL].(2012-05-13).http://www.ncherm.org/ resources/legal-resources/ocr-database/.

NUSSBAUM M C.Development cultures:new environments, new realities, new strategies[J].Signs,2004,29(2):325-355.

OATES M J,WILLIAMSON S.Comment on tidball's "Women's colleges and women's achievers revisited"[J].Signs,1980,6(2): 342-345.

OATES M J,WILLIAMSON S. Women's colleges and women achievers[J]. Signs,1978,3(4):795-806.

ODEJIDE A,AKANJI B,ODEKUNLE K.Does expansion mean inclusion in Nigerian higher education? [J].Women's studies international forum,2006,29(6):552-561.

OSBORNE R L.The continuum of violence against women in Canadian universities:toward a new understanding of the chilly campus climate[J].Women's studies international forum,1995(18):5-6, 637-646.

PALMIERI P A.From republican motherhood to race suicide:arguments on the higher education of women in the United States, 182—1920[M]//LASSER C,ed.. Educating women together: coeducation in a changing world. Urbana, IL: University of Illinois Press,1987:49-64.

PALMIERI P A.In adamless eden:the community of women faculty at Wellesley [M].New Haven: Yale University Press,1995.

PALMIERI P A.There was fellowship:a social portrait of academic women at Wellesley College,1895—1920[J].History of education quarterly,1983,23 (2):195-214.

PASCARELLA E T,TERENZINI P T.How college affects students:a third decade of research[M]. San Francisco: Jossey-Bass,2005.

PERKIN H.History of universities[M]//FOREST J J F,ALTBACH P G,eds..

International handbook of higher education, part one: Global themes and contemporary challenges.Dordrecht: Springer,2006:159-205.

PETERSON M W,SPENCER M G.Understanding academic culture and climate [M]//TIERNEY W Gm, ed.. Assessing academic climates and cultures, vol. 68, New directions for institutional research.San Francisco: Jossey-Bass,1990:3-18.

POULSON S L,MILLER-BERNAL L.Conclusion:coeducation and gender equal education[M]//MILLER-BERNAL L, POULSON S L, eds.. Going coed: women's experiences in formerly men's colleges and universities, 1950—2000.Nashville, TN: Vanderbilt University Press,2004:309-316.

QURESHI R,RARIEYA J F A.Gender and education in Pakistan[M].Karachi: Oxford University Press,2007.

RADHA N N.A review on women's education in India[J].Pragati,2011,5(118): 32-50.

RAI C K S S.A new paradigm in management of higher educational institutes of government sector, India[J].International journal of management,2012,3(2):32-42.

RENN K A,LYTLE J L.Women student leaders worldwide:global perspectives on gender, leadership, and student involvement[J].Journal of student affairs research and practice,2010,47(2):215-232.

RENN K A,REASON R D.College students in the United States:characteristics, experiences, and outcomes[M].San Francisco: Jossey-Bass,2013.

RENN K A.Women's college & universities in a global context[M]. Baltimore: Johns Hopkins University Press,2014.

RICE J K,HEMMINGS A.Women's colleges and women achievers:an update [J].Signs,1988,13(3):546-559.

RIORDAN C.Single and mixed-gender colleges for women:educational, attitudinal, and occupational outcomes[J].The review of higher education, 1992,5(3):327-346.

RIORDAN C.The value of attending a women's college:education,occupation, and income benefits[J].The journal of higher education,1994,65(4):486-510.

ROMANO R C.A qualitative study of women student leaders[J].Journal of college student development,1996(37):676-683.

ROUDI-FAHIMI F,MOGHADAM V M.Empowering women,developing society:female education in the Middle East and North Africa[M].Policy Brief. Washington, D.C.: Population Reference Bureau,2003.

ROWOLD K.The educated woman:minds, bodies, and women's higher education in Britain, Germany, and Spain, 1865—1914[M].New York: Routledge,2010.

ROZARIO S. Claiming the campus for female students in Bangladesh [J]. Women's studies international forum,2001,24(2):157-166.

RUPP L J.The women's community in the National Woman's Party, 1945 to the 1960s[J].Signs,1985,10(4):715-740.

SAGARIA M A D.The case for empowering women as leaders in higher education[M]//SAGARIA M A D, ed.. Empowering women: leadership development strategies on campus, vol. 44, New directions for student services. San Francisco: Jossey-Bass,1988:5-12.

SAHLIN C L. Vital to the mission and key to survival: women's studies at women's colleges[J].National women's studies association journal,2005,17(2):164-170.

SAHNI R,SHANKAR V K.Girls' higher education in India on the road to inclusiveness:on track but heading where? [J].Higher education, 2012(63):237-256.

SAMSEL H. Most collegestudents are female, but college presidents? Not so much[N].USA TODAY, 2017-06-20.

SEAT K K.Providence has freed our hands:women's missions the American encounter with Japan[M].Syracuse, NY: Syracuse University Press,2008.

SEBRECHTS J S.Cultivating scientists at women's colleges[J].Initiatives,1992,55(2):45-51.

SEN A.What's the point of women's education? Remarks at women's education worldwide 2004: Unfinished Agenda Conference[R].South Hadley: MA,2004.

SHUSHOK F, JR.Former Duke and Wellesley President, Nannerl Keohane, Offers Candid Reflections on Life, Leadership, and the Promising Future of Higher Education with Executive Editor[J/OL].About campus,2017(1/2).[2017-02-09].http://onlinelibrary.wiley.com/doi/full/10/002/abc.21272.

SMITH D G,WOLF L E,MORRISON D E.Paths to success:factors related to the impact of women's college[J].The journal of higher education,1995,66(3):245-266.

SMITH D G. Women's colleges and coed colleges: is there a difference for women? [J].The journal of higher education,1990,61(2):181-197.

SOLNICK S J. Changes in women's majors from entrance to graduation at women's and coeducational colleges[J].Industrial and labor relations review,1995,48(3):505-514.

SOLOMON B M.In the company of educated women:a history of women and higher education in America[M].New Haven: Yale University Press,1985.

SOLORZANO D,YOSSO T,CÉJA M.Critical race theory, racial microaggressions, and campus racial climate: the experiences of African American college students[J].Journal of negro education,2000,69(1/2):60-73.

STOECKER J L,PASCARELLA E T.Women's colleges and women's career attainments revisited[J].The journal of higher education,1991,62(4):394-406.

STROMQUIST N P.Education as a means for empowering women[M]//PARPART J L,RAI S M,STAUDT K,eds..Rethinking empowerment:gender and development in a global/local world.London: Routledge,2002:22-38.

STROMQUIST N P. Gender inequality in education: accounting for women's subordination[J].British journal of sociology of education, 1990,11(2):137-153.

SUE D W.Microaggressions in everyday life:race, gender, and sexual orientation[M].San Francisco: John Wiley & Sons,2010.

SUN M.Women CEO in fortune 500 companies, 1995—2017[EB/OL].Pew Research Center.[2015-01-14].http://www.pewsocialtrends.org/chart/women-ceos-in-fulture-500-companies-1995-2014/.

SYED J.Reconstructing gender empowerment[J].Women's studies international forum,2010,33(3):283-294.

THELIN J R.A history of American higher education[M].Baltimore: Johns Hopkins University Press,2011.

TIDBALL M E,KISTIAKOWSKY V.Baccalaureate origins of American scientists and scholars[J].Science,1976,193(42/54): 646-652.

TIDBALL M E,SMITH D G,TIDBALL C S,WOLF-WENDEL L E.Taking women seriously:lessons and legacies for educating the majority[M].Phoenix, Arizona: Oryx Press,1999.

TIDBALL M E.Baccalaureate origins of entrants into American medical schools [J].The journal of higher education,1985,56(4):385-402.

TIDBALL M E.Baccalaureate origins of recent natural science doctorates[J]. Journal of higher education,1986,57(6):606-620.

TIDBALL M E.Perspectives on academic women and affirmative action[J].Journal of higher education,1973,54(2): 130-135.

TIDBALL M E.Women's colleges and women achievers revisited[J].Signs, 1980,5(3):504-517.

UNDP. MDG progress reports[M].New York: United Nations Development Programme,2013.

UNESCO.(n.d.). Better life, better future[M].Paris: United Nations,2009.

United Nations.We can end poverty 2015:millennium development goals[M]. New York: United Nations,2013.

vAlice Freeman Palmer:in memoriam, MDCCCLV-MDCCCCII[M].American Association of University Women,1903.

VINCENT-LANCRIN S.The reversal of gender equalities in higher education:an on-going trend[M]//VINCENT-LANCRIN S,ed..Higher education to 2030, vol.1,

Demography.Paris: OECD Centre for Educational Research and Innovation,2008: 265-298.

WALL S.Of heads and hearts:women in doctoral education at a Canadian University[J].Women's studies international forum,2008,31(3):219-228.

WHITT E J. "I can be anything"－Student leadership in three women's colleges [J].Journal of college student development,1994,35(3): 198-207.

WOLF-WENDEL L E.Models of excellence:the baccalaureate origins of successful European American women, African American women, and Latinas[J].The journal of higher education,1998,69(2):141-186.

WOLF-WENDEL L E.Women-friendly campuses:what five institutions are doing right[J].Review of higher education,2000,23(3):319-345.

WOLF-WENDEL L E.Women's colleges[M]//ALEMAN A M M,RENN K A, eds..Women in higher education:an encyclopedia.Santa Barbara, CA: ABC-CLIO, 2002:120-122.

WOLLSTONECRAFT M, BOTTING E H, ABBEY R. A vindication of the rights of woman[M].New Haven: Yale University Press,2014.

World Econimic Forum. The global gender gap report[R].Gereva:World Economic Forum,2017.

**中文文献**

蒋莱.女性领导力研究[M].上海:复旦大学出版社,2011.

姜宛彤.日本女子学院课程设置演变研究[M].长春:东北师范大学出版社,2014.

鲁迅.鲁迅全集:第一卷[M].北京:人民文学出版社,1981.

文春英,金恩净.韩国女子大学[M].北京:中国传媒大学出版社,2014.

赵叶珠.美日中三国女子高等教育比较[M].厦门:厦门大学出版社,2007.

杜祥培.中国女子学院的历史、现状和未来[J].当代教育论坛,2007(3).

卢晓东,陈孝戴.高等学校"专业"内涵研究[J].教育研究,2002(7).

喻恺,王饮寒. 迎接"她时代"——女性担任高校领导的挑战与机遇[J].高等教育研究,2014(10).

张文江.大学治理中学术共同体与行政共同体的协同作用[J].高校教育管理,2015(6).

蒋莱.复旦大学与哈佛大学课程之比较:以经济学课程为例[D].上海:复旦大学,2004.

齐赛男.美国韦尔斯利女子大学领导力教育研究[D].长春:东北师范大学,2015.

中国女性创业报告(2017)[R].《中国企业家》智库.

王卓,王恩铭.美国女性学的历史沿革[N].中国社会科学报,2015-08-25.

投资时报·2017中国上市公司董事长全样本报告.

《中国企业家》杂志,2009年4月28日.

**互联网资源**

www.wellesley.edu

www.chinausfocus.com

www.gender2womenleaders.com

http://www2.whittier.edu/

https://en.wikipedia.org

http://www.cwu.edu.cn/

https://datausa.io/profile/cip/050207/#employment

https://www.collegechoice.net/rankings/best-womens-studies-programs/

http://www.hanqing.ruc.edu.cn

https://www.facebook.com/Wellesley.College.Government

www. Womenscolleges.org

**图书在版编目(CIP)数据**

女校教育的领导力培养与效能探究:以韦尔斯利女子学院为例/蒋莱著. --北京:中国传媒大学出版社,2021.7
ISBN 978-7-5657-2791-7

Ⅰ.①女… Ⅱ.①蒋… Ⅲ.①女性—领导学—研究 Ⅳ.①C933

中国版本图书馆 CIP 数据核字(2020)第 187401 号

**女校教育的领导力培养与效能探究**
以韦尔斯利女子学院为例
**NÜXIAO JIAOYU DE LINGDAOLI PEIYANG YU XIAONENG TANJIU**
YI WEIERSILI NÜZI XUEYUAN WEILI

| | |
|---|---|
| **著　　者** | 蒋　莱 |
| **策划编辑** | 李水仙 |
| **责任编辑** | 姜颖昳　蒋　倩 |
| **封扉设计** | 大鹏设计 |
| **责任印制** | 李志鹏 |

| | | | |
|---|---|---|---|
| **出版发行** | 中国传媒大学出版社 | | |
| **社　　址** | 北京市朝阳区定福庄东街 1 号 | **邮　　编** | 100024 |
| **电　　话** | 86-10-65450528　65450532 | **传　　真** | 65779405 |
| **网　　址** | http://cucp.cuc.edu.cn | | |
| **经　　销** | 全国新华书店 | | |

| | |
|---|---|
| **印　　刷** | 唐山玺诚印务有限公司 |
| **开　　本** | 710mm×1000mm　1/16 |
| **印　　张** | 14 |
| **字　　数** | 234 千字 |
| **版　　次** | 2021 年 7 月第 1 版 |
| **印　　次** | 2021 年 7 月第 1 次印刷 |

| | | | |
|---|---|---|---|
| **书　　号** | ISBN 978-7-5657-2791-7/C・2791 | **定　　价** | 69.00 元 |

**本社法律顾问:北京李伟斌律师事务所　郭建平**